国家卫生健康委员会"十三五"规划教材

全 国 高 等 学 校 教 材

供健康服务与管理专业及相关专业用

健康运动学

Health Kinesiology

主　编　张志勇　刘忠民

副主编　翁锡全　骆红斌　吴　霜　徐峻华

编　者（以姓氏笔画为序）

马　萍　哈尔滨医科大学　　　　　汶　希　广州中医药大学

马玉华　山东体育学院　　　　　　张志勇　山东体育学院

叶孙岳　浙江大学　　　　　　　　骆红斌　浙江中医药大学

冯毅翀　成都医学院　　　　　　　徐玉明　杭州师范大学

刘忠民　吉林大学　　　　　　　　徐峻华　运动是良医（北京）健康技术研究院

吴　霜　贵州医科大学　　　　　　翁锡全　广州体育学院

编写秘书

董　琛　山东体育学院

丁荔洁　山东体育学院

人民卫生出版社

图书在版编目（CIP）数据

健康运动学 / 张志勇，刘忠民主编. —北京：人
民卫生出版社，2020

全国高等学校健康服务与管理专业第一轮规划教材

ISBN 978-7-117-29610-6

Ⅰ. ①健… Ⅱ. ①张…②刘… Ⅲ. ①健身运动－高
等学校－教材 Ⅳ. ①G883

中国版本图书馆 CIP 数据核字（2020）第 030672 号

人卫智网	www.ipmph.com	医学教育、学术、考试、健康，购书智慧智能综合服务平台
人卫官网	www.pmph.com	人卫官方资讯发布平台

健康运动学

主　　编：张志勇　刘忠民
出版发行：人民卫生出版社（中继线 010-59780011）
地　　址：北京市朝阳区潘家园南里 19 号
邮　　编：100021
E - mail：pmph @ pmph.com
购书热线：010-59787592　010-59787584　010-65264830
印　　刷：三河市潮河印业有限公司
经　　销：新华书店
开　　本：850×1168　1/16　印张：11
字　　数：310 千字
版　　次：2020 年 4 月第 1 版　2025 年 4 月第 1 版第 10 次印刷
标准书号：ISBN 978-7-117-29610-6
定　　价：42.00 元

打击盗版举报电话：010-59787491　E-mail：WQ @ pmph.com
质量问题联系电话：010-59787234　E-mail：zhiliang @ pmph.com

全国高等学校健康服务与管理专业
第一轮规划教材编写说明

《"健康中国 2030"规划纲要》中指出,健康是促进人的全面发展的必然要求,是经济社会发展的基础条件。实现国民健康长寿,是国家富强、民族振兴的重要标志,也是全国各族人民的共同愿望。推进健康中国建设,是全面建成小康社会、基本实现社会主义现代化的重要基础,是全面提升中华民族健康素质、实现人民健康与经济社会协调发展的国家战略。

要推进落实健康中国战略,大力促进健康服务业发展需要大量专门人才。2016 年,教育部在本科专业目录调整中设立了"健康服务与管理"专业(专业代码 120410T);本专业毕业授予管理学学位,修业年限为四年;目前逐步形成了以医学类院校为主、综合性大学和理工管理类院校为辅、包括不同层次院校共同参与的本科教育体系,各院校分别在不同领域的专业比如中医、老年、运动、管理、旅游等发挥优势,为本专业适应社会发展和市场需求提供了多样化选择的发展模式,充分体现了健康服务业业态发展充满活力和朝阳产业的特色。

我国"健康服务与管理"专业理论和实践教学还处于起步阶段,具有中国特色的健康服务与管理理论体系和实践服务模式还在逐渐完善中。为此,2016 年 4 月和 8 月,人民卫生出版社分别参与"健康服务与管理"专业人才培养模式专家研讨会和"健康服务与管理"专业教材建设会议;2017 年 1 月,人民卫生出版社组织召开了"健康服务与管理"专业规划教材编写论证会议;2018 年 2 月,人民卫生出版社组织召开了"健康服务与管理"专业规划教材评审委员会一届一次会议。在充分调研论证的基础上,根据培养目标、课程设置确定了第一轮规划教材的编写品种,部分编写品种也与《"健康中国 2030"规划纲要》中"要积极促进健康与养老、旅游、互联网、健身休闲、食品融合,催生健康新产业、新业态、新模式,发展基于互联网的健康服务,鼓励发展健康体检、咨询等健康服务,促进个性化健康管理服务发展,培育一批有特色的健康管理服务产业;培育健康文化产业和体育医疗康复产业;制定健康医疗旅游行业标准、规范,打造具有国际竞争力的健康医疗旅游目的地;大力发展中医药健康旅游"相对应。

本套教材编写特点如下:

1. 服务健康中国战略 本套教材的编撰进一步贯彻党的十九大精神,将"健康中国"战略贯穿教材编写全过程,为学科发展与教学改革、专业人才培养提供有力抓手和契机,为健康中国作出贡献。

2. 紧密围绕培养目标 健康服务与管理专业人才培养定位是为健康服务业培养既懂业务又懂管理的实用性管理型人才。人才培养应围绕实际操作技能和解决健康服务问题的能力要求,用医学和管理学手段为健康服务业健康、有序、科学发展提供专业支持。本套教材的编撰紧密围绕培养目标,力求在各部教材中得以体现。

3. 作者团队多样 本套教材的编者不仅包括开设"健康服务与管理"专业院校一线教学专

家,还包括本学科领域行业协会和企业的权威学者,希望能够凝聚全国专家的智慧,充分发挥院校、行业协会及企业合作的优势,打造具有时代特色、体现学科特点、符合教学需要的精品教材。

4. 编写模式创新　为满足教学资源的多样化,教材采用了"融合教材"的编写模式,将纸质教材内容与数字资源内容相结合,教材使用者可以通过移动设备扫描纸质教材中的"二维码"获取更多的教材相关富媒体资料,包括教学课件、思考题解题思路、高清彩图以及视频等。

本套教材共 16 种,均为国家卫生健康委员会"十三五"规划教材,预计 2019 年秋季陆续出版发行,数字内容也将同步上线。希望全国广大院校在使用过程中能够多提供宝贵意见,反馈使用信息,为下一轮教材的修订工作建言献策。

全国高等学校健康服务与管理专业
第一届教材评审委员会

主任委员

郭 姣　广东药科大学

副主任委员

郭 清　浙江中医药大学　　　　　杨 磊　杭州师范大学
曾 渝　海南医学院　　　　　　　杨 晋　人民卫生出版社

委员（按姓氏笔画排序）

于恩彦　浙江省人民医院　　　　　李卫东　广东药科大学
王 锦　华录健康养老发展有限公司　李浴峰　武警后勤学院
王中男　东北师范大学　　　　　　杨 华　浙江中医药大学
王彦杰　新乡医学院三全学院　　　张会君　锦州医科大学
毛 瑛　西安交通大学　　　　　　张志勇　山东体育学院
毛振华　武汉大学　　　　　　　　张智勇　武汉科技大学
孔军辉　北京中医药大学　　　　　范艳存　内蒙古医科大学
冯毅翀　成都医学院　　　　　　　金荣疆　成都中医药大学
朱卫丰　江西中医药大学　　　　　周尚成　广州中医药大学
向月应　广西师范大学　　　　　　俞 熔　美年大健康产业集团股份有限公司
邬 洁　人民卫生出版社　　　　　钱芝网　上海健康医学院
刘世征　中国健康管理协会　　　　倪达常　湖南医药学院
刘忠民　吉林大学　　　　　　　　曹 熠　贵州医科大学
江启成　安徽医科大学　　　　　　曾 强　中国人民解放军总医院
孙宏伟　潍坊医学院　　　　　　　魏 来　遵义医科大学
杜 清　滨州医学院

秘书

关向东　广东药科大学　　　　　　曹维明　浙江中医药大学
黑启明　海南医学院　　　　　　　肖宛凝　人民卫生出版社

全国高等学校健康服务与管理专业
第一轮教材目录

序号	书名	主编		副主编			
1	健康服务与管理导论	郭清		景汇泉	刘永贵		
2	健康管理学	郭姣		王培玉	金浪	郑国华	杜清
3	健康经济学	毛振华		江启成	杨练		
4	健康保障	毛瑛		高广颖	周尚成		
5	健康信息管理	梅挺		时松和	牟忠林	曾柱	蔡永铭
6	健康心理学	孙宏伟	黄雪薇	于恩彦	孔军辉	朱唤清	
7	健康运动学	张志勇	刘忠民	翁锡全	骆红斌	吴霜	徐峻华
8	健康营养学	李增宁		夏敏	潘洪志	焦广宇	叶蔚云
9	健康养生学	傅南琳		谢甦	夏丽娜	程绍民	
10	健康教育与健康促进	李浴峰	马海燕	马莉	曹春霞	闵连秋	钱国强
11	职业健康服务与管理	杨磊	李卫东	姚华	汤乃军	刘静	
12	老年健康服务与管理	曾强	陈垦	李敏	武强	谢朝辉	张会君
13	社区健康服务与管理	曾渝	王中男	李伟	丁宏	任建萍	
14	健康服务与管理技能	许亮文	关向东	王淑霞	王毅	许才明	
15	健康企业管理	杨大光	曹煜	何强	曹维明	邱超	
16	健康旅游学	黑启明	向月应	金荣疆	林增学	吴海波	陈小勇

主 编 简 介

张志勇

　　教授，博士生导师，山东省教学名师，山东省教书育人楷模，全国教育硕士优秀教师，享受国务院颁发政府特殊津贴。现任山东体育学院体育社会科学学院院长，教育部全国中小学体育教学指导委员会委员，教育部全国教育专业学位研究生教育指导委员会专家组成员，中国体育科学学会学校体育专业委员会常委，中国教育学会、中国高等教育学会体育卫生分会常务理事，中国高等教育学会学校体育课程教学研究会副理事长等。

　　先后主编、参编国家级规划教材7部，其他论著共20部；在《体育科学》等重要学术期刊发表学术论文60余篇，其中2篇论文被中国人民大学复印资料全文转载；主持、完成了国家社科基金项目3项、其中重点项目1项，主持完成全国教育规划重点项目、教育部人文社会科学项目及山东省社科规划等研究课题20余项。研究成果获教育部高等学校科学研究优秀成果奖（人文社会科学）三等奖、山东省优秀教学成果一等奖、山东省社会科学优秀成果二等奖及多项山东省高校优秀科研成果一、二、三等奖等。

主 编 简 介

刘忠民

教授，医学博士，硕士研究生导师，曾任吉林大学体育学院副院长，现任吉林省体育科学学会运动医学专业委员会副主任委员。1983年毕业于东北师范大学体育学院、1990年获得教育学硕士学位、1994年破格晋升为副教授。1995—1999年赴日本宫城教育大学攻读硕士学位。1999—2003年在日本东北大学医学部攻读博士学位。2003年至今受聘吉林大学教授、运动人体科学专业带头人，2008—2017年任吉林大学体育学院副院长。2010年由国家留学基金委公派赴日本早稻田大学运动健康科学学术院访问学者。

长期从事运动与健康科学的研究，指导硕士研究生30人，在国内外学术期刊发表论文50余篇，作为主编和副主编出版了《体育保健与健康》《教师健康解码——运动与健康》等学术著作5部。主持"运动干预海马神经认知老化的效果与机制研究"等省部级科研项目5项、国际交流项目2项。

副主编简介

翁锡全

教授，硕士研究生导师，南粤优秀教师，广东省教学名师，现任广州体育学院体质健康评价研究中心主任。学术兼职有中国体育科学学会运动医学分会委员，广东省体育运动与健康协会副会长兼秘书长，广东省体育用品标准化技术委员会委员，中文核心期刊评审专家，《中国运动医学杂志》编委、审稿专家，江苏、四川、江西等省科技项目评审专家，亚足联 B 级教练员培训讲师、中国羽毛球教练员培训讲师。

主要从事运动环境与健康、运动营养生化、体质健康评价教学与科研工作。

副主编简介

骆红斌

教授，现任浙江中医药大学体育部主任。兼任中国大学生体育协会民族传统体育分会、跆拳道分会常委，全国高等医学教育学会体育分会常务理事，全国中医药高等教育学会传统保健体育研究会副秘书长，浙江省学校体育协会武术分会副主席兼秘书长。

从事教学工作30年，主要参与国家社科基金课题1项，省部级课题5项，主持厅局级课题5项；主编教材、著作6部；发表学术论文30余篇；研究成果获省部级二等奖1项、三等奖1项，厅级二等奖1项、三等奖1项，校级一等奖2项；2008年、2012年被中国大学生体育协会民族传统体育分会授予突出贡献奖。

副主编简介

吴 霜

教授，医学博士，主任医师，硕士研究生导师，贵州医科大学附属医院康复科副主任，贵州医科大学康复治疗学教研室副主任，贵州省卫生健康委员会康复医学质控中心副主任。贵州省医学会物理医学与康复学分会主任委员，中华医学会物理医学与康复学分会全国委员，中国康复医学会康复治疗专委会、电诊断专委会常委，中国残疾人联合会肺康复委员会常委，贵州省卒中学会理事，中国医师协会康复分会呼吸康复专委会委员。《中华物理医学与康复杂志》《中国康复医学杂志》审稿专家，《贵州医药》杂志编委。

主持多项省市级科研课题，参编临床医学专业五年制第九轮规划教材《康复医学》(第6版)，住院医师规范化培训规划教材《康复医学》(第2版)等多部人卫社教材、专著及专家共识。

副主编简介

徐峻华

奥美健康董事长，运动是良医（北京）健康技术研究院执行院长，湖南省体育科学学会体质研究分会副理事长，全国卫生产业企业管理协会医疗投资促进分会常务理事，中华医学会健康管理学分会运动学组委员，北京健康管理协会健康教育专业委员会委员。

从事教学工作 10 年，致力于健康体适能、体质健康、运动处方评估的研究开发和应用推广，主持了科技部创新基金项目《健康体适能管理系统》和《运动健康管理智能终端系统》等课题项目并获得专利，参与编写《运动处方》《健康体适能》教材，参与了多项国家体育总局、民政部、科技部"十五""十一五""十二五""十三五"重大专项课题和社科专项课题；2017 年在中国健康促进基金会成立"体医融合应用技术研究"专项基金，将科学运动理念传递给国民，为"健康中国 2030"战略搭建个性化、多样化的教育认知服务平台和生态圈。

前　　言

为推进健康中国建设，提高人民健康水平，2016 年中共中央、国务院印发并实施《"健康中国 2030"规划纲要》。在同年召开的全国卫生与健康大会上习近平强调"没有全民健康，就没有全面小康"，必须把人民健康放在优先发展的战略地位。新时代对健康的积极追求已成为人民日益增长的美好生活的强烈需要。随着时代的进步和社会生产、生活方式的变革，人们的健康观念正在从关注疾病与问题的被动 - 消极的健康理念转换到关照人性内在潜力发展的主动 - 积极的健康理念。运动作为健康促进的重要手段，也正以其"正向、积极、绿色"等关键特征，成为新时代健康目标达成的重要途径和必然选择，是大健康治理体系中的核心要素。因而，将运动与健康融合，实施以健康为中心的体育运动发展战略，改善、提高不同人群健康水平和生活质量，构建积极健康的和谐社会已成为人类的普遍共识和必然追求。

在此背景下，构建"健康运动"科学体系，培养健康运动的研究者、指导者和行动者就迫在眉睫。为此，我们汇集了相关领域的专家学者编写了《健康运动学》，本教材作为始创性的知识与方法体系，尚无可参考、借鉴的固有思路和框架体系。为科学的构建教材体系，编写团队围绕运动对实现人类健康这一核心价值进行深入研究和整体设计，提出了"积极健康观"的核心理念，旨在以这一理念为引领，提供不断提高人们健康水平和生命质量的动力系统和实践路径。在编写过程中编写团队进行反复论证，结合体育学、医学等多学科知识，对健康运动的本质和现象进行全面概括和提炼。本教材主要从健康运动基本理论知识、健康运动的手段与方法、健康运动的保障与条件三大方面展开，可作为健康服务与管理专业的教材，也可供其他学习者学习、研究，并能为人们的健康、工作和生活提供丰富的运动知识和方法。

为确保教材编写的科学性、实用性和有效性，在创作和编写过程中主要体现"三个结合"的原则。

1. **科学性与系统性相结合**　本教材的编写坚持使用体育学、医学、心理学、社会学等领域的经典内容，在保证内容科学性的同时，构建了学科独立的知识体系，追求整个教材内容经典、科学，知识系统、连贯，使结构体系的逻辑性符合课程目标。

2. **理论性与实践性相结合**　本教材在注重全面介绍运动与健康基本知识理论的同时，以文化自信为引领，结合我国民族传统体育与养生文化，吸收国内外相关领域最新研究成果，并将系统的理论知识与操作性的技术和方法相结合，突出实践指导性。

3. **知识性与能力性相结合**　本教材在注重理论知识的系统性与结构性的基础上，通过融合课程、拓展学习资源、推荐阅读书目等多种形式，线上线下一体化，实现综合能力培养。

承担本书编写任务的是近年来体育学、医学等研究领域有较高学术造诣的专家学者。本书共分九章，撰写任务分工是：前言、第一章：张志勇教授（山东体育学院）；第二章：马玉华副教授

（山东体育学院）、叶孙岳副教授（浙江大学）；第三章：马萍副教授（哈尔滨医科大学）；第四章：翁锡全教授（广州体育学院）；第五章：徐玉明教授（杭州师范大学）；第六章：徐峻华教授（奥美之路健康科技股份有限公司）、汶希副教授（广州中医药大学）；第七章：骆红斌教授（浙江中医药大学）、冯毅翀教授（成都医学院）；第八章：刘忠民教授（吉林大学）；第九章：吴霜教授（贵州医科大学）；编写秘书：董琛（山东体育学院）、丁荔洁（山东体育学院）。最后由张志勇、马玉华、董琛、丁荔洁、孟晓平（山东体育学院）、刘显（山东体育学院）、王豪（山东体育学院）汇总通稿完成。

《健康运动学》作为始创性的学科体系，可能在成稿中还存在一些不足和问题，恳请专家、学者不吝指正。我们将继续学习和努力，使之不断完善，希冀能推动《健康运动学》的学科建设与完善，为健康服务与管理事业做出贡献，这将是我们最大的愿望。

张志勇　刘忠民

2020 年 2 月

目　　录

|第一章| 绪 论

本章要点

1. **掌握** 健康运动的概念和积极健康内涵。
2. **熟悉** 健康运动学常用研究方法。
3. **了解** 健康运动学的学习要求。

运动作为一种促进社会健康的文化现象，是健康目标达成的重要途径和手段。正视运动在健康促进中的重大作用，不能仅仅停留在"知识"层面，更应该作为一种"思想""理念"。本章将从健康运动学的概念界定出发，明确健康运动学的学科属性和研究对象，详细阐述健康运动学的研究方法和学习方法，为后续的学习奠定基础。

第一节 健康运动学概述

一、健康运动与健康运动学

2016 年中共中央、国务院印发并实施《"健康中国 2030"规划纲要》，从健康治理上回应了全面深化改革的基础问题，旨在满足人民对健康和美好生活的全面需求。2016 年在全国卫生与健康大会上习近平强调"要把人民健康放在优先发展的战略地位，树立大健康理念，推动全民健身和全民健康深度融合"，主张从生活、服务、保障、环境、产业等方面快速推进健康中国建设，努力全方位、全周期保障人民健康。2017 年党的十九大报告又提出"加快体育强国建设，促进全民健身发展"，旨在全面推进健康中国建设。《全民健康生活方式行动方案（2017—2025 年）》提出，积极推进在公共卫生机构设立科学健身指导部门，建立"体医融合"的健康服务模式。通过体育运动对健康的积极追求已成为新时代人民日益增长的对美好生活的强烈需要。运动作为一种促进社会健康的文化现象，具有"正向、积极、绿色"等关键特征，是健康目标达成的重要途径和手段，在大健康治理体系中理应处于核心地位。构建覆盖全社会的基于运动干预促进健康的一种新型服务理论体系与实践模式，使公民身心健康发展，就成为当前我国全面建设小康社会、创建和谐社会的重要使命与时代责任。由此，健康运动学应运而生。

"健康"与"运动"之间有着内在的必然联系。对于"健康"的概念，在 1948 年世界卫生组织（World Health Organization，WHO）颁布的《组织法》中指出："健康不仅为疾病或羸弱之消除，而系体格、精神与社会完全之健康状态。"1986 年第一届健康促进国际会议上《渥太华宪章》指出："健康是每天生活的资源，并非生活的目标。健康是一种积极的概念，强调社会和个人的资源，以及个人躯体的能力。健康促进是指运用行政的或组织的手段，广泛协调社会各相关部门以及社区、家庭和个人，使其履行各自对健康的责任，共同维护和促进健康的一种社会行为和社会战略。"同时，《宪章》指出："健康的基本条件和资源是和平、住房、教育、食品、经济收入、稳定的生态环境、可持续的资源、社会的公正与平等。"可见,健康是一种积极的状态,它不仅是个人身体状态的体现,也是社会和个人发展的资源条件。

"运动"是按照人体发展的客观规律和体育的法则、要求,为改善身心状态、达到身心发展为目的进行的有意识的、主动的身体活动的总称。它是针对人体运动系统而言的一种有意识有组织的运动,是以人体运动本质功能来体现其促进健康的作用和价值,是最基本、最积极主动的健康促进方式(图1-1)。古代希腊伟大哲学家赫拉克利特提出"生命在于运动"。科学的身体运动能增强人体各器官系统的免疫功能,全面促进机体的新陈代谢和身体的生长发育;能磨炼意志,培养自信心,提高抗挫力,陶冶美的性情,完善人格;能提高人社会适应的能力,促进社会交往和增进友谊,从而实现生理、心理、社会适应及道德的多维健康。正视运动在健康促进中的重大作用,不能仅仅停留在"知识"层面,更应该作为一种"意识""理念"。

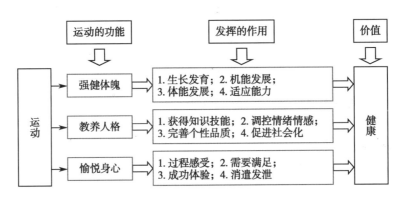

图1-1　运动的功能、作用与价值

基于对健康、运动以及其关系与意义的认识,将健康运动界定为以积极合理的身体运动为媒介,以促进健康和提升生命质量为目的的活动与行为方式(图1-2)。

对于健康运动,应从以下几个方面认识。

1. **主体性**　健康运动是个体通过一定的运动行为促进自身健康的积极、主动的行为,运动者是运动产生的行为主体也是最终被作用的对象,具有主动性和能动性。

2. **专门性**　运动是人的本能行为,它与人的生理发展、心理发展一样有其动作发展的规定性。同时,作为促进健康手段的专门的"健康运动"更要按照人体运动的客观规律和健康的法则、要求而进行,才能达到促进健康的运动目的。

3. **发展性**　人体是一个整体的生命运动系统。健康是人的生命意义与价值展现的基础,健康运动的意义在于不断提高健康水平和生命质量。

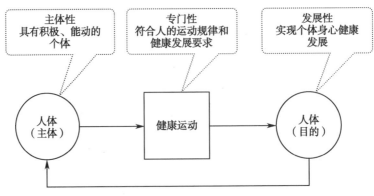

图1-2　健康运动的含义

通过对健康运动的认识与解读,可以看出构建健康运动学已成为非常必要且非常紧迫的工作。健康运动学的构建是基于对健康运动的科学认识,以人体科学、体育学和医学为学科基础,探讨运动与健康的关系以及运动促进健康规律的知识与方法体系。

二、健康运动学的构建理念

健康的内涵随着时代与社会环境的变化不断发展的,从原始的健康观→机械的自然健康观→生物医学的健康观→三维健康观→四维健康观,可以看出健康不是一种静止的状态,它的内涵是随着社会的发展动态变化、不断完善的。因此,我们应该以一种积极的态度去看待健康,需要给健康一个更为动态的解释,这一概念不能局限于身体生理与环境之间协调与平衡,还有要体现出既能应对新环境、新变化,又要展示出能不断追求、不断超越的思想。基于这种新的认识我们相对于传统的健康观提出"积极健康"(active well-being),是指对完美生命的构建和对更高生命力提升的追求状态(图1-3)。这一概念最早可从积极心理学创始人塞利格曼提出的观点中得到启发,他将积极健康解释为能够切实提高健康与疾病目标的主观、生理以及功能性资产的组合。虽然,塞利格曼当时只是将"积极健康"定义为一种"物"或者"指标"等外显性、固定化的客观存在物,而不是将其作为一种追求状态和理念进行提出,也不是对"健康"认识的拓展与丰富,但是他的理论仍然为我们当今积极健康观的提出和追求提供历史发展的必然基点。

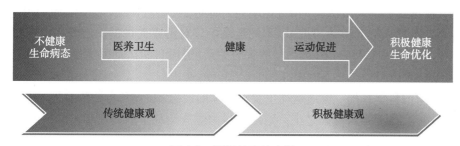

图1-3 积极健康的内涵

积极健康以积极和发展为取向,注重人自身的积极因素和潜能的开发,强调个体对健康追求的能力与能量。它将人的健康与否和人的潜能能否得到完美的发挥和实现自我更新直接联系起来,这样健康就成为一个不断追求的、充满活力和创造性的、持续不断进行着的动态过程。积极健康不仅包括个体和群体的健康状态,也包括生存依赖的社会与自然系统。可以说积极健康是将健康追求与人的身心特征、社会环境支持、自然环境变化联系起来构成的一个系统。在这个系统中运动具有独特的功能与价值,可以说,运动是积极健康的一个核心,是被动健康变为主动健康的内在动力。从国际经验看,世界各国家(地区)政府高度重视运动的健康促进作用,特别是主要发达国家(地区),把运动健身的相关指标全面纳入健康国家建设是他们的通行做法,例如美国《健康公民2020》计划、总统青年健身计划等,加拿大"积极生活"(Active Living)大众体育政策,澳大利亚《积极澳大利亚》(*Active Australia*)政策,英国《要活力,要健康:使国家动起来的计划》(*Be active be healthy: A plan for getting the nation moving*)等,这些计划的实施对于国家健康水平的提升起到了明显的促进作用。

健康运动学就是在积极健康理念指导下构建的健康运动的知识与方法体系。

三、健康运动学的学科属性和研究对象

(一)健康运动学的学科属性

恰当地确定健康运动学的学科性质,直接关系到健康运动学的研究目的、研究对象和学科发展方向。健康运动学是在体育学、医学、心理学、社会学、行为学等众多学科的基础上相互交

又、融合、渗透而建立的一门新兴学科，它具有交叉学科的性质，既以理论研究为基础，要研究健康运动的一般规律，又密切关注实践，将研究的一般规律运用于健康与体育运动实践的内容、方法、策略和技术中，具有应用研究的性质。因此，它是兼具理论与应用的研究，属于应用理论研究的范畴。这就意味着，健康运动学既要坚持理论研究，不断提高理论成果的抽象概括水平，又要在已有理论原理的指导下，开展必要的应用研究，解决带有普遍性的操作问题。健康运动学研究的根本途径在于通过研究身体运动和现象，揭示身体运动与健康的客观规律；通过建立具体而系统的健康运动范畴和理论体系，说明和解决健康与身体运动的关系和课题，并运用到健康运动实践中去。

（二）健康运动学的研究对象

一门学科能否确立，主要取决于有没有相对独立的研究对象。因此，明确健康运动学的研究对象，对健康运动学的学科建设与发展具有十分重要的意义。

根据对健康运动学学科性质的基本认识，本教材认为，探索健康运动的规律是健康运动学研究的主要目的和最基本任务，健康运动学的研究对象是健康运动行为与现象。具体表现在以下几个方面：

1. 健康与运动的关系　运动是实现人体身心健康的重要措施。健康与运动的关系是互相依存、相互作用的。健康与运动之间存在着错综复杂的必然联系。健康运动学就是要解析其内在联系，探讨其促进的原理与方法。例如：运动对身体健康、心理健康、社会适应与道德健康等不同维度的影响，不同人群的运动与健康，不同运动手段对健康促进的作用等，在探究中，均以运动与健康作为出发点和载体，了解运动与健康的关系，遵循科学运动促进健康的规律，实现运动与健康的融合。

2. 健康运动的科学基础　健康运动主要以科学的理念、知识与方法为前提，建立在体育学、医学、心理学、社会学等学科基础之上。这些学科为健康运动学的创建和发展提供了科学依据，为促进科学有效的健康运动奠定了方法论基础。健康运动学将借鉴这些学科进行原理性、功能性和方法论上的阐述和体系构建。

3. 健康运动的手段与方法　健康运动学不仅要研究健康运动的相关理论，更要研究健康运动的实践，即要研究如何在一定的目标指引下，更好地开展运动，提高健康水平。也就是说，健康运动学要注重研究运动过程的操作问题，重视健康运动的方法与手段，以指导人们进行科学有效的运动，例如教会人们什么是健康的运动、学习不同的健身手段、设计运动处方等，这是健康运动学学科建设的重要环节。

4. 健康运动的保障与条件　健康运动是在一定的条件下产生与进行的。所谓健康运动的条件，主要就是指运动活动所必需的，对健康运动的质量、效果产生更为直接、具体和有力影响的各种因素。例如合理的营养膳食、运动健康风险、运动损伤防治等。这些作为健康运动的基本前提具有重要的意义，健康运动学必须将他们置于研究的重要位置。

第二节　健康运动学的研究方法

健康运动学是在体育学、医学、心理学、社会学、行为学等众多学科的基础上建立的一门交叉学科，它的研究方法既要借鉴自然科学研究的规范性与可操作性，又要考虑社会科学研究的理论性和原则性。这就需要研究者根据研究的目的、选择研究对象，经过周密的思考制订出整个研究工作的具体计划和安排，如选择研究方法与设计方式、确定研究变量与观测指标、选择研究工具与材料、制订研究程序、考虑数据整理与统计分析的方法等。本节主要介绍健康运动学的研究设计方式以及研究常用的方法。

Note

一、健康运动学的研究设计

（一）横断面研究设计

横断面研究设计（cross-sectional study）是指应用普查或抽样调查的方法收集特定时间、特定人群中疾病、健康状况及有关因素的资料，并对资料的分布特征加以描述。

在体质监测中，一般采用现况调查的思路和方法，采用多阶段抽样选取有代表性的样本。以学生体质监测为例，抽测阶段设计抽样方案，在对每一个项目进行测量后，对每一个项目进行人间、时间、空间的"三间分布"描述。如对体重指数（body mass index，BMI）这一指标，人间分布针对不同年龄、不同性别、不同家庭情况对 BMI 进行描述；时间分布针对每一年的肥胖率进行描述，绘制肥胖率随时间变化的趋势；而空间分布会对不同省份、不同城市以及城乡之间 BMI 的差别进行描述。

这一研究方法的优点是能够短时间内发现同一类调查对象的相似性和差异性，确定他们的主要特征，获得的信息量大，经济且费时短。但是在横断研究设计中只是在某一方面、某一点上接受测查，研究无法获得对象发展趋势或发展变化的数据资料。

（二）纵向研究设计

纵向研究设计（longitudinal study）是对同一研究对象在不同年龄或者阶段进行长期反复观测的研究设计，故也叫作追踪研究设计。纵向研究设计要求在所研究的时间内反复观察和测量同一群体，它可以得到同一群体在某一方面前后一贯的材料，有助于精确地了解该群体的发展过程和变化趋势。

队列研究是纵向研究的一种特殊形式。队列研究设计根据研究对象是否暴露于某研究因素或其不同水平将研究对象分成暴露组（E）与非暴露组（Ē）或不同暴露亚组；随访一定时间，比较两组之间研究结局（outcome）发生率的差异，以分析暴露因素与研究结局之间关系的一种观察性研究方法。队列研究是由"因"至"果"观察，论证因果关系的能力较强；不存在回忆偏倚；可计算暴露组和非暴露组的发病率，能直接估计暴露因素与发病的关联强度。但是，队列研究耗费的人力、物力和时间较多；随访较困难，容易发生失访；设计的要求高，实施复杂；当结局发生率很低时不适用。

二、健康运动研究常用的具体方法

（一）观察法

观察法是研究者通过感官或仪器设备，有目的、有计划地观察被观察者的心理或者行为变化，并由此分析被观察者的发展特征和规律的一种方法。它是一种在自然条件下进行的，观察对象处于自然状态下的，观察者自觉的、有目的、有计划的认识活动，而不是盲目的简单反射式感觉。观察法只需制订较为完备的计划即可施行，适用广泛。

按观察者是否直接参与观察对象的活动来分，可分为两种。

1. 参与观察法 即研究者深入到所研究对象的生活背景中，在实际参与研究对象日常社会生活的过程中所进行的观察。运用参与观察法，可以描述发生了什么，所牵涉的人或物，事发的时间和地点，怎样发生，为什么发生；可以从参与者的角度做出判断，探讨事件在特定的情形下发生的原因。

2. 非参与观察法 即观察者在研究对象和群体所处的情境之外，对其进行的观察。观察者不直接介入观察对象中间，而是从旁观察正在发生的过程，不干预这个过程的进程，不提出任何问题，只是客观地记录事件发生的进程。

（二）实验法

实验法是通过人为地设置一定的情景和有意图地控制和操作某些变量，从而发现和揭示有关变量之间因果关系的一种研究方法。实验由处理因素(自变量)、实验对象(被试)、实验效应(因变量)三个基本要素构成。作为一种特定的研究方式,实验法涉及三对基本要素:自变量与因变量、前测与后测、实验组与控制组。

与观察性研究不同的是,观察性研究是利用一些方法,在不干预、自然的情况下描述现状,分析规律,而实验性研究则是利用一些人为方法改变一个或多个因素,并前瞻性地观察其效应的研究。实验法是将来自于同一总体的研究人群随机分为实验组和对照组,实验组给予实验因素,对照组不给予该因素,而给予对照措施或安慰剂,然后前瞻性地随访各组的结局并比较其差别的大小,从而判断实验因素的效果。实验法中实验者可人为控制研究因素的条件,因而结果更为真实可靠。

实验法主要有两类:临床试验和现场试验。健康运动学研究一般只涉及现场试验。现场试验根据接受干预的基本单位不同,可分为个体试验和社区试验。社区试验是以社区人群整体为干预单位的实验性研究,常用于评价人群预防措施的效果,如评价减少食用盐对防治高血压病的效果、太极拳对防治心脑血管病的效果等。个体试验主要是以个体为干预单位的实验性研究,常用于某一特定对象干预的效果研究,如假定某些自变量(静力牵拉)会导致某些因变量(肌肉酸痛)的变化,在实验开始时对因变量进行前测,之后引入自变量,让它发挥作用或影响,在实验结束时再测因变量即后测,通过比较前测和后测的差异值检验假设。

(三)调查法

调查法是为了达到设想的目的,制订某一计划,全面或比较全面地收集研究对象某一方面情况的各种材料,并做出分析、综合,得到某一结论的研究方法。它的目的可以是全面把握当前的状况,也可以是为了揭示存在的问题,弄清前因后果,为进一步的研究或决策提供观点和论据。访谈法、问卷调查法是比较常用的调查法。

访谈法是研究者通过与访谈对象进行口头交谈,了解和收集相关数据资料的一种研究方法。利用访谈法可以有针对性地收集数据研究数据,它适用于一切具有口头表达能力的不同文化程度的访谈对象。但是访谈法在访谈结果的准确性、可靠性上受访谈者自身的素质影响较大,而且较为费时费力,所得资料不易量化。

问卷法是研究者使用统一、严格设计的问卷,来收集被试数据资料的一种研究方法。运用问卷进行研究时,使用的是经过严格设计、具有固定结构的问卷,因此结构化程度较高,避免了研究的盲目性和主观性,而且能够在较短的时间内收集到大量资料。此外,由于问题和答案都预先进行了操作化和标准化设计,便于定量分析,所以该方法可节省大量的人力、物力、财力。但是这一方法对被试的言语发展水平有一定的要求,不适于年幼被试。而且被试的回答可能带有一定的主观性,获得的数据资料还需用其他方法加以印证。

(四)文献资料法

文献资料法是通过查阅文献资料了解、证明所要研究对象的方法。文献法不仅是一种收集资料的方法,而且还是一种分析研究的方法。文献的分析与综合主要是研究者对自己掌握的文献进行创造性的思维加工过程。通过这样的加工,形成对事物本身的科学认识。

利用文献法,首先需要研究者根据自己的研究课题所及的范围,明白"搜索"方向。其次还要熟悉国内外主要相关期刊以及每种期刊的特色,并知道可以从哪些地方得到这些文献。再次,研究者还需要熟悉索引目录的分类,以便迅速地找到所需文献的出处。此外,寻找文献有时可以采取"滚雪球"的方式,先找几篇与研究课题有关的文章阅读,在阅读中了解与此有关的范围及从这些文章所列的参考资料中发现新的线索,再扩大查找对象。

(五)比较法

比较法是研究者根据一定的研究标准,把彼此有某种联系的几种事物加以对照,从而确定其异同点,并找出事物内在联系的规律,从而揭示事物本质的过程。常见的比较模式有以下两种:

其一,根据事物之间的差异性和共同性分为同类比较和异类比较;其二,根据比较对象的历史发展和相互联系,分为纵向比较和横向比较。

（六）数理统计法

数理统计法以概率论为基础运用统计学的方法对数据进行分析、研究导出其概念规律性。它主要研究随机现象中局部（字样）与整体（母体）之间,以及各有关因素之间相互联系的规律性。它主要是利用样本的平均数、标准差、标准误、变异系数、均方、检验推断、相关、回归、聚类分析、判别分析、主成分分析、正交试验、模糊数学和灰色系统理论等有关统计量的计算来对实验所取得的数据和测量、调查所获得的数据进行有关分析研究得到所需结果的一种科学方法。它要求数据必须真实可靠,这是进行定量分析的基础。这种方法通常是借助计算机来同时进行的,能达到快速、准确和实施大量计算的目的。

第三节　健康运动学的学习意义与要求

未来的健康服务与管理工作者,除了具备扎实的医学、管理学基本知识和实践技能外,还应该且必须掌握作为运动干预理论和实践基础的健康运动学。学习掌握健康运动的基本知识和技能,进行科学合理的运动干预,推动个体或群体积极主动的运动行为或体育参与,促进健康、提升生命质量,是每个健康管理工作者义不容辞的责任。

一、健康运动学的学习意义

（一）理解健康与运动的关系,形成科学认知

通过本门课的学习,学习者可以辩证地认识健康与运动的关系,从多个维度认识运动对于健康的影响,实现运动与健康的融合,从而全面、科学地形成对运动与健康的认知,形成积极健康观和主动追求健康的理念,这是学好健康运动学的首要意义。

（二）明确健康运动相关概念,确立学科规范

健康运动学是一门全新的学科,在学科构建中就会出现许多概念和术语,通过系统地学习可以统一对运动、健康运动等相关概念和术语的理解。正确认识理解这些概念、术语的性质和内涵以及相互关系,是分析、解决健康运动相关问题的基础和前提。

（三）熟知健康运动基本理论,提升技能理解力

对于健康服务与管理的工作者来说,学好健康运动学,能更好地掌握健康运动的人体科学基础、社会科学基础以及运动与健康的关系等基本理论知识,可以提升自己从事健康服务与管理的素质和能力,有助于用所学的理论来指导自己的工作实践。

（四）掌握健康运动的技能,提高健康服务与管理水平

学习健康运动学可以科学、系统地掌握健康运动的相关技能,如运动手段、运动处方、运动营养、运动损伤防治等。对这些可操作性的知识、技能和方法的学习,可以提高健康运动的指导与管理。

二、健康运动学的学习要求

（一）要树立学科融合思维

健康运动学是在多门学科的基础上构建起来的一门交叉学科。它打破了学科之间在知识、思维上的"疆域",实现了学科间知识框架相互交叉、内容互相渗透。在这个过程中,思维与技能、跨学科学习、实操应用相结合,这对学习者的综合能力有了更高的要求。学习者需要具备多学科的学习基础和融合学习才能实现领会贯通。

（二）要基于积极健康理念

在学习的过程中,学习者要秉承积极健康的理念,要科学认识运动对于健康的积极作用。这就要求学习者不能仅仅关注健康问题以及疾病等问题,更要加强对积极健康理念和行为对提升健康水平和人们生命质量的关注;不能仅仅关注对个体需要和行为的激励,还要注重对社会健康的促进。总之,是"社会生活的人"的生命提升,而不仅是"科学解剖的人"的防病治病。

（三）要结合健康与运动实践

在掌握基本概念与知识的基础上,勤思考才能做到融会贯通,多实践才能加深对知识的理解。在学习健康运动学的过程中要结合健康与运动的实践进行学习,要获得运动实践的感性认识,关注一定的问题,将理论与实践结合起来,才能学以致用。

（张志勇）

 思考题

1. 健康运动的概念及基本内涵是什么?
2. 健康运动学的构建理念是什么?
3. 健康运动学的学科性质和研究对象是什么?
4. 学习健康运动学的意义和基本要求是什么?

Note

第二章 | 运动与健康

本章要点

1. **掌握** 身体健康、心理健康、社会适应能力的基本内涵及其与运动的关系。
2. **熟悉** 运动促进身体健康、心理健康和社会适应的原理和方法。
3. **了解** 道德健康的含义及其与运动的关系。

　　运动与健康的关系在健康运动学的理论体系中具有基础性地位。对他们之间关系的深入了解是进一步学习以运动促进健康具体方法的前提。本章将从健康四个维度（身体、心理、社会适应及道德健康）的概念出发，分别阐述健康与运动的基本关系，以及他们背后潜在的原理，为同学们的后续学习奠定基础。

第一节　运动与身体健康

一、身体健康的概念与标准

（一）身体健康的概念

　　身体健康（physical health）是指生物医学意义上的健康，是指人体各器官系统发育良好、功能正常、体质健壮、精力充沛，机体处于正常运作的状态。

　　具体来看，身体健康可包括两个方面的内容：一是主要脏器无疾病，身体形态发育良好，体形均匀，人体各系统具有良好的生理功能，有较强的身体活动能力和劳动能力，这是身体健康最基本的要求；二是对疾病的抵抗能力较强，能够适应环境变化、各种生理刺激以及致病因素对身体的影响。

（二）身体健康的标准

　　身体健康是健康的首要维度，它的标准可从健康标准中把握（表2-1）。

表2-1　世界卫生组织公布的健康十条标准

序号	健康标准内容
1	有充沛的精力，能从容地担负日常生活和繁重的工作，而且不感到过分紧张疲劳
2	处事乐观，态度积极，乐于承担责任，事无大小，不挑剔
3	善于休息，睡眠好
4	应变能力强，能适应外界环境各种变化
5	能够抵抗一般性感冒和传染病
6	体重适当，身体匀称，站立时，头、肩、臂位置协调

续表

序号	健康标准内容
7	眼睛明亮,反应敏捷,眼睑不易发炎
8	牙齿清洁,无龋齿,不疼痛,牙龈颜色正常,无出血现象
9	头发有光泽,无头屑
10	肌肉丰满,皮肤有弹性

二、运动对身体健康的影响

广义地来看,运动是指人们的身体活动(physical activity,PA),也称体力活动。身体活动是指由骨骼肌产生的需要消耗能量的任何身体动作。平时生活中手提购物袋,搬运货物和书本或抱孩子,以及走楼梯而不使用电梯,步行、骑车上下班等都是提倡的身体活动。主动健身进行的身体活动形式也有很多,比如城区有公园、滨水区或其他步行区,用于步行、跑步或玩耍很理想,利用体育馆游泳池等体育设施进行的体育运动等。具体来说,运动对身体健康的影响主要体现在以下几个方面:

(一)运动对身体形态的影响

身体形态是指人体的外部特征,即体格、体型、姿势、营养状况以及身体成分。主要指标:身高、体重、胸围、上臂围、坐高和身体成分(皮脂厚度、体脂比重、去脂体重等)。它从一定程度上反映了人体生长发育的状况及其身体的健康状况。其中身高、体重、胸围是衡量身体形态最基本的三项发育指标。良好的身体素质在这一点上表现为体形匀称、姿势正确、营养状况良好等。

与身体活动较少的人群相比较,积极进行身体活动的人,无论是儿童、青少年、成人还是老年人都具有较高水平的肌肉健康和更合理的体重和身体成分,这也更有利于增进骨骼健康。以有氧运动为主的体育活动可增加脂肪消耗,降低身体脂肪含量,改善身体成分。

(二)运动对人体功能的影响

身体功能健康特征主要表现在人体各器官系统等方面,如:神经系统、骨骼肌肉系统、呼吸系统和心血管系统。运动能增强心肺功能,改善血液循环系统、呼吸系统、消化系统的功能状况,有利于人体的生长发育,提高抗病能力,增强有机体的适应能力。具体体现在以下几个方面:

1. 运动促进神经系统功能的提升　神经系统是机体内对生理功能活动调节起主导作用的系统,主要由神经组织组成,分为中枢神经系统和周围神经系统两大部分。中枢神经系统又包括脑和脊髓,周围神经系统包括脑神经和脊神经。

大脑是神经系统的总指挥,大脑健康直接决定了神经系统的功能。经常参加运动能够改善脑部供血状况,提高大脑皮质神经细胞的耐受力。脑部供血的状态决定了脑功能的营养状态,改善脑部供血直接从物质层面保证了大脑的营养,提升大脑健康水平。神经系统是人体所有动作的指挥,经常参加体育运动,从事各种复杂的动作,有利于提高神经系统的反应能力和灵活性,神经系统的功能在从事各种动作的过程中得到增强。运动能改善神经系统的调节功能,提高神经系统对人体活动时错综复杂变化的判断能力,并及时做出协调、准确、迅速的反应,使人体适应内外环境的变化,保持机体生命活动的正常进行。

2. 运动促进心血管系统功能的提升　经常参加体育运动,能够促进心脏结构与功能的良性变化,促进血液数量与质量的提高,促进血管结构和功能的良性变化,血管壁的弹性增加,血流的外周阻力减小。安静时,收缩压可降低到85～105mmHg,舒张压可降低到40～60mmHg。同时,经常从事体育运动的人肌肉活动状态良好,收缩有力,收缩与放松呈有节奏、有规律的转换,使人体静脉血液回流心脏速度加快,回流量增多,供心脏冠状动脉自身营养程度增大,有利于预防冠状动脉硬化。经常参加体育运动,还会使人体内的高密度脂蛋白(high density lipoprotein, HDL)粒子的浓度增加,HDL粒子具有清理和打扫沉积在血管壁上的脂肪和胆固醇的作用,可以减少堵塞血管的危险,保障体内的正常血液循环,防止各种心血管系统疾病的发生。

3. **运动促进呼吸系统功能的提升**　呼吸系统由鼻、喉、气管、肺等组成。人体一切活动所需要的能量和维持体温的热量,都来自体内营养物质的氧化。氧化过程需要不断消耗氧,并产生二氧化碳。人体内这种气体代谢过程的持续进行,有赖于人体不断从外界环境中摄取氧,并不断向外界环境排出二氧化碳。人体与外界环境之间的气体循环以及人体内部所进行的气体交换的全过程,称为呼吸。

(1)体育运动促进呼吸器官结构的变化:比较剧烈的体育运动需要消耗大量的氧气,同时组织内也产生大量的二氧化碳,这就促使呼吸系统必须加倍工作,以适应活动的需要。由于呼吸肌在较剧烈的体育运动中经受锻炼,力量增强,胸廓运动的幅度也随之增大,肺泡参与气体交换的数量也明显增多。经常参加体育运动的人,其胸围要比同龄人大3～5cm,呼吸差也增加到9～16cm。

(2)体育运动提高呼吸系统的功能水平:长期进行体育运动,呼吸深度加大,呼吸频率相对减少。由于呼吸肌的力量增强,肺泡弹性增大,肺活量、肺通气量指标数明显增大,肺活量可达4 500～5 500ml,比一般人大1 000～1 500ml。肺通气量可由平常呼吸时的9 000ml达到70 000～120 000ml。同时,肺泡通气量也明显增加,呼吸效率明显得到改善。提高呼吸系统功能水平,对改善人体的活动能力有较大的促进作用,增加了人体对坚持较长时间活动和工作的耐受力,同时对预防呼吸系统的疾病也有显著作用。

4. **运动促进人体运动系统功能的提升**　运动本身就来自于运动系统功能的发挥,运动系统由肌肉、骨骼、关节组成。骨骼是人体的支架,关节是连接骨与骨之间的枢纽,肌肉附着在骨骼上,在神经的支配下,通过交替收缩和放松使关节屈伸、展收、旋转,完成各种动作。运动系统功能的高低,决定着人体活动的质量。体育运动在运动系统中有以下主要表现:

(1)改善肌肉中的血液供应情况,促进结构功能的良性变化:长期参加体育运动,肌肉中毛细血管增粗并大量开放,血流量增大,血液供应良好,新陈代谢旺盛,酶活性提高。同时,由于肌肉中营养物质、能源物质的含量增加,肌肉纤维变粗,肌肉的生理横断面积增大,肌肉重量占全身体重的比重也相应增大。肌肉收缩时的力量加强,速度加快,弹性、柔韧性都有所增强,灵活性、耐久性得到提高。

(2)强化骨的结构,提高骨的性能:长期参加体育运动,使新陈代谢过程得以改善与加强,骨的结构和性能都发生了变化。表现在:骨密质增厚,骨变粗,骨小梁的排列根据拉力和压力的不同更加整齐和有规律,骨表面肌肉附着的突起增大。这些结构上的变化都使骨更加粗壮、坚固,提高了骨的抗断、抗弯、抗压的性能。经常参加体育运动还能刺激骺软骨的增生,促进骨的生长,对人体身高的增长有一定的促进作用。有科学研究证明,经常参加体育运动的青少年比同龄身高增长要快,身高的相对终极值也比一般青少年高4～8cm。

(3)增强关节的牢固性,提高关节的柔韧性和灵活性:经常参加体育运动,关节周围的肌肉和韧带得到了增强,从而加强了关节囊的力量,加固了关节。同时,由于运动过程中关节得到锻炼,因此,关节周围的肌肉、韧带的伸展性得到改善,扩大了关节运动的幅度,提高了关节的灵活性,增强了关节的牢固性。

5. **运动对身体健康的其他效益**

(1)运动可以减少身体很多部位癌症的风险。《美国体力活动健身指南(第2版)》提出,运动可以降低膀胱癌、乳腺癌、结肠癌、子宫内膜癌、食管癌、肾癌、胃癌和肺癌的发病率。

(2)对于孕妇,运动可以减少体重过度增加,降低妊娠糖尿病和产后抑郁风险。

(3)对于老年人,运动可以降低跌倒风险。

（4）运动可以改善睡眠质量，特别是对患有失眠症的人们，能带来不错的效果。

（三）运动不足对身体健康的影响

运动不足引起疾病的状态也被称为坐以待毙综合征（sedentary death syndrome）。世界卫生组织在《关于身体活动有益健康的全球建议》中提出：全世界人口至少有60%不能达到产生健康效益建议所需的身体活动量，并将缺乏身体活动确定为全球范围内导致人类死亡的主要危险因素之一。身体活动缺乏的主要原因是在休闲时间参加的身体活动不够、工作和家庭活动中久坐不动的行为有所增加、较多地使用"被动"的交通方式等（表2-2）。

表2-2 运动不足的直接危害

序号	危害的领域	危害的原因
1	导致骨质疏松	经常进行适当的运动能刺激成熟的骨细胞并抑制破骨细胞，如果运动量太少，骨承受通常的机械应力不足，容易导致骨膜下骨吸收的钙、磷等物质的过度丢失，引起骨质疏松
2	形成关节粘连	运动不足会使关节结构产生一系列的变化，使得关节囊和韧带组织缺乏被动牵伸，弹性较差，容易导致关节活动幅度受限，内部纤维排列紊乱，韧带止点骨质薄弱，进而造成韧带强度不足。运动不足还容易引起关节内滑膜纤维、脂肪组织增生，形成关节内粘连，同时还会妨碍关节滑液的分泌和流转，使得关节面软骨缺乏挤压，引起软骨营养障碍及萎缩
3	发生肌肉萎缩	运动不足会导致肌肉力量、耐力下降，严重者会发生废用性肌萎缩。通常健康成人安静卧床1周可使得肌力下降20%，如果再卧床1周，会在此基础上再次下降20%，同时肌纤维会变细。另外，缺乏运动还会使得肌肉组织内的无氧和有氧代谢酶活性下降
4	增加患心肌梗死的危险性	长期缺乏运动可使人体安静时心率加快，心脏每次搏动的输出量减少。有研究证明，安静卧床休息3~4周，人体的血容量可以下降17%。运动不足者血液中脂蛋白成分可发生改变，具有防止动脉粥样硬化作用的高密度脂蛋白水平下降，增加动脉粥样化发生的危险性
5	肺功能减退	长期不运动，可导致呼吸肌无力，肺泡弹性降低，影响肺的通气功能，肺最大通气量降低，肺内气体交换能力降低，血红蛋白携氧能力也会下降，较小负荷运动时会出现胸闷、气急的症状
6	易疲劳乏力	长期缺乏运动，大脑血流缓慢，神经细胞营养供应不足，工作能力降低，容易导致疲劳，常出现头晕眼花、神思疲倦的症状
7	形成肥胖	运动不足可以使体内能量消耗降低，过剩的能量以脂肪的形式存储在皮下、器官，易引起肥胖，而肥胖又容易引起高血脂、高血压和高血糖

三、运动是良药

世界卫生组织在1994年就指出，静坐少动是当今慢性疾病发生的第一独立危险因素。1996年美国心脏病学会（ACC）就明确指出"体力活动减少或静坐少动的生活方式是心血管疾病主要可以修正的危险因素"。遗传是无法修正的因素，而静坐少动这样的不良生活方式可以通过动起来加以修正。2007年11月"运动是良药"（exercise is medicine）作为一种学术理念和健康促进项目由美国运动医学会和美国医学会正式提出。2010年首次召开以"全世界的健康处方"主题的"运动是良药"全球大会。2012年6月在我国正式启动该项活动。

美国运动医学学会（ACSM）把"运动是良药"作为解决公共卫生问题的促进行为，鼓励医生将体力活动作为基本生命体征纳入问诊的内容体系，目的是利用体力活动预防慢性疾病、促进全民健康。

（一）运动是良药的基础

体育锻炼有利于人体骨骼、肌肉的生长，增强心肺功能，改善血液循环系统、呼吸系统、消化系统的功能状况，有利于人体的生长发育，提高抗病能力，增强机体的适应能力。体育运动能够降低儿童在成年后患上心脏病、高血压、糖尿病等疾病的风险。对成年人来说，体育锻炼是增强体质的最积极、有效的手段之一，可以减少过早进入衰老期的危险。

证据表明有规律地进行身体活动可以减少患冠心病、脑卒中、2 型糖尿病、高血压病、结肠癌、乳腺癌和抑郁的风险。此外，身体活动是能量消耗的关键决定因素，因而也是维持能量平衡和控制体重的基础。

关于心肺健康、肌肉力量、代谢功能健康和骨骼健康，身体活动与心肺健康（冠心病、心血管疾病、卒中和高血压病的风险降低）直接相关。身体活动增进心肺健康，心肺健康与身体活动的强度、频度、持续时间和活动总量之间存在直接的剂量反应关系。身体活动与心血管病也存在剂量反应关系，通常每周 150min 中等及以上强度的身体活动即可使疾病风险降低。

（二）运动促进身体健康相关政策

美国卫生与公共服务部（HHS）于 1979 年发布了《国民健康：健康促进与疾病预防报告》，首次把体力活动纳入国家健康促进计划，把运动健康促进纳入"预防优先"政策。1980 年，美国政府颁布了《健康公民 1990》计划，把体力活动作为健康促进的重要方式。此后，联邦政府每隔 10 年都颁布一次"健康公民计划"（Healthy People），运动作为《健康公民》的重要内容得到了广泛推广。1995 年，由美国运动医学学会（ACSM）和美国疾病控制与预防中心（CDC）联合出版的第一部涉及体力活动与健康促进的指南——《体力活动和大众健康指南》，将运动促进健康提升到了一个新的高度。

2004 年 5 月，第 57 届世界卫生大会通过了 WHA57.17 号决议"饮食、身体活动与健康全球战略"（DPAS），敦促各成员国制订本国的身体活动行动计划和政策，以增加国民的身体活动水平。关于身体活动，建议个人在整个生命历程中从事适量身体活动，不同的健康结果需要不同形式和不同量的身体活动：经常参加 30min 以上、强度适中的身体活动可减少发生心血管病和糖尿病、结肠癌和乳腺癌的危险。加强肌肉和平衡训练可使老年人减少摔倒、增进机体功能状况。

美国、英国、澳大利亚、加拿大等发达国家先后公布适合本国国情的体育活动行动计划和指南，如《美国人身体活动指南 2008》《加拿大身体活动指南 2009》《澳大利亚身体活动指南 2014》等，倡导科学生活方式，提高国民健康水平。世界卫生组织 2010 年颁布了《关于身体活动有益健康的全球建议》，指出世界卫生组织 2010 年的核心内容是在人群中通过促进身体活动，实现慢性非传染性疾病的一级预防。

我国政府高度重视体育活动在提高身体健康水平中的重要作用。1995 年，国务院颁布实施《全民健身计划纲要》；2007 年，国务院下发《关于加强青少年体育增强青少年体质的意见》；国家体育总局于 2011 年颁布了《运动健身指南》；2016 年，国务院印发《"健康中国 2030"规划纲要》，对发展群众体育活动、倡导全民健身新时尚、推进健康中国建设做出了明确部署；2018 年 7 月 17 日，国家体育总局发布全民健身指南，该指南以中国居民参加健身活动大数据为支撑，由我国国民体质监测工作者和全民健身研究专家共同研制而成，是一个国家层面的《全民健身指南》。2019 年 7 月，国务院印发《国务院关于实施健康中国行动的意见》，指出人民健康是民族昌盛和国家富强的重要标志，预防是最经济最有效的健康策略，要加快推动卫生健康工作理念、服务方式从以治病为中心转变为以人民健康为中心，建立健全健康教育体系，普及健康知识，引导群众建立正确健康观，加强早期干预，形成有利于健康的生活方式、生态环境和社会环境，延长健康寿命，为全方位全周期保障人民健康、建设健康中国奠定坚实基础。

第二节　运动与心理健康

心理健康（mental health）是健康的重要组成部分，是区别于生物学健康观念的重要标志。心理障碍或心理问题将限制人们获得或保持生理性健康的能力。随着我国社会经济的发展，人们生活水平的进一步提高以及全民健身活动的蓬勃发展，运动对心理健康的潜在积极作用也越来越受到国内外相关学者和健身民众的关注。运动对心理健康产生的积极影响（如减少抑郁、焦虑等）已经被广泛证实。但是，不合理的运动锻炼不仅对心理健康作用不大，而且还可能产生负面心理作用（如运动迷瘾）。所以，了解心理健康的概念与标准、运动对心理健康的影响、运动促进心理健康的可能机制等内容就显得非常必要，这是本部分所要解决的主要问题。

一、心理健康的概念与标准

（一）心理健康的概念

目前，国际上没有公认的心理健康定义。不同的专家学者对心理健康有不同的定义。1929年，在美国第三次健康会议上，专家们提出心理健康是指个体的心理功能活动中未表现出明显的心理障碍症状。1946年，在第三届世界心理健康大会上，专家们认为心理健康是在身体、智能以及情感上与他人心理不矛盾的情况下，将个人的心境发展到最佳的状态。《心理百科全书》（1995）认为，心理健康有两方面含义：①心理健康状态，个体处于这种状态时，不仅自我情况良好，而且与社会和谐；②维持心理健康、减少行为问题和精神疾病的原则和措施。因此，心理健康是一种成功应对各种心理应激，生活适应良好的心理状态。

（二）心理健康的标准

心理健康的标准也未有公认表述，存在多个标准（表2-3～表2-5）。

表2-3　世界卫生组织（WHO）的七条心理健康标准

序号	心理健康标准内容	序号	心理健康标准内容
1	智能良好	5	能动地适应和改造现实环境
2	善于协调与控制自己的情绪	6	能保证人格的完整和健康
3	具备良好的意志品质	7	心理年龄和生理年龄相适应
4	人际关系和谐		

表2-4　美国心理学家马斯洛和米特尔曼提出心理健康的十条标准

序号	心理健康标准内容	序号	心理健康标准内容
1	有充分的自我安全感	6	善于从经验中学习
2	能充分了解自己，并能恰当估计自己的能力	7	能保持良好的人际关系
3	生活理想切合实际	8	能适度地宣泄和控制情绪
4	不脱离周围现实环境	9	在符合团体要求的情况下，能有限度地发挥个性
5	能保持人格的完整与和谐	10	在不违背社会规范的前提下，能适当地满足个人的基本需求

Note

表2-5　张春兴(1991)提出的心理健康六条标准

序号	心理健康标准内容	序号	心理健康标准内容
1	了解自己并肯定自己	4	能与人建立亲密关系
2	掌握自己的思想行动	5	独立谋生意愿和能力
3	自我价值感与自尊心	6	理想追求不脱离现实

二、运动对心理健康的影响

过多运动可能会放大心理健康问题,但是运动对心理健康状态的改善确实非常有帮助。此外,运动对心理健康问题的预防可能比起治疗更为重要。

(一)情绪(抑郁与焦虑)

抑郁和焦虑是普通人或精神障碍者最为常见的两种情绪问题。抑郁(depression)的症状多种多样,一般可包括难以集中注意力和决策、失去对爱好和活动的兴趣、感到无助、失眠甚至想自杀。伴随抑郁还可能会出现疲劳、头痛、肌肉紧张和疼痛、难以吞咽、发抖、颤搐、易怒、出汗、体热潮红等体征。而焦虑(anxiety)可泛指关于未来事件的紧张不安,担忧或恐惧。长期焦虑可导致特定恐怖症、社会恐怖症、恐怖障碍以及创伤后应激障碍等。不管是对于有临床症状的心理障碍者还是没有心理问题普通人群,运动锻炼对焦虑和抑郁都有积极作用。这些运动锻炼主要是指耐力性运动方面,如快走和慢跑等,而其他类型的运动如力量练习等的效果还并不确定。有研究显示,力量练习或抗阻训练仅对抑郁有效而对焦虑没有影响,而且这一结果已经被实验室和社区在短期和长期研究设计的干预研究中所验证。然而,一项针对北京城区中老年人群的研究认为,身体锻炼促进心理健康可能存在人群差异,比如中老年人的情绪比年轻人更为稳定,不易受运动锻炼等外部环境的影响,因而对于情绪健康水平较高的人群,运动锻炼可能作用有限。尽管这一问题仍有争议,但运动的抗抑郁和抗焦虑作用特别是在具有相应轻微至中等心理障碍、问题人群中的有效性已得到广泛证实。

除了运动的短、长期心理健康效应外,运动过程中还会产生良好的即时情绪体验,如流畅体验(flow)和跑步者高潮(runner's high)等。在流畅体验状态下,人忘却自我地全身心投入于活动之中,对过程的体验本身就是乐趣和享受,并产生对运动过程的控制感。而跑步者高潮是指在跑步中或运动过程中瞬间体验到的欣快感,自身与情境融为一体,身心轻松、忘却自我、充满活力、超越时空障碍的一种良好身心状态。

(二)自我概念、身体自我

运动对自我概念具有重要的积极作用。自我概念(self-concept)也称"自我观念",在哲学上类似于"我是谁",包括自尊、身体自我、自我效能感等。自尊(self-esteem)是关于自我价值的感受,它可正向影响心理健康。相对于不锻炼者,运动锻炼能有效提升锻炼者的自尊水平。并且,较之中途停止锻炼的人,持续锻炼者能体验到更高的自尊水平。但是,若出现负面事件如受伤或运动迷瘾等,则自尊水平可能会相应地下降。运动锻炼可能经由增进肌力和改善人体成分(降低肥胖度)提升自尊水平。一项综述性研究结果显示,运动对学生身体自我具有中等效应的影响;同时,运动对身体自我不同方面影响的效应量有所不同,其中运动技能成分影响最大,身体吸引力影响最小,并存在一定的剂量 - 效应关系,此外还受性别、锻炼项目以及锻炼习惯等因素的影响。

(三)脑功能、认知功能

运动对各年龄段的人群脑功能、认知功能(cognitive function)都具有积极作用。例如,老年人的认知功能往往存在着不同程度的下降,这种随着年龄增长而出现的认知功能(加工、选择、操作或存储信息的能力）下降，被称为退行性认知功能障碍。这种认知功能障碍包括痴呆、帕金森病、阿尔茨海默病等，研究显示，运动能改善老年人的退行性认知功能障碍。不仅如此，运动对其他人群的脑功能（含认知功能）也有促进或改善作用。

（四）负面作用与合理运动

虽然运动对心理健康有积极作用，但不合理的运动锻炼也会产生负面作用，如心理耗竭（staleness syndrome）、运动迷瘾（exercise addiction）等。时间过长的高负荷运动训练（训练过度），特别是耐力性运动，对于某些运动员而言可能会导致情绪紊乱。同时，对于某些人运动锻炼也可能会变为强迫性。这种过于强调运动在个人生活中的意义，超过了家庭、工作、社会交往甚至医学的建议或允许范围，将导致一些心理问题，如低自我概念、体象障碍等。体象障碍（body image disorder）或肌肉上瘾症（muscle dysmorphia）被认为是一种病态的对肌肉的过度关注，试图训练出比体能、健康所需要的更多的肥大肌肉。所以，在运动锻炼中需要合理安排运动负荷（强度等），避免心理的负面作用，以达到最佳的心理健康状态。

一项对 80 位重度抑郁症患者为期 12 周的随机对照实验（干预措施为耐力性运动）显示，中等强度组（每周 17.5kcal/kg）较之低强度组（每周 7.0kcal/kg·w）或安慰剂组对改善抑郁症状效果更好，而不同频次（每周 3d 或 5d）之间没有差别。美国体力活动指南咨询委员会（PAGAC，2008）整合多个队列研究的结果后也指出，中等水平的运动或体力活动能有效减少心理问题并增进幸福感，但更高的运动负荷或强度并没有带来额外的收益。《体力活动流行病学》（*Physical Activity Epidemiology*）（第 2 版）提出抑郁患者的运动锻炼指南为：①每周锻炼 3～5 次；②每次 20～60min；③55%～90% 最大心率。

三、运动促进心理健康的可能机制

虽然无法精准地解释运动促进心理健康的机制，但我们可以尝试从社会心理和生物学两个角度来解释他们之间关系的可能机制。

（一）生物学因素

1. 产热（thermogenic）假说　运动中升高的核心体温可能会促进脑的中心和外周的神经活动，降低肌肉的紧张度。同时，运动也可促进脑毛细血管的生长（也称为血管再生）以及脑血流量、心血管反应控制以及氧代谢的改善等。一个比较流行的假设是增加的脑血流量加强了脑代谢、脑活动（特别是老年人），可以部分地解释运动对心理健康问题的预防作用。这种生理性的变化能改进情绪状态（例如减少状态焦虑）。

2. 单胺（monoamine）假说　运动锻炼可导致、改善脑的单胺类神经传导物质（去甲肾上腺素，多巴胺，血清素）浓度的变化。而这类神经传导物质在抑郁和各类精神分裂症中扮演重要角色。虽然作用机制尚不明确，但应用单胺氧化酶抑制剂治疗抑郁症已有几十年。运动可能经由三种神经传导物质或其中之一来调节情绪或心理健康问题。遗憾的是，在脑中精确地测量这三类物质几乎不可能。

3. 内啡肽（endorphin）假说　运动可能经由调节体内内源性鸦片剂（内啡肽、脑啡肽）改善情绪。内啡肽类（主要是指内啡肽和脑啡肽）是由脑、脑下垂体以及其他身体组织产生的化学物质，它在体内抑制疼痛扮演着自然麻醉剂的作用，与奖赏机制和积极情绪有关。例如运动锻炼等的身体应激可刺激产生内啡肽。以往研究并没有发现运动后的内啡肽水平与情绪改变有关，即使应用纳洛酮（吗啡拮抗药）等抑制剂开展的研究结论也模棱两可。由于缺乏直接的科学证据，多数学者现在倾向于用其他机制或结合其他机制来解释这一现象。

（二）社会心理因素

从社会心理层面看，运动提供的社会交往和支持、体验到的自我征服和自我效能以及日常压力的释放等可能对人的心理健康有积极作用。

1. **社会支持(social support)假说** 在运动锻炼中与朋友、同事等进行的社会交往活动有助于改善心理健康。一项针对 30 名抑郁老人开展的随机对照实验显示,较之对照组,与青年同伴一起每周户外步行 20min 或花同样的时间与其他青年在一起运动都可显著降低自评抑郁得分。然而,加入步行的联合干预比起单一的与青年人相处并没有进一步改善抑郁。确切地说,伴随运动过程中或之后的社会交往而产生的心理积极效应,并不是运动本身的作用,而是运动发生的场景所带来的效果。所以,这种运动效应与其他治疗性的场景就显得没有本质区别。

2. **分散注意力(distraction)假说** 运动的心理益处可能与生理机制无关,而仅仅是人们在特定场所下参与到运动或体力活动过程中,从而使他们离开了工作场所或其他有压力的环境。研究也表明,大量做沉思或安静地休息与身体活动一样,都具有降低焦虑的作用。因此,一个人在运动过程中可以逃脱潜在的压力因子并体验到愉悦的消遣。

3. **自我征服(self-mastery)假说** 在运动过程中任务的顺利完成有助于参与者感受到成就或个人的征服。就运动而言,即时的运动任务完成或长期的运动养生可经由增进个体的自我效能来改善情绪和心理健康水平。人们经常从事耐力性运动或抗阻训练可改进身体活动的经济性(例如特定负荷下减少了能量输出),改善平衡能力、活动度和外周本体感受,能发展与保持人们的自尊和良好体验。核心假设是动作技能的发展使得人们能更自信地参与更多的运动锻炼和体力活动,并由此提升自我效能,从而促使心理健康向更为积极的方面发展。

对任何一个单一的假设进行验证都难以提供令人信服的解释。由于运动或体力活动的复杂性和运动锻炼的心理反应多样性,任何单一的机制都难以充分解释运动改善心理健康的整个过程。因此,需要综合多个机制从多个角度解释这一过程。这一系列机制的研究与建立有助于我们更有效地采用运动锻炼的手段(独立方法或与其他方法,如心理咨询、药物治疗联合)改善心理健康。

第三节 运动与社会适应、道德健康

一、运动与社会适应

(一)社会适应与社会适应能力

社会适应(social adaptation)是个体在生存竞争中适合社会和自然环境条件而形成一定性状的现象,是在遭遇特殊生存压力下的合宜变化的行为。而社会适应能力(social competence)是健康的社会维度水平的具体表现。社会适应能力是指个体独立处理日常生活与承担社会责任达到其年龄和所处社会文化条件所期望的程度。例如,社会适应能力好的人能成功地适应疾病状态,有能力去工作或参与社会活动以及即使身体有限制但仍能感到健康等。如果人们能够发展出成功应对事件的策略,那么因年龄而导致的身体功能减退将不能显著地改变自我感觉的生活质量,这个现象可称作为"残疾悖论(disability paradox)"。但社会适应能力差的人,常因不能与他人友好相处而产生心理问题,出现焦虑、压抑、愤怒等不良情绪反应。这些不良的情绪反应又会使人的免疫力下降,进而影响健康。

(二)社会适应能力的构成

1. 社会适应能力的维度

(1)处理同伴关系的能力:如向同伴表示问候、提供帮助等。

(2)自我管理能力:如不发脾气、听从指令、发生冲突时能妥协。

(3)学业能力:如独立完成功课、听从老师的指令、做功课符合质量要求。

(4)服从能力:如服从指令、遵守规则、妥善利用闲暇时间。

(5)表达意愿的能力:如表示想交谈、对问候表示感谢等。

2. 社会适应能力的衡量指标

（1）自理能力：如日常生活技能。

（2）沟通能力：表达和理解他人的能力。

（3）社会化：合作和顺应社会行为规范。

（4）职业：成为社会有用之人。

（三）运动对促进社会适应能力的作用

1. 运动可提升个人自理能力　个体能否独立自主而不依赖他人开展日常生活活动是判断一个人社会适应能力和健康状况的重要标准。在体育运动中，人们所掌握的多种活动技能，将有利于他们准确、协调、独立地完成各种生活所需的基本动作。运动对促进幼儿生活自理能力具有显著的积极影响。同时，运动作为一种主要的物理性康复手段，对提升各类功能障碍者（特别是因年龄增长而退化的老年性功能障碍者）的自理能力具有重要作用。早期运动训练可有效改善慢性心力衰竭患者的心肺功能，提高其自理能力。

2. 运动能提高沟通能力　体育运动特别是集体项目具有交往性的特点，体育运动和竞赛能增加人与人接触、交往的机会，缩短相互之间的距离，增进相互的沟通与理解。丰富多彩的体育运动提供了很多与他人接触、交往的机会，通过运动中的交往，使人忘却烦恼和苦闷，消除不良情绪和孤独感。有研究表明：外向性格的人比内向性格的人具有更强烈的交往需要，而这种需要可以通过参加集体项目的运动得到满足；内向性格的人，则可以通过参加集体项目的运动，使自己变得开朗、豁达，性格得到改善，从而提高社会适应性。

集体项目运动有助于培养良好的合作精神。从事体育活动，最难以避免的就是和队友的合作、与对手的竞争。运动群体内的每个角色都是互相关联的，都是为了达到某个目标而结成的相互促进、协作的关系，经常性地参加体育运动，有助于个体加强合作的意识，有利于培养团队精神。

3. 运动可促进人的社会化　参加体育运动时常常要扮演不同的角色，而这些角色与现实生活中的一些角色比较相似；同时，运动中还必须遵守一定的规则和道德规范，而这些规则或规范与现实生活中的法律、道德规范也相似。体育运动创设的环境能给参与者提供尝试不同角色的机会。在一场比赛中，不同的位置代表着不同的角色，承担着不同的责任。这样的体育运动角色扮演，可以使练习者懂得社会角色是与人们的某种社会地位、身份相一致的权利、义务的规范与行为模式，也可使练习者较快的适应社会角色的扮演，并能体会到通过个人的努力胜任各种角色的成就和喜悦。因此，参加多种体育运动，能够使人有机会体验和学习扮演不同的社会角色，使自己的品德符合一定的社会规范，成为一个遵纪守法、有公德的好公民，这对提高个体的社会适应性极为有利。

4. 运动能增进竞争意识和耐挫力　竞争是体育运动的主要特征之一，也是社会、职场环境下无法回避的内容。在体育运动中，处处充满着竞争，既有对自己运动能力的挑战，也有人与人之间的竞争、团体与团体之间的竞争。竞争的过程也是人们身心素质，各方面知识、能力的自我展示以及优胜劣汰的筛选过程。体育活动的竞争可以培养积极进取的竞争意识，为参与者走向社会，投身于激烈竞争的社会，做好思想上、能力上的准备。在社会上，有竞争就有获胜和失败，就如同运动赛场上，总会需要参与者承受挫折和失败，这些挫折往往又会或多或少地影响情绪和正常的生活节奏。而承受挫折的过程是心理调适的过程，这种调适的过程是一个提高社会适应能力的过程。通过运动锻炼，可以培养个体在逆境中克服困难的能力，提高心理承受能力，为他们未来更好地适应复杂的社会环境打下良好的基础。

因此，运动对于促进个体的自理能力、交流能力、社会化以及职业竞争意识等都有积极意义。运动特别是集体项目体育运动对提高人的社会健康水平，具有重要的促进作用。人们在体育运动或竞赛中，既有互相协作配合，又存在竞争，同时还必须遵守一定的规则。这种在体育运动中形成的交往合作、竞争、遵守规则的意识和行为会迁移到日常社会生活、学习、工作中去，有利于社会适应能力的培养。有研究显示，群体运动比单独运动对大学新生社会适应能力的影响更为显著；体育运动的持续时间、频次也与社会适应能力呈正相关；同时研究显示，中等强度的运动可能更有利于大学新生社会适应能力的提高。

二、运动与道德健康

（一）道德健康的含义

20 世纪 90 年代，WHO 把道德健康作为第四个维度纳入健康的内涵之中。《现代汉语词典》和《辞海》认为，道德是人们共同生活及其行为的准则和规范。《医学伦理学》认为：道德是人类社会的一种重要意识形态，是人们在社会生活实践中形成的，并由经济基础决定，以善恶为评价形式，依靠社会舆论、传统习俗和内心信念，用以调节人际关系的心理意识、原则规范、行为活动的总和。准确地定义道德健康颇具挑战性。在英文文献中，道德健康对应的英文并不是 moral health 而是 spiritual health，两个词的内涵和外延有所不同。在国外，把宗教和祈祷也常作为道德健康的重要内容或提升道德健康的重要方法。所以，有些中文文献把它表述为精神健康。同时，道德健康是一个高度个性化的概念，它以个人在日常生活中所经历的平和与和谐的程度来衡量。道德健康随个人用来发展个人精神价值的时间长短而有很大的波动性。

WHO 认为，道德健康（spiritual health）是个体良心、道德心（conscience）的功能以及他们的道德和价值观如何影响决定他们生活的方法。它包括生活的意义和价值导向，合法宗教和信仰的存在，希望、目标、平和以及内省等。道德健康含有三个维度：宗教（religious）、个人主义（individualistic）、物质世界导向（material world-oriented）。虽然所有这些方面都不是保持道德健康所必需的，但是阐述这些概念可以为接近这种健康的方式提供一个基本的理解。《心理，躯体和精神健康》（2011）提出一种比喻：理智（mind）是司机，身体（body）是车辆，"精神（spirit）——才是真正的你"是乘客。这充分说明了道德／精神对于人的重要性。

此外，道德良好是健康的内因。分析世界各地百岁以上老人的各种长寿因素之后发现，他们都有一个共同点就是能善待他人、善待自己。我国古代圣贤孔子也说过"仁者寿""大德必得其寿"等名句。一位美国著名心血管专家从 1958 年起对 225 名医科大学的学生进行跟踪研究 25 年后发现，敌对情绪强或较强的人死亡率高达 14%，而性格随和的人死亡率仅为 2.5%，进一步分析发现，这批人的心脏病患者中恶人死亡率是善者的 5 倍。因此，道德健康是影响寿命长短的重要因素。

（二）运动对道德健康的潜在促进作用

运动是增进个体道德健康水平的一种重要实践形式。在运动中，要尊重同伴对体育活动的兴趣和需要，不独占场地和器材。在体育比赛中，有意识地培养和实践良好的行为，不故意伤害对方，服从裁判判罚。在观看体育比赛时，做文明观众，遵守场馆规定，注意环境卫生，不乱扔果皮、纸屑。人们通过对个体在体育运动中出现的反社会行为予以负面评价，而对亲社会行为予以正面评价，来促进体育运动中良好道德行为的形成。在体育运动实践中养成的良好道德行为将迁移到日常生活、工作中，增进个体的整体道德健康水平。通过将道德契约、运动小组、改变练习与游戏的条件和奖励等教学法贯穿于运动教育中亦可达到个体道德健康的发展。因此，运动教育是道德养成的重要模式。

此外，在保持内心平和与增进身心完满状态（well-being）方面，注重意念配合的运动如瑜伽、八段锦等运动项目可能具有良好的效果。然而，国内外关于运动对道德健康作用的实证性研究还非常缺乏，难以形成道德健康促进的运动锻炼科学建议。

（马玉华　叶孙岳）

思考题

1. 运动对身体健康的作用是什么？

2. 运动对心理健康有哪些影响？

3. 为什么说运动能促进个体的社会适应和道德健康？

|第三章| 健康运动的人体科学基础

本章要点

1. **掌握** 运动技术动作的解剖学分析、能量供应与消耗、糖代谢与运动、脂肪代谢与运动、蛋白质代谢与运动。
2. **熟悉** 肌肉活动、运动对人体生理功能的影响。
3. **了解** 运动系统的解剖学基础。

第一节 运动解剖基础

运动解剖学作为形态学科,主要研究在运动过程中,人体各器官系统的形态结构与体育运动之间的制约关系和适应性变化,探讨人体基本活动与体育动作的结构特征、合理性及其与运动损伤的关系,揭示在生长发育过程中人体形态结构与功能的变化规律及运动能力的发展特点。

运动解剖学的任务是在介绍人体各器官系统正常形态结构的基础上,以运动为核心,揭示人体骨、关节和肌肉的运动特征以及体育技术动作结构分析的基本原理,为科学地进行体育锻炼提供形态学依据和方法,以达到提高运动水平、增强全民体质和改善生活质量的目的,同时为相关学科的学习奠定坚实的形态学基础。

一、运动系统的解剖基础

运动系统(locomotor system)是由骨、骨连结和骨骼肌三部分组成,构成了人体的支架,并赋予人体基本形态,它在神经系统的调节和其他系统的密切配合下,对人体起运动、支持和保护作用。骨是运动系统的重要组成部分之一,主要起着支持体重、保护脏器和运动等作用。骨与骨之间借结缔组织相连,形成骨连结。全部的骨借骨连结构成人体的支架,即骨骼。各部分骨都有其功能,如颅支持、保护脑,胸廓支持、保护心、肺、肝和脾等器官。附着于骨骼上的肌称骨骼肌,骨骼肌附着于骨并跨过关节。骨骼肌收缩,以关节为枢纽,牵动骨改变位置而产生运动。在运动中,骨起杠杆作用,关节是运动的枢纽,而骨骼肌是运动的动力器官。所以说,骨和骨连结是运动系统的被动部分,而骨骼肌则是运动系统的主动部分。

(一)骨与骨连结

骨(bone)是一个器官,具有一定的形态、构造和功能,坚硬而有弹性。每块骨都含有丰富的血管、淋巴管及神经,并不断地进行新陈代谢,在其生长发育过程中,具有修复、再生和改建的功能。除上述功能外,骨还具有造血、储备钙磷、参与钙磷代谢的作用。

1. **骨的分类** 正常成人有 206 块,约占体重的 20%。按其在体内的部位,可分为颅骨、躯干骨和四肢骨三部分(图 3-1)。按骨的基本形态,可分为四类,即长骨、短骨、扁骨和不规则骨。长骨呈长管状,主要分布于四肢,两端膨大中间有坚硬的骨体;短骨呈立方形,多位于连结牢固且有一定灵活性的部位,如腕骨和跗骨;扁骨呈板状,常围成骨性腔的壁,如颅盖骨;不规则骨形态

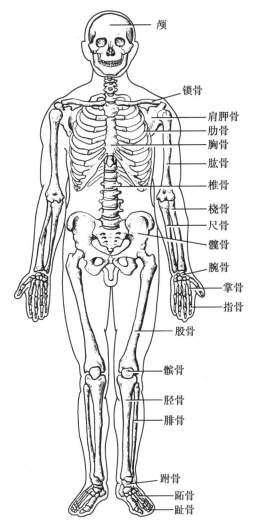

图 3-1　全身骨骼

颅
锁骨
肩胛骨
肋骨
胸骨
肱骨
椎骨
桡骨
尺骨
髋骨
腕骨
掌骨
指骨
股骨
髌骨
胫骨
腓骨
跗骨
跖骨
趾骨

多样,如椎骨等。

2.**骨的构造**　骨由骨质、骨膜和骨髓构成(图 3-2)。骨质(bone substance)分骨密质和骨松质,前者质地坚硬致密,布于骨的表层;后者呈海绵状,由许多片状的骨小梁交织而成,布于骨的内部。骨膜(periosteum)覆于骨的表面,含有丰富的血管、神经和成骨细胞,对骨有营养、再生和感觉的作用。骨髓(bone marrow)充填于骨髓腔及骨松质腔隙内,分为红骨髓和黄骨髓。红骨髓有造血功能,胎儿和幼儿骨髓都是红骨髓,随着年龄的增长,骨髓腔内的红骨髓逐渐演变为黄骨髓,失去造血功能。黄骨髓含大量脂肪组织,在严重失血或重度贫血时仍可以转化为红骨髓,重新造血(图 3-3)。

3.**骨的化学成分和物理性质**　骨含有无机质和有机质两种化学成分。无机质主要是碱性磷酸钙为主的钙盐类,赋予骨硬度和脆性;有机质主要含骨胶原纤维和黏多糖蛋白,使骨具有韧性和弹性。随着年龄的增长,无机质与有机质的比例不断变化,幼儿为 1:1,成人为 7:3,老年人骨无机质所占比例更大,脆性加大,易发生骨折。

4.**骨连结的基本结构**　骨与骨之间的连结称骨连结。按连结形式不同可分为直接连结和间接连结。直接连结是指骨与骨之间借纤维结缔组织、软骨或骨直接相连,连结之间无间隙,活度小或完全不能活动。间接连结即滑膜关节,又称为关节,相对骨面之间有腔隙,充以滑液,活动度大,关节的结构有基本结构和辅助结构(图 3-4)。

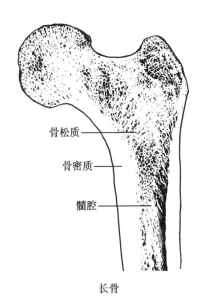

骨松质
骨密质
髓腔

长骨

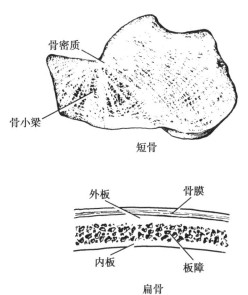

骨密质
骨小梁

短骨

外板　骨膜
内板　板障

扁骨

图 3-2　骨的内部构造

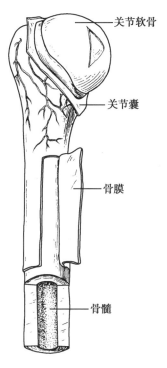

图 3-3　长骨的构造

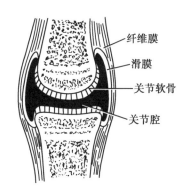

图 3-4　滑膜关节的构造

（1）基本结构：包括关节面、关节囊和关节腔。关节面（articular surface）是参与组成关节的各相关骨的接触面。每个关节至少包括两个关节面，一般为一凸一凹，凸者称为关节头，凹者称为关节窝。关节面上覆有关节软骨。关节软骨不仅使粗糙不平的关节面变为光滑，同时在运动时可以减少关节面的摩擦，缓冲震荡和冲击。

关节囊（articular capsule）是附着于关节周围的纤维结缔组织膜，它包围关节，封闭关节囊，可分为内、外两层。外层为纤维膜，厚而坚韧，有丰富的血管和神经。内层为滑膜层，包被着关节内除关节软骨、关节唇和关节盘以外的所有结构。滑膜能产生滑液，不仅能增加润滑，而且也是关节软骨、半月板等新陈代谢的重要媒介。

关节腔（articular cavity）为关节囊滑膜层和关节面共同围成的密闭腔隙，腔内含有少量滑液，关节腔内呈负压，对维持关节的稳固有一定作用。

（2）辅助结构：包括韧带、关节盘和关节唇、滑膜襞和滑膜囊。

（3）关节的运动形式：有移动、屈和伸、收和展、旋转以及环转等。

5. 人体各部分骨的组成及其主要连结　骨与骨连结是运动系统的被动部分，全身各骨以不同形式连接构成骨骼，支持体重，保护内脏，维持体姿，赋予人体基本形态，并为骨骼肌提供了广阔的附着点。

（1）颅及连结：颅（skull）由 23 块颅骨构成，借骨缝或关节形成脑颅和面颅两部分。其中脑颅骨 8 块，包括成对的颞骨和顶骨，单块的额骨、筛骨、蝶骨和枕骨，它们彼此借骨缝连结围成颅腔（图 3-5、图 3-6）。面颅骨 15 块，包括成对的上颌骨、颧骨、泪骨、鼻骨、腭骨和下鼻甲，单块的犁骨、下颌骨和舌骨。面颅诸骨相连构成眼眶、鼻腔和口腔的骨性支架。而脑颅的颞骨和面颅的下颌骨相关部分构成颅骨连结中唯一可以活动的关节即颞下颌关节。

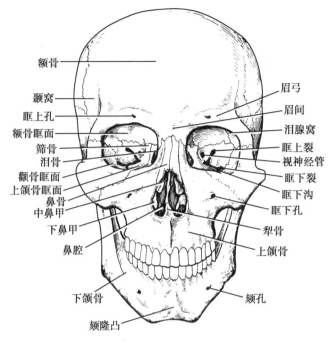

额骨
颞窝
眶上孔
额骨眶面
筛骨
泪骨
颧骨眶面
上颌骨眶面
鼻骨
中鼻甲
下鼻甲
鼻腔
下颌骨
颏隆凸

眉弓
眉间
泪腺窝
眶上裂
视神经管
眶下裂
眶下沟
眶下孔
犁骨
上颌骨
颏孔

图3-5 颅的前面观

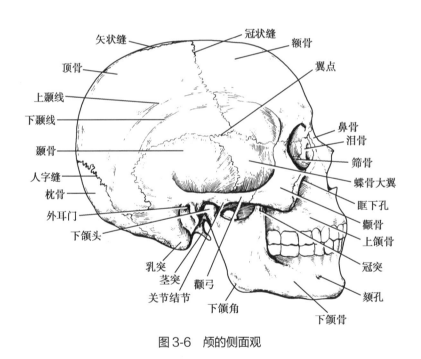

矢状缝
顶骨
上颞线
下颞线
颞骨
人字缝
枕骨
外耳门
下颌头
乳突
茎突
关节结节

冠状缝
额骨
翼点
鼻骨
泪骨
筛骨
蝶骨大翼
眶下孔
颧骨
上颌骨
冠突
颏孔
颧弓
下颌角
下颌骨

图3-6 颅的侧面观

（2）躯干骨及连结：躯干骨共51块，包括椎骨、肋骨和胸骨三部分。其中，椎骨（vertebrae）分颈椎（7块）、胸椎（12块）、腰椎（5块）、骶骨（1块）和尾骨（1块），它们借椎间盘、韧带和关节连结成脊柱（vertebral column）。从侧面观，脊柱可见4个生理性弯曲，即颈曲、胸曲、腰曲和骶曲（图3-7）。12块胸椎、12对肋骨和胸骨相互连结成胸廓（thorax）（图3-8）。胸廓围成的胸腔内有心脏、肺、食管和大血管等重要器官，胸廓起着保护和支持这些器官的作用。躯干骨中的胸骨由三部分组成，即胸骨柄、胸骨体和剑突，其中胸骨柄与胸骨体的连结处形成一个微向前倾的夹角，在体表可以扪及，称作胸骨角，它平对第二肋，是临床计数肋骨的标志。

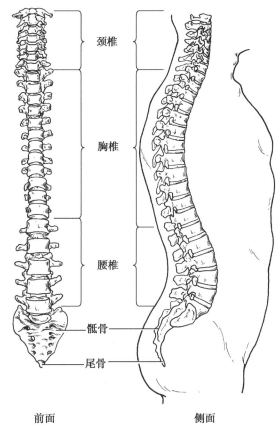

颈椎

胸椎

腰椎

骶骨

尾骨

前面　　　　　　　　　侧面

图 3-7　脊柱

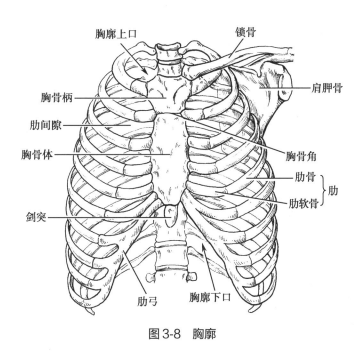

胸廓上口　　　　　锁骨

胸骨柄

肋间隙

胸骨体

剑突

肩胛骨

胸骨角

肋骨　⎫
肋软骨　⎬ 肋

肋弓　　胸廓下口

图 3-8　胸廓

（3）上肢骨及连结：每侧上肢骨 32 块，分为上肢带骨和自由上肢骨两部分。上肢带骨包括锁骨和肩胛骨。自由上肢骨包括肱骨、前臂骨（桡骨和尺骨）和手骨（腕骨、掌骨和指骨）等三部分。上肢各骨构成的主要关节有肩关节、肘关节和腕关节。其中，肩关节（shoulder joint）由肱骨头和肩胛骨关节盂构成，是全身活动度最大的关节（图 3-9）。肘关节（elbow joint）由肱骨下端与

Note

桡、尺骨上端构成，主要可作屈、伸运动（图3-10）。腕关节（wrist joint）由桡骨下端与腕骨构成，可作屈与伸、内收下外展及环转运动。

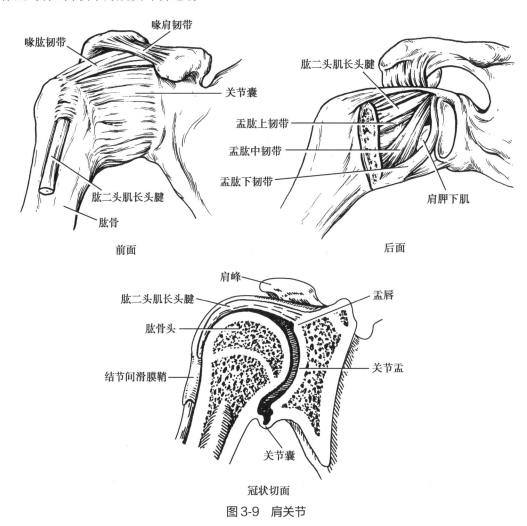

图 3-9　肩关节

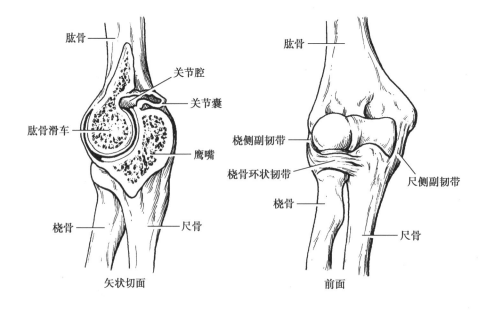

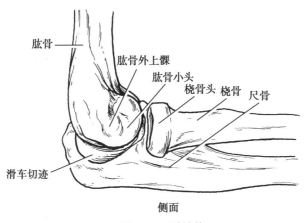

图 3-10 肘关节

（4）下肢骨及连结：每侧下肢骨 31 块，分为下肢带骨和自由下肢骨两部分。下肢带骨即髋骨，16 岁前由髂骨、坐骨和耻骨组成。自由下肢骨包括大腿骨（股骨和髌骨）、小腿骨（胫骨和腓骨）和足骨（跗骨、跖骨和趾骨）等三部分。左右髋骨、骶骨和尾骨借骨连结构成完整的骨环即骨盆（pelvis），是连接躯干和下肢的桥梁，并有效地传递重力，对盆腔器官有重要保护作用（图 3-11）。下肢骨构成的关节中，主要是有髋关节、膝关节和踝关节。髋关节（hip joint）由股骨头和髋臼构成，可作伸与屈、内收与外展及环转运动（图 3-12）。膝关节（knee joint）由股骨下端、胫骨上端和髌骨构成，是全身最大最复杂的关节，可作伸、屈运动。踝关节（ankle joint）由胫、腓两骨下端与距骨构成，可作背屈（伸）和跖屈（屈）运动。

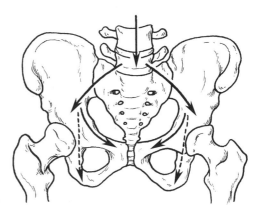

图 3-11 骨盆

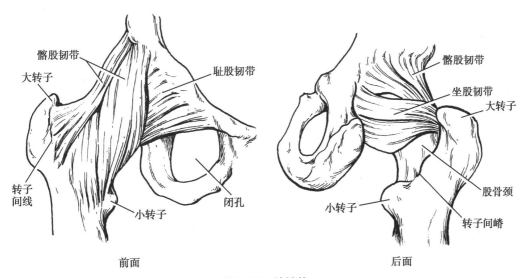

图 3-12 髋关节

（二）肌肉

人体肌肉依构造不同可分为三种：平滑肌、心肌和骨骼肌。平滑肌主要分布于内脏中空性器官和管壁；心肌为心脏所特有，构成心壁主要成分；骨骼肌主要存在于躯体并附着于骨块上，能随意识自主运动，是运动系统中的动力部分。

1. **骨骼肌的形态结构**   人体全身骨骼肌共计 600 余块，约占体重的 40%，按形态可分为长肌、短肌、扁肌和轮匝肌 4 种。每块骨骼肌分为中间的肌腹（muscle belly）和两端的肌腱（tendon）两部分（图 3-13）。

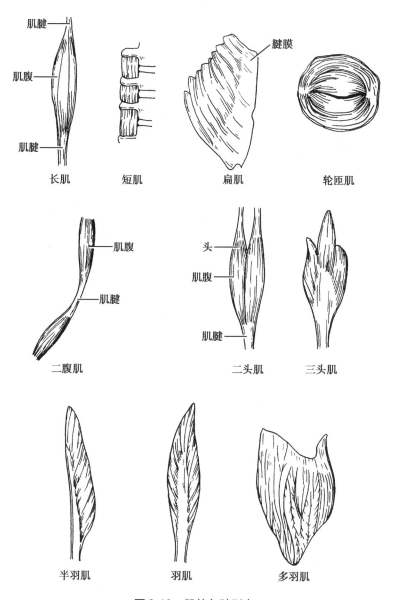

图 3-13 肌的各种形态

此外，在肌肉周围还有许多辅助结构，包括筋膜和腱鞘。筋膜（fascia）分浅筋膜和深筋膜，前者位于皮下，由疏松结缔组织构成，含有脂肪、血管和神经等；后者位于深部，由致密结缔组织构成，包裹肌肉并深入肌群之间构成肌间隔附于骨上，保护肌肉免受摩擦，使每块肌肉能单独进行运动。腱鞘（tendinous sheath）是套在长肌腱表面的鞘管，存在于活动性较大的部位，如腕、踝、手指和足趾等处。腱鞘可减少肌腱与骨的摩擦，并起固定保护的作用。

2. 全身主要骨骼肌的分部和功能 见图 3-14、图 3-15 和表 3-1。

表 3-1 各部重要肌肉简表

分部	分群		主要肌肉名称	主要作用
头肌	表情肌		口、眼轮匝肌 颊肌	牵动面部皮肤产生各种表情
	咀嚼肌		咬肌、颞肌、翼内肌、翼外肌	牵动下颌骨产生咀嚼运动
颈肌	颈浅肌		胸锁乳突肌	一侧收缩头向同侧屈、脸转向对侧，两侧同时收缩头向后仰
	颈深肌		舌骨上、下肌群	上提、下降喉和舌骨，协助吞咽
躯干肌	胸肌		胸大肌	内收、外旋及屈上肢
			胸小肌、肋间内、外肌	上提、下降肋骨、助呼吸
	腹肌		膈	收缩时膈穹下降、助吸气、增加腹压
			腹直肌	收缩时脊柱前屈、增加腹压
			腹外斜肌、腹内斜肌、腹横肌	脊柱前屈或旋转躯干、增加腹压
	背肌	浅层	斜方肌、背阔肌	臂伸、收和内旋，拉肩胛骨向中线靠拢
		深层	竖脊肌	后伸脊柱
上肢肌	肩肌		三角肌	上臂外展、前屈或后伸
	臂肌	前群	肱二头肌、肱肌	屈前臂、前臂旋后
		后群	肱三头肌	伸前臂
	前臂	前群	肱桡肌、旋前圆肌、掌长肌、桡、尺侧腕屈肌	屈腕、屈指、前臂旋前
		后群	桡、尺侧腕伸肌、指伸肌、拇长短伸肌、指伸肌、旋后肌	伸腕、伸指、前臂旋后
	手肌	外侧	鱼际肌	拇指屈、内收、外展、对掌运动
		中间	蚓状肌、骨间掌（背）侧肌	使手指内收、外展
		内侧	小鱼际肌	小指展、屈
下肢肌	髋肌	前群	髂腰肌	屈髋关节
		后群	臀大肌	伸髋关节
	大腿肌	前群	股四头肌、缝匠肌	伸小腿
		内侧	内收肌群	内收大腿
		后群	股二头肌、半腱肌、半膜肌	伸髋关节、屈膝关节
	小腿肌	前群	胫骨前肌、趾长伸肌	踝关节背屈、足内翻、伸趾
		外侧	腓骨长、短肌	踝关节跖屈、足外翻
		后群	小腿三头肌、胫骨后肌、趾长屈肌	踝关节跖屈、屈趾
	足肌		足背肌、足底肌	使足趾运动、并参与维持足弓

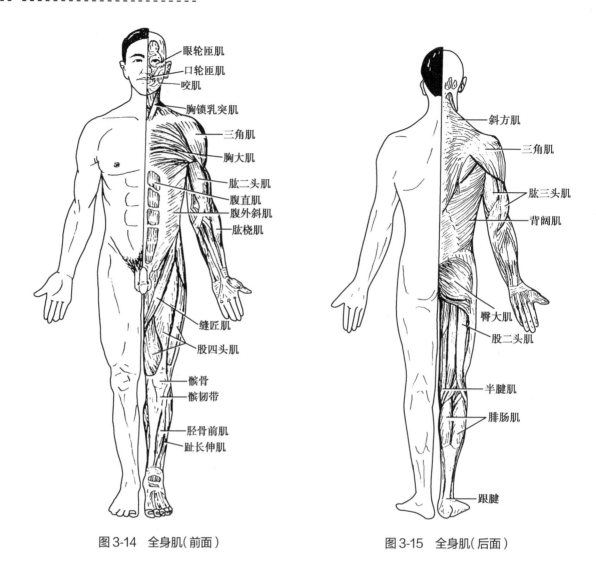

图 3-14　全身肌（前面）　　　　　　　　图 3-15　全身肌（后面）

二、运动技术动作的解剖学分析

人体运动是通过动作组合实现的，动作是运动的基础，是人体运动的基本表现形式，是运动技术的关键因素。人体动作包括日常生活动作、劳动动作和体育动作等。

（一）动作分析的内容和目的

人体的运动是在中枢神经系统的控制下，通过肌肉收缩，拉动骨杠杆围绕关节的运动轴进行转动来实现的。从运动解剖学的角度，任何复杂的动作，都可以将其分解、简化为运动环节，从而便于分析。动作分析的核心主要是分析人体各部分运动环节之间的机械运动规律，即骨、关节和肌肉三者之间相互作用的运动规律。

对运动技术动作进行解剖学分析的目的在于把握技术动作的基本运动形式，了解完成动作的具体环节、关节和肌肉，掌握主要关节的运动形式和肌肉的工作规律，掌握技术动作的关键点和专项特征，为鉴别合理的技术动作提供解剖学方面的依据，并可有针对性地提出一些提高运动技能的辅助练习手段。

（二）动作分析的步骤

动作分析的过程一般包括确定动作研究范围、划分动作阶段、不同阶段各运动环节间机械运动规律的分析以及综合评价 4 个步骤。在条件允许的情况下，还可以借助影像分析、力量测试和肌电采集等高科技手段，获得技术动作的相关参数支持，以助于对其进行更加精确、细致的分析。

1. 划分技术动作的范围　对于技术动作范围的划分,需要找到动作变化的临界点。根据完成技术动作过程的时间序列,来确定动作的开始与结束瞬间,从而确定技术动作的范围。

2. 划分动作阶段　确定动作范围后,应进行动作不同阶段的划分,为分析研究提供方便。动作阶段划分的依据是一个完整复杂的动作由不同形式的简单基本动作组成,把它们相互区分开来,有利于对完整的动作进行分析研究。

3. 各阶段不同运动环节的机械运动规律分析　这是对技术动作进行分析的核心部分。具体包括:①明确各运动环节在相应关节处的运动。即分析判断出某一运动环节应在哪一关节处产生运动,并且分析出该关节运动的方向。②明确环节运动方向与外力作用方向间的关系。即确定环节运动方向与外力作用方向是否一致,为确定原动肌创造条件。③根据外力和肌力之间的相互关系,应用环节受力分析的方法确定原动肌。④分析各环节原动肌的工作条件,即确定原动肌工作时的固定条件。⑤分析各环节原动肌的工作性质。

4. 综合评价　对技术动作进行解剖学分析,在形式上主要是剖析动作结构、确定原动肌及其工作条件和工作性质,但动作分析的真正目的在于对动作的综合评价。评价的内容包括动作的合理性、影响动作质量的因素、动作的练习效果、改变练习难度的途径、教学和训练方法等。

（三）动作分析的方法与原则

对运动技术动作进行分析时,通过肉眼或借助设备进行观察,再结合运动解剖学的基本理论知识即可完成,如确定关节运动的方向。而有些内容需要应用特定的方法和相应的原则进行逻辑推导才可完成,如确定肌肉工作条件等。

1. 确定原动肌的环节受力分析法　进行运动分析时,需要确定引起运动环节进行某种运动的原动肌,确定动作原动肌是对运动技术动作进行解剖学分析的最重要的内容,而确定动作原动肌的理论方法就是环节受力分析法。

环节受力分析法的实质即牛顿第二运动定律在人体环节运动过程中的具体应用形式。牛顿第二运动定律指出:物体的加速度与物体所受的合力成正比,与物体的质量成反比,加速度的方向与合力的方向相同。由于人体环节运动主要表现为围绕特定关节的转动,所以应用转动定律更为简便。

转动定律指出当物体受到合外力矩(ΣM)的作用发生转动时,则转动体的转动惯量(I)与角加速度(α)的乘积等于作用于转动体的合外力矩,即 $\Sigma M = I \cdot \alpha$。其中 I 表示转动惯量,是物体绕定轴转动时惯性的量度,用以描述物体保持原有转动状态的能力,等于质量(m)乘以物体到转轴的垂直距离(r)的平方,即 $I = mr^2$。人体关节的运动环节的转动总是沿着作用于其上的合力矩的方向进行,这个合力矩是由肌力矩、作用在该环节上的外力的力矩所合成的。因此,用公式可表示为 $M_{肌} + M_{外} = I \cdot \alpha$。其中 $M_{肌}$ 为肌拉力矩,$M_{外}$ 为外力矩,I 为环节绕某一关节的转动惯量,α 为环节的加速度。多数情况下,环节运动的方向、转动速度的变化和外力矩的方向通过观察或测量可以获得,只有肌拉力矩方向是未知的。所以,根据环节运动方向、转动速度的变化和外力矩方向之间的关系可推断出肌拉力矩的方向,再结合解剖学中关于肌肉位置和功能的基本知识,就能确定出完成这个动作的原动肌。

应用环节受力分析法进行原动肌分析,可以分为以下 4 种情况:①环节运动方向与外力矩方向相反。这种情况说明肌拉力矩大于外力矩,环节沿着肌拉力矩的方向转动,因此,位于环节运动方向同侧的肌肉是原动肌。②环节运动方向与外力矩方向一致的减速运动。这种情况时,环节虽沿着外力矩的方向运动,但是,运动速度较单独由外力矩作用时的速度减慢了,说明一定有肌力矩抵消了一部分外力矩。因此,位于环节运动方向对侧的肌肉是原动肌。③环节运动方向与外力矩方向一致的加速运动。这种情况时,环节不仅沿着外力矩方向运动,而且运动速度较单独由外力矩作用时的速度更快,说明一定有肌力矩对外力矩起到补充作用。因此,位于环节运动方向同侧的肌肉是原动肌。如当环节做屈的运动时，原动肌是屈肌；环节做外展运动时，原动肌是外展肌。④环节虽受到外力矩作用但仍保持静止状态。这种情况时，环节虽然受到外力矩的作用，但却未表现出相应的运动，而是保持静止状态，说明一定有肌力矩完全抵消了外力矩的作用，此时肌力矩与外力矩大小相等、方向相反。因此，位于外力矩对环节作用趋势方向对侧的肌肉是原动肌。

2. 确定原动肌工作条件的原则 四肢肌的工作条件采用近固定或远固定进行描述，躯干肌和头颈肌的工作条件通常采用上固定、下固定或无固定进行描述。根据肌工作条件的定义，结合人体运动的实际情况，可以归纳出确定原动肌工作条件的应用原则。

（1）确定四肢肌工作条件的原则：在推、拉、跑、跳等各种四肢动作中，当手足未受到器械或支撑面的约束限制可以在空间中自由移动时，四肢肌都是在近固定（肌肉拉力方向指向近侧端）条件下工作；当手足被器械或支撑面约束限制无法在空间中自由移动时，则四肢肌都是在远固定（肌肉拉力方向指向远侧端）条件下工作。如"前臂弯举"时，手在空间中是游离的，可自由移动，此时的肘关节屈肌群为近固定工作；而"引体向上"时，手被单杠约束限制，无法在空间中自由移动，此时肘关节屈肌群是远固定工作。

（2）确定躯干肌工作条件的原则：当下肢被支撑面或器械约束限制，无法在空间中自由移动时，躯干肌是在下固定（肌肉拉力方向指向下端）条件下工作；当上肢被支撑面或器械约束限制，无法在空间中自由移动时，躯干肌是在上固定（肌肉拉力方向指向上端）条件下工作；当上、下肢均不受支撑面或器械约束限制，均可以在空间中自由移动时，躯干肌在无固定（肌肉拉力方向从肌肉的两端指向肌腹中间）条件下工作。如"屈腿仰卧起坐"时，下肢被约束固定，此时腹肌为下固定工作；"悬垂举腿"时，上肢被约束固定，此时腹肌为上固定工作；"仰卧两头起"时，上、下肢均未被约束固定，此时腹肌为无固定工作。

3. 确定运动环节转动支点的原则 人体运动时，运动环节既可以以其近侧或上端的关节为支点转动，也可以以其远侧或下端的关节为支点进行转动。因此，进行动作分析时，需要确定环节转动支点的位置。

（1）运动链的概念：人体中，相邻两个关节之间的部分称为基本环节。两个基本环节连结构成一个运动偶，三个或三个以上的环节连结起来构成一个运动链。例如上臂是一个基本环节，上臂和前臂借肘关节连结就组成了一个运动偶，肩带、上臂、前臂和手借助肩关节、肘关节和腕关节连结起来就组成了一个运动链。

（2）运动链中确定环节转动支点的原则：在运动中根据运动链支撑点的位置、相邻环节的相对运动方向判断，可以归纳出相应原则。

1）四肢运动链以近侧支撑时环节均围绕其近侧关节进行转动。

若肢体运动链以其最近侧端为固定支撑点（近固定或近侧支撑），最远端的环节处于游离状态时，称为开放链。在开放链中，每个环节均可表现为在某一方向上向其近侧环节趋近或远离。因此，运动链表现为近侧支撑时，运动环节的转动支点位于其近侧端，即环节围绕其近侧关节进行转动。如排球的扣球动作，上肢运动链为近侧支撑，故上臂围绕肩关节转动，前臂围绕肘关节转动。

2）四肢运动链以远侧支撑时环节均围绕其远侧关节进行转动。

若运动链以其最远侧端为固定支撑点（远固定或远侧支撑），则链中的各基本环节首末相连无游离环节，则称为闭锁链。例如，当上肢垂吊时，上肢就与器械组成了闭锁链；当下肢站立固定于地面或器械上时，则下肢就成为闭锁链。在闭锁链中，每个环节均可表现为在某一方面上向其远侧环节趋近或远离。因此，运动链表现为远侧支撑时，运动环节的转动支点位于其远侧端，即环节围绕其远侧关节进行转动。

3）中轴运动链为下端支撑时环节均围绕其下端关节进行转动。

若身体中轴部位的运动链以其最下端为固定支撑点（下固定或下端支撑）时,链中每个环节均可表现为在某一方向上向其下端环节趋近或远离。因此,运动环节的转动支点位于其下端,即环节围绕其下端关节进行转动。如仰卧起坐时,脊柱运动链为下端支撑,每一脊柱节段均围绕其下端的关节突关节和椎间盘运动。

4）中轴运动链为上端支撑时环节均围绕其上端关节进行转动。

若中轴部位的运动链以其最上端为固定支撑点（上固定或上端支撑）时,链中每个环节均可表现为在某一方向上向其上端环节趋近或远离。因此,运动环节的转动支点位于其上端,即环节围绕其上端关节进行转动。如悬垂举腿时,脊柱运动链为上端支撑,每一脊柱节段均围绕其上端的关节突关节和椎间盘运动。

5）中轴运动链的上、下端均无支撑时相邻环节均围绕二者之间关节转动。

若中轴部位的运动链的最上端和最下端均无固定支撑点（无固定或无支撑）时,链中相邻环节均可表现为在某一方向上的相互趋近或远离。因此,相邻环节均围绕二者之间的关节进行转动。如腾空屈体团身时,脊柱运动链为无支撑,相邻脊柱节段均围绕其之间的关节突关节和椎间盘相向运动。

4. 确定原动肌工作性质的原则　根据肌工作性质的定义,结合人体运动的实际情况,可以归纳出确定原动肌工作性质的应用原则：

（1）如果运动环节在空间中未产生自主移动,关节角度固定不变,此时原动肌的工作性质为静力性工作。

（2）如果运动环节在空间产生了自主移动,关节角度发生变化,此时原动肌的工作性质为动力性工作。如果运动环节的运动趋势表现为"从无到有,或由慢变快",则原动肌为克制工作（向心工作）；若运动环节的运动趋势表现为"从有到无,或由快变慢",则原动肌为退让工作（离心工作）。

第二节　运动生理基础

运动生理学是研究人体的运动能力对运动的反应与适应过程的科学,主要研究在运动过程中,人体各细胞、器官、系统的功能变化和它们协同工作的能力和机制,进而观察在整体水平上人体的运动能力以及人体的形态和功能对运动产生的适应性变化。

运动生理学的任务是在对人体生命活动规律有了基本认识的基础上,揭示运动时人体功能变化规律及其机制,阐明运动训练、体育教学和运动健身过程中的生理学原理,指导不同年龄、性别和训练程度的人群科学地进行运动训练和体育锻炼,以达到提高运动能力和运动技术水平、提高工作效率、增强体质、延缓衰老和改善生活质量的目的。

一、肌肉活动

骨骼肌在神经系统的支配与调节下,收缩牵引骨绕关节的运动,完成日常生活中的各种动作。骨骼肌运动会产生一系列相互联系的形态、机械、电化学和热学变化,其中以机械变化的力学特征最为明显。这些机械变化主要表现为肌收缩时的张力、长度与速度的变化。

（一）肌的结构与特性

1. 肌的结构　骨骼肌由大量成束的肌纤维（肌细胞）组成,两端由结缔组织构成肌腱,肌腱主要附着在骨上,通常四肢骨骼肌的附着点之间至少跨过一个关节。每条肌纤维含有数百至数千条并列排布的肌原纤维。肌原纤维由许多粗肌丝和细肌丝组成,肌纤维内部含有丰富的肌管系统。

肌周围的结缔组织主要包括肌膜、肌腱和韧带等,具有保证肌舒缩活动、传递肌力和协调肌运动的功能。

人类骨骼肌中含有3种不同类型的肌纤维,分为白肌Ⅰ型纤维(快速糖酵解纤维)、白肌Ⅱ型纤维(快速氧化糖酵解纤维)和红肌纤维(慢速氧化纤维)。白肌Ⅰ型纤维收缩最快,收缩时发出峰值力所需要的时间比其他两种纤维都短,主要依靠无氧糖酵解来合成肌的磷酸肌酸;白肌Ⅱ型纤维是一种中间型纤维,在速度方面不如白肌Ⅰ型纤维,但是有更多的线粒体和氧化酶。在日常活动中,白肌Ⅱ型纤维使用的频率高,而白肌Ⅰ型纤维使用的次数很少。红肌纤维含有丰富的氧化酶,纤维直径较小,抗疲劳能力比白肌纤维强得多,更适用于有氧代谢。

2. 肌的特性

(1)物理特性:包括伸展性、弹性、黏滞性。肌的物理特性受温度的影响,当肌温度升高时,肌的黏滞性下降,伸展性和弹性增加。

(2)生理特性:包括兴奋性、传导性、收缩性。

(二)骨骼肌收缩机制

骨骼肌的收缩受运动中枢的控制,由运动中枢发出指令,通过运动神经传导束将兴奋冲动传递到骨骼肌,实现这一过程的部位称为神经-肌接头(neuromuscular junction)。骨骼肌通过兴奋-收缩耦联将电兴奋与机械收缩过程联系起来。同时,神经-肌接头也是影响骨骼肌收缩药物(如乙酰胆碱受体阻断剂)作用的靶点。

对骨骼肌的收缩机制提出的肌丝滑行学说,现已被公认。

在电镜下可以看到,不论骨骼肌是处于静息、收缩还是被动拉长,肌小节中的暗带长度始终不变,而明带和H带长度则随每个肌小节的长度变化而变化。即肌收缩时发生了细肌丝向粗肌丝之间的滑行,使整个肌长度缩短。

(三)骨骼肌与运动形式

骨骼肌收缩时产生两种基本运动形式,即动力性运动与静力性运动。

1. 动力性运动　又称等张收缩,是人体常见的运动形式,在日常生活或运动训练中,机体的负重抗阻都与动力性运动有关。动力性运动又分为向心运动与离心运动。

(1)向心运动:又称向心收缩(concentric contraction),是指肌收缩产生的肌力大于外加阻力(负荷)时,肌纤维的长度缩短,肌的起止点相互靠近。

(2)离心运动:又称离心收缩(eccentric contraction),是指肌收缩产生的肌力小于外加阻力(负荷)时,使缩短的肌纤维被动延长,肌的起止点相互远离。

(3)拉长-缩短周期:是指骨骼肌离心运动与向心运动相互结合,形成肌先拉长再缩短的运动。即运动开始时是离心收缩,使肌纤维先被拉长,然后再产生向心收缩。例如,上楼梯屈膝时,股四头肌先离心收缩,紧接伸膝是向心收缩,骨骼肌在先被拉长的基础上再作缩短收缩可以产生更大的力量。拉长-缩短周期是建立在骨骼肌弹性成分基础上的。由于骨骼肌中的弹性成分被牵拉伸长,同时贮存一定的弹性能,弹性能在缩短收缩时可以产生更大的力量和运动速度。

2. 静力性运动　又称等长收缩(isometric contraction),是指肌收缩产生的肌力等于外加阻力(负荷)时,肌虽积极收缩但长度不变。因无关节活动不产生负荷的位移,故肌未做功,但肌收缩仍需消耗能量。

(四)影响骨骼肌与运动的因素

骨骼肌运动能力是指决定肌收缩效能的内在特性。影响肌收缩效能的内在特性与许多因素有关,主要包括肌自身的形态结构、运动中枢功能状态、理化因素与运动形式等。

1. 自身因素

(1)骨骼肌结构的完整性:任何因素导致骨骼肌结构的完整性发生变化,都会影响肌的收缩功能。例如,运动过程中肌的拉伤与撕裂。

（2）肌的生理横断面：肌的生理横断面越大,包含的肌纤维越多,肌收缩产生的力量就越大。力量训练可以使肌的体积增大,横断面增大。因某些原因使肢体制动,可导致肌萎缩,肌的生理横断面减小,肌力下降。

（3）肌纤维类型：慢肌纤维收缩速度慢,产生的力量小,然而慢肌纤维有很强的抗疲劳性。快肌纤维收缩速度快,产生力量大,但容易疲劳。

2. 运动中枢

（1）神经冲动频率：当运动神经元发放的冲动频率增高时,募集的运动单位增多,肌的收缩力量就会增加。生理情况下,支配骨骼肌的运动神经总是发放连续的冲动。因此,骨骼肌的收缩都是强直收缩,即便在静息状态下,运动中枢仍发放低频冲动,维持轻度持续的收缩状态,即肌紧张。

（2）运动中枢调控作用：运动中枢通过神经传导准确传达中枢对骨骼肌产生兴奋或抑制的指令,使主动肌、拮抗肌与协同肌之间的工作更加协调。如果运动中枢损伤则使这种调节能力明显下降,影响肌收缩,使运动功能发生障碍。力量训练可以使运动中枢的调控功能得到改善,产生强而集中的兴奋过程,发放同步的高频兴奋冲动,使肌收缩力量增强。

3. 理化因素　骨骼肌的内在功能状态与能量、氧供应、离子浓度、激素、温度及其内环境等因素有关。

（1）离子浓度：肌收缩产生张力的大小,取决于起作用的横桥的数目,而横桥数量又与细胞内 Ca^{2+} 浓度呈正相关。Ca^{2+} 浓度增加使肌收缩增强,反之则减弱。

（2）缺氧与酸中毒：体内酸性代谢产物（乳酸）生成过多引起 pH 下降,导致肌张力下降,缺氧影响神经-肌接头处的兴奋传递与兴奋收缩耦联,导致肌收缩蛋白与横桥功能特性改变而影响肌的收缩。

（3）药物与激素：药物对肌收缩作用主要通过影响神经突触传递来实现。对严重肌痉挛患者,可选择性使用如肉毒毒素类（乙酰胆碱受体阻断剂）制剂阻断神经-肌接头处的神经递质（乙酰胆碱）传递,达到解除肌痉挛的目的。

雄性激素及其衍生物具有促进肌蛋白质合成的作用,可以提高肌力与耐力。竞技体育比赛中违规使用兴奋剂,其中一部分是睾酮及其衍生物（合成类固醇）。

（4）温度：在低温状态下,神经兴奋性下降,神经传导速度减慢,肌张力降低,可以缓解肌痉挛。但短暂冷刺激可以加强肌的兴奋性和收缩功能,温热刺激可使肌的黏滞性下降、伸展性和弹性增加,肌结缔组织松弛延长变软,缓解疼痛。

4. 运动形式对肌结构的影响　不同运动形式对骨骼肌的影响表现为对肌的形态结构、特性、代谢和功能的影响。力量与耐力训练使骨骼肌纤维横断面积增大,肌红蛋白增加,线粒体体积增大与数量增多,ATP 酶活性增加,肌结缔组织增厚,毛细血管增多与肌中脂肪减少等（表3-2）。

表3-2　不同运动形式对骨骼肌形态功能的影响

运动形式	主要形态变化	肌功能变化
力量运动（抗重阻力）	肌纤维增粗（Ⅱ型肌纤维）	肌力增强、爆发力增加
	肌蛋白质合成增加	
	无氧酵解能力提高	
	线粒体相对减少	
	肌结缔组织增厚	

续表

运动形式	主要形态变化	肌功能变化
耐力运动	肌纤维稍增粗	肌耐力增加,抗疲劳增强
	肌红蛋白增加	
	线粒体体积增大、含量增加	
	肌中脂肪减少	
	ATP 酶活性增加	
	毛细血管网增多	

二、能量供应与消耗

物质代谢和能量代谢是维系生命活动的基本过程。人体与其周围环境间不断地进行的物质交换过程称为物质代谢,广义的物质代谢过程包括:消化与吸收、中间代谢(合成与分解)和排泄。物质代谢过程中伴随着能量释放、转移、储存和利用,称为能量代谢。运动引起机体能量消耗明显增加,可达安静时数倍,运动时能量补充对保持运动能力至关重要。

（一）能量来源

骨骼肌运动的直接能源是三磷酸腺苷(ATP),肌中 ATP 被消耗的同时,必须有新的 ATP 及时补充供能。所以,机体 ATP 再生能力直接影响运动能力。不同运动能力和功能状态的人,运动过程中体内能量代谢特点也有所不同。因此,根据不同运动类型物质代谢和能量代谢的特点,科学地制定运动处方,选择适宜的运动负荷,提高运动能力。

1. 三磷酸腺苷(ATP)——直接能量来源　机体能利用的能量来源于食物中糖、脂肪和蛋白质分子结构中蕴藏的化学能。但机体的组织细胞在进行各种生理活动时并不能直接利用这种能量形式,组织细胞所需要的能量实际上是由 ATP 直接提供的。ATP 既是体内直接的供能物质,又是体内能量储存的重要形式。除 ATP 外,体内还有其他高能化合物,如磷酸肌酸(CP)等。CP 主要存在于肌和脑组织中,当物质氧化释放的能量过剩时,ATP 将高能磷酸键转给肌酸,在肌酸激酶催化下合成 CP;反之,当组织消耗的 ATP 量超过物质氧化生成 ATP 的速度时,CP 的高能磷酸键又可快速转给 ADP,生成 ATP。因此,CP 是体内 ATP 的储存库。

2. 三大营养物质的能量转化　一般认为蛋白质仅在某些特殊情况下参与供能(如长期不能进食或体力极度消耗时)。因此,ATP 的生成主要在糖和脂肪的分解代谢过程中进行。

（二）能量转化

各种能源物质在体内氧化过程中释放的能量,50% 以上转化为热能,其余部分是以化学能的形式储存于 ATP 等高能化合物的高能磷酸键中,供机体完成各种生理功能,如肌的收缩和舒张、神经传导等。

（三）能量平衡

人体的能量平衡是指机体摄入的能量和消耗的能量之间的平衡。若摄入食物的能量少于消耗的能量,机体即动用储存的能源物质,因而体重减轻;若机体摄入的能量多于消耗的能量,多余的能量则转变为脂肪等机体组织,导致肥胖,因而体重增加。运动的关键效益在于调节能量平衡。适量运动和合理营养对防治一些严重危害健康的疾病(如高血压、冠心病、糖尿病、肥胖症和骨质疏松症等)是有效的,对促进生长发育、改善心肺功能亦具有良好的作用。体力活动和合理营养已成为当今国内外健康促进的重要措施。

（四）三大供能系统

运动时的能量供应涉及两个分解代谢与三个供能系统。以无氧分解合成 ATP 的称为无氧代谢供能,以有氧分解合成 ATP 的称为有氧代谢供能。在无氧代谢供能中,又分为磷酸原供能和糖酵解供能两大系统。因此,通常将运动时的能量代谢分为三大供能系统,即磷酸原供能系统、糖酵解供能系统和有氧代谢供能系统。

1. 磷酸原(ATP-CP)供能系统——即刻能量 磷酸原供能系统是指由 ATP 与磷酸肌酸(CP)共同组成供能系统。当 ATP 分解放能后,CP 立刻分解放能以补充 ATP 的再合成,由于这一过程十分迅速,不需要氧气也不会产生乳酸,又称磷酸原系统为非乳酸能系统。

由于 ATP、CP 在骨骼肌中储量少(后者为 $15\sim20$ mmol/kg 湿肌),供能时间短,最大强度运动时,供能约为 $6\sim8$ s。但磷酸原在运动时最早启动,最快被利用,为激活糖酵解等系统供能提供过渡时间。所以,在短时间激烈运动中,磷酸原供能系统起着非常重要的作用。

这一系统供能能力的强弱,主要和绝对速度有关。如果要提高 50m、100m、200m 等短距离跑的绝对速度,就要发展磷酸原系统的供能能力。发展这一供能系统能力的训练方法最好是采用持续 10s 以内的全速跑,重复进行练习,中间间歇休息 30s 以上。如果间歇时间短于 30s,则由于磷酸原系统恢复不足,会产生乳酸积累。

2. 乳酸能(糖酵解)供能系统——短时能量 糖经无氧分解生成乳酸的同时释放能量,使 ADP 磷酸化合成 ATP,这一供能系统称为糖酵解供能系统。

在激烈运动时,由于机体缺氧生成了乳酸。随着运动时间的延长,乳酸生成及堆积增加,抑制了糖酵解过程。所以,以最大速率糖酵解供能,一般不超过持续运动 2min。糖酵解供能时间比磷酸原长,这对需要速度和速度耐力的运动十分重要,是 $1\sim2$ min 大强度运动时的主要供能系统。

发展糖酵解(乳酸能)系统供能能力最适宜的手段是全速(或接近全速)跑 $30\sim60$ s,间歇休息 $2\sim3$ min。这种手段能使血乳酸达到最高水平,能提高机体对高血乳酸的耐受能力,提高糖酵解系统的供能能力。

3. 有氧代谢供能系统——长时间能量 在供氧充足的条件下,糖、脂肪、蛋白质等彻底地氧化生成 CO_2 和 H_2O,同时释放能量供 ADP 磷酸化合成 ATP,这一供能系统称为有氧代谢供能系统。

由于糖氧化分解时所需的 O_2 比脂肪少,氧化分解供能的速率比脂肪快,所以,糖氧化供能的输出功率比脂肪大,是脂肪的一倍。对长时间亚极量运动而言,糖的储量对运动能力有较大的影响。

（五）运动与供能系统关系

运动时人体内的能量供应是一个连续过程,其特点是运动强度和运动时间必须与 ATP 的消耗和再合成之间的速率保持匹配,否则运动就不能连续进行。由于三种能量系统供 ATP 再合成的速率(输出功率)不同,在满足不同强度运动时,就会启动不同的能量系统但以此供能为主。

1. 极量运动与亚极量运动 在进行极量运动与亚极量运动时,必须启动能量输出功率最快的磷酸原供能系统。由于该系统供能可持续 7.5s 左右,首先动用 CP 使 ATP 再合成。当达到 CP 供能极限而运动还必须持续下去时,就会启动输出功率次之的糖酵解供能系统,表现为运动强度略有下降。

2. 递增负荷的力竭性运动 运动开始阶段,由于运动强度小,能耗速率低,有氧氧化系统能量输出能够满足其需要,故启动有氧氧化系统(主要是糖的氧化分解)。随着运动负荷的逐渐增大,当有氧供能达到最大输出功率,仍不能满足因负荷增大而对 ATP 的消耗时,必然动用输出功率更大的无氧供能系统。因磷酸原系统维持时间很短,故此时主要是糖酵解系统供能,直至力竭。

3. 中低强度的长时间有氧耐力运动 运动前期以启动糖有氧氧化供能为主,后期随糖的消耗程度增加而逐渐过渡到以脂肪氧化供能为主。这是因为脂肪氧化耗氧量大、动员慢、能量输出小于糖有氧氧化供能等特点所造成的结果。

4. 安静状态 人体在安静状态下,骨骼肌的能量消耗少,ATP 保持高水平,氧供应充足,肌细胞内以游离脂肪酸和葡萄糖的有氧代谢进行供能。线粒体内氧化脂肪酸的能力大于糖的有氧代谢。

由此可见,三大供能系统是人体处于不同活动水平上,摄氧量不同,代谢特点不同,进行紧密相连,不可分割、能量连续的供能系统。因此,在选择运动方式和安排运动量时,必须了解各种供能代谢的特点,才能针对不同人群、根据不同目的制订出合理科学的运动处方。

三、运动与人体生理功能

运动是人体活动的基本形式,运动可对机体各组织、器官和系统的功能产生影响。单次运动引起机体生理、生化的变化称为运动反应,这是一种暂时性的、可逆性的变化。长期运动或称运动训练则导致机体在形态结构和功能上产生相对持久的变化称为运动适应。

(一)运动与心血管系统

心脏是人体血液循环的动力性器官,血管是血液流动的管道,二者的结构与功能状况可直接影响人体全所需要的营养物质和氧气以及代谢废物的输送,进而影响人体的基本生命活动。

1. 运动对心脏的影响　从结构上看,长期坚持适宜的体育锻炼或训练,可使心脏的体积和重量增加,这种因适应运动需要所发生的心脏增大是一种功能性增大,称为"运动员心脏"。长期体育锻炼能使心脏功能显著改善。可使心肌收缩力量增强、收缩期和舒张期心壁厚度变化幅度加大、射血分数保持不变或轻度加大。长期运动使机体氧利用率提高、血液循环的效率提高,心率储备增加。

2. 运动对血管的影响　运动可使动脉管壁中膜增厚,弹性纤维和平滑肌增厚,血管壁的弹性增加,搏动有力,有利于血液流动。运动后血管对缩血管物质的反应性降低和对内皮依赖的舒血管物质的反应性增强,这可能是运动预防心血管疾病的机制之一。运动还可以改善毛细血管在器官内的分布和数量。适宜的运动能预防并降低心血管疾病的发生,并对其有一定的治疗作用。长期有氧运动对血管内皮功能有良好的改善作用,可以一定程度上预防血栓的形成。

3. 运动对血液指标的影响　研究表明,老年人经一年的有氧运动后,血液中甘油三酯、总胆固醇和低密度脂蛋白水平明显降低,高密度脂蛋白明显升高,长期有氧运动可改善血脂水平,降低心脑血管疾病的发病风险。

(二)运动与呼吸系统

呼吸系统可以为运动的肌肉提供氧气,并排出二氧化碳,而运动对呼吸系统也有一定的影响。经常从事运动,对呼吸器官的构造和功能都会产生良好的影响。有训练者的胸围较大,骨性胸廓和呼吸肌得到良好的发展。由于膈肌的收缩和放松能力提高,呼吸深度加深,肺活量大,尤其是游泳和划船等项目的运动员肺活量增大更为显著,安静时的呼吸频率降低,肺通气量增大,有训练的运动员,肺通气量可以达到 120～140L,最大氧吸收量(即氧极限)可达 6L 左右。而未受过训练的人,氧极限量只有 2～3L。这说明人体组织对氧的利用率,有训练者比一般人高。同时,有训练者的呼吸与运动能够协调配合。在定量工作时,呼吸功能表现出节省化现象,能够较长时间保持工作能力,并具有很大的功能储备力,能够适应和满足剧烈运动对呼吸功能的要求。

(三)运动与神经系统

人体的功能活动都依赖于神经系统的支配和调节。与此同时,若长期进行适宜的运动,不仅可以提高神经系统的调节能力,改善神经过程的灵活性与均衡性,而且还能使神经系统的形态结构发生良好的改变。

积极的体育锻炼或适宜的运动训练可以改善神经的血供和氧的含量,促进组织代谢,提高神经系统对人体活动时错综复杂变化的判断能力,并及时做出协调、准确和迅速的反应。而且神经系统功能的增强必伴随其形态结构的良好改变,包括神经元内线粒体数目增多,神经元突触可塑性增强,促进神经元、神经纤维再生等方面。相反,缺乏必要的体育锻炼或不当的运动训练可损害神经系统的形态和功能,造成平衡失调,甚至引起某些疾病。

（四）运动与内分泌系统

运动对内分泌系统的结构和功能有一定影响,而内分泌系统所分泌的激素亦对运动的功效发挥起至关重要的作用。

1. 垂体与运动的关系　垂体能够分泌多种激素和促激素,如生长激素可促进生长发育,在机体生长过程中促进骨、软骨、肌肉和其他组织细胞的分裂增殖和蛋白质的合成,加速骨和肌肉的生长发育,使骨骼健壮、肌肉发达,进而有助于运动成绩的提高。

2. 甲状腺与运动的关系　运动时身体代谢水平提高,甲状腺激素分泌增加,从而促进体内糖和脂肪的分解来补充运动时消耗的血糖,提高运动竞赛的成绩。

3. 肾上腺与运动的关系　长时间大强度运动,肾上腺活动加强。肾上腺髓质分泌的激素有助于运动员更快地适应内外环境变化和提高运动能力。运动员的肾上腺皮质活动水平比一般人高,训练日比休息日高,赛后比赛前高。

（五）运动与泌尿系统

在运动中,一般地说泌尿系统的功能活动减弱,供血量减少,以保证肌肉活动血液的充分供应。运动时,体内代谢产生的废物多以汗的形式排出体外,因此排尿量减少。运动后,泌尿系统的功能活动和供血量逐步恢复到运动前安静时的状态,并有加强的趋势,以便清除体内积蓄的代谢废物,维持水、盐及酸碱平衡,使人体内环境保持相对恒定。

第三节　运动生物化学基础

新陈代谢是生命的基本特征之一,包括合成代谢和分解代谢两个方面。前者是指生物体不断地从外界摄取营养物质来构筑和更新自身,并储存能量;后者是指机体利用储存的能量或分解体内自身物质而转变成能量,用以维持体温和完成各种生理功能。葡萄糖、脂肪和蛋白质的合成和分解过程构成机体的物质代谢。

一、糖代谢与运动

糖是运动时唯一能无氧代谢合成 ATP 的细胞燃料。糖氧化具有耗氧量低、输出功率较脂肪氧化大等特点,是大强度运动的主要能量来源,在运动供能中占据重要地位。

（一）糖代谢

糖是一类化学本质为多羟醛或多羟酮及其衍生物的有机化合物,糖代谢指葡萄糖、糖原等在体内的一系列复杂的化学反应。

1. 糖的生理功能　糖是人体主要的能量来源,机体 60% 的热能由糖提供。短时间大强度运动时的能量绝大部分由糖供给;而长时间小强度运动时,也首先利用糖氧化供给能量,可利用的糖耗竭时,才动用脂肪和蛋白质。糖也是机体重要的组成成分,如糖与脂形成糖脂是构成神经组织和细胞膜的成分;糖与蛋白质结合成的糖蛋白,在体内具有多种复杂的功用。同时,糖还具有调节脂肪酸代谢、节约蛋白质供能、保护肝脏等功能。

2. 糖在体内的代谢过程　糖在体内主要以两种形式存在:一是以糖原的形式存在于组织细胞质内,主要是肌糖原和肝糖原;二是以葡萄糖（glucose）形式存在于血液中,即血糖。

体内肌糖原储量约占成年人全身糖贮备量的 70%,是糖贮备的最大部分,也是肌活动时能量供应的重要来源。肝糖原储量约为其本身重量的 2%～8%,对维持血糖的正常水平有重要意义。全身血糖总量约占全身糖贮备量的 1%。正常情况下,血糖浓度随进食、肌活动等情况而有波动,空腹时却较为稳定,其动态平衡的维持有赖于机体内神经体液因素的调节。肌活动时,肌糖原首先被动员,当肌糖原耗尽使血糖浓度降低时,肝糖原即被动员分解为葡萄糖进入血液,使血糖浓度恢复正常，从而保证有丰富的葡萄糖通过血液循环进入运动肌，并分解供能，所以肝脏在维持血糖稳态中起着重要作用。

糖在体内分解供能主要有两条途径：一是在有氧情况下进行有氧氧化；二是在缺氧情况下进行无氧酵解。其中有氧氧化是糖分解的最重要途径。以上两种途径，通过它们的中间产物互相联系以适应整体的需要。

3. 运动对糖代谢的影响

（1）运动对肝糖原的影响：肝糖原的分解与运动强度和运动时间有关。短时间大强度运动时，肝糖原大量分解释放；长时间大强度运动时，肝糖原释放总量逐渐减少，糖异生增加；长时间低强度运动时，肝糖原释放先快后慢。耐力训练可以降低人在长时间运动中肝糖原的分解和糖的异生作用，最后可能引起运动性的低血糖。

（2）运动对肌糖原的影响：运动时肌糖原是骨骼肌的最重要能量来源。其消耗量与运动强度和时间呈正比。如以低强度运动（30% 最大摄氧量）至力竭时，肌糖原下降很少，仅为 15%，原因是肌主要依靠脂肪酸氧化供能，很少利用肌糖原；以中等强度运动（75% 最大摄氧量）至力竭时，肌糖原消耗 80%～95%，消耗量最大，原因是肌收缩的刺激使肾上腺素释放减少以及其他因素使肌糖原迅速分解；以大强度运动（>90% 最大摄氧量）至力竭时，肌糖原消耗速率最大，由于强度大时间短，肌乳酸快速增多，抑制了糖酵解进行，肌糖原消耗亦少，仅下降 25%。

（3）运动对血糖的影响：人体正常血糖浓度是 4.4>6.6mmol/L（80>120mg/100ml）。安静状态下，肌摄取血糖的量不多；运动时，骨骼肌吸收和利用血糖增多，其数量与运动强度、持续时间和运动前肌糖原储量有关。短时间大强度运动时血糖变化不大，但是运动之后血糖却明显上升，这与神经和体液因素的调节加强有关；中等强度运动初期，肌吸收血糖快速上升，40min 内净吸收血糖量是运动前的 7～20 倍；低强度运动时，肌对血糖的摄取是运动前的 2～3 倍，这一过程是通过肌毛细血管扩张、血流量增大、胰岛素相对增加、促进血糖进入肌细胞、加速糖原合成来完成。因此，长时间中等强度的规律运动（如健走、散步、慢跑、太极拳等）是治疗糖尿病的最佳治疗方法之一。

高肌糖原贮备可以使运动肌摄取和利用血糖量减少，有利于维持运动中正常血糖水平，延缓运动性疲劳的发生。

（二）运动与糖补充

如前所述，肌糖原提供运动中主要的能量来源。肌糖原耗尽被认为是引起疲劳的主要原因，也是短时间高强度运动或是持续超过 1h 的中等强度运动最后耗竭的主因。因此，适当补糖，有助于延缓运动性疲劳的产生，直接或间接调节机体免疫功能，并可促进运动性疲劳的恢复，以保持运动能力，提高训练效果及比赛成绩。目前大多数学者认为，超长距离的耐力项目有必要进行糖的补充。

1. 补糖时间　在运动前、运动中和运动后补糖是很重要的。目前一般认为，运动前 2～4h 补糖可以增加运动开始时肌糖原的贮量。在运动开始前 5min 内摄取糖对提升耐力运动（超过 1h）的能力远胜于运动前 2h 进食。一方面，糖从胃排空、小肠吸收、血液转运、刺激胰岛素分泌释放，需要一定的时间；另一方面，运动可引起某些激素如肾上腺素的迅速释放，从而抑制胰岛素的释放，使血糖水平升高；同时可以减少运动时肌糖原的消耗。在运动前 15～45min 须谨慎吃糖类的食物，因为可能在运动不久后会引起低血糖，消耗肌肉的主要能源以致提早耗竭。在这段时间内补充糖类会刺激胰岛素分泌，使得运动开始时血液中胰岛素升高，造成肌肉以不正常的高速率摄取葡萄糖，从而导致低血糖并提早疲劳。在高强度且长时间运动停止后立即补糖是很重要的，因为储存的糖在运动中已减少或已耗尽。糖原合成的速率在恢复期的前 2h 是非常高的，之后逐渐减缓。

2. 补糖量　运动前补糖可采用稍高浓度的溶液（约 35%～40%），服用量约 40～50g 糖。运动中应用浓度较低的糖溶液（约 5%～8%），因为当摄入的饮料中糖浓度超过 10% 时，胃的排空速率就会明显下降。糖的补充应该有规律地间歇进行，一般每 20min 给 15～20g 糖为宜。

二、脂质代谢与运动

脂肪是体内主要的储存和供给能量物质，运动时脂肪主要分解成甘油和游离脂肪酸并以三种不同的供能形式参与机体的能量代谢过程。

（一）脂肪代谢

脂肪代谢是体内重要且复杂的生化反应，指生物体内脂肪在各种相关酶的帮助下，消化吸收、合成与分解的过程，加工成机体所需要的物质，保证正常生理功能的运作，对于生命活动具有重要意义。

1. 脂肪的生理功能　脂肪在体内的主要功能是储存和供给能量。1g 脂肪在体内氧化产生 9kcal（1cal＝4.184J）的热能，是同量糖和蛋白质产生热能的 2 倍多。脂肪在体内储量很大，是长时间运动的主要能源。脂肪所提供的不饱和脂肪酸是细胞膜、酶、线粒体以及脂蛋白的重要组成成分。

脂肪是脂溶性维生素 A、D、E、K 以及胡萝卜素的溶剂。缺少食物脂肪的摄入会降低体内脂溶性维生素的含量，并有可能导致此类维生素缺乏症。此外，分布于皮下组织以及内脏周围的脂肪具有热垫和保护垫的作用。

2. 脂肪在体内的代谢过程　脂肪可分成真脂和类脂两大类。真脂是由脂肪酸和甘油构成甘油三酯（脂肪），类脂主要是磷脂和胆固醇等。

脂肪是机体内最重要的贮能物质，它的主要作用是氧化供能。脂肪在组织中脂肪酶的作用下水解成脂肪酸和甘油，脂肪酸和甘油再进入分解代谢。

3. 运动与脂肪代谢　运动时脂肪参与机体的能量代谢过程包括以下三个方面。

（1）在心肌和骨骼肌等组织中：脂肪酸可经氧化生成 CO_2 和 H_2O，这是供能的主要形式。

（2）在肝脏，脂肪酸氧化不完全，产生中间产物乙酰乙酸、β-羟丁酸和丙酮，合称为酮体。酮体虽然生成于肝脏，但肝脏缺乏利用酮体的酶，只能为肝外组织所利用，所以，酮体生成可作为长时间持续运动时的重要补充能源物质。

（3）在肝肾细胞中甘油作为非糖类物质经过糖异生途径转变为葡萄糖，对维持血糖水平起重要作用。

长时间中等强度（60%～85% 最大摄氧量强度）运动（如步行、慢跑和太极拳等）能够增强脂代谢，维持机体热量平衡，减少过多脂肪堆积，保持正常体重。运动能够提高脂蛋白脂酶活性，使体内甘油三酯清除增加。同时，还能够升高高密度脂蛋白浓度和降低低密度脂蛋白浓度，促进胆固醇从周围组织转运回肝脏，消除周围组织包括动脉壁的胆固醇沉积，这对防治动脉粥样硬化以及心脑血管疾病具有非常重要的作用。

（二）运动与脂肪的补充

由于脂肪不容易消化，在胃内停留的时间长，而运动中机体的消化功能常处于抑制状态，因此不提倡在训练前食用高脂肪饮食。脂肪的代谢产物蓄积会降低机体的耐力并引发疲劳，过多食用脂肪食物会降低蛋白质和铁等其他营养素的吸收率，并带入外源性的食物胆固醇，引起高脂血症。因此，当患者进行运动训练前，不主张摄取高脂肪食物，以免胃排空及增加肝、肾的负担。

三、蛋白质代谢与运动

蛋白质是机体最主要的结构成分，也是机体的能源物质之一，承担着多种重要的生理功能。

（一）蛋白质代谢

蛋白质代谢指蛋白质在细胞内的代谢途径。各种生物均含有水解蛋白质的蛋白酶或肽酶，这些酶的专一性不同，但均能破坏肽键，使各种蛋白质水解成其氨基酸成分的混合物。

1. 蛋白质的生理功能   蛋白质的基本组成单位是氨基酸。不论是由肠道吸收的氨基酸，还是由机体自身蛋白质分解产生的氨基酸，都主要用于重新合成蛋白质，成为细胞的构成成分，以实现组织的自我更新，或用于合成酶、激素等生物活性物质。为机体提供能量则是氨基酸的次要功能。

2. 蛋白质在体内的代谢过程   人体内蛋白质处于不断降解与合成的动态平衡，即蛋白质的转换更新。成人体内的蛋白质每天约有 1%～2% 被降解，其中主要是肌蛋白质。食物蛋白质经消化而被吸收的氨基酸（外源性氨基酸）与体内组织蛋白质降解产生的氨基酸（内源性氨基酸）混在一起，分布于体内各处，参与代谢，称为氨基酸代谢库。

3. 运动与蛋白质代谢   机体运动时蛋白质可提供一部分能量：在体内肌糖原贮备充足时，蛋白质供能仅占总热能需要的 5% 左右；在肌糖原耗竭时，蛋白质供能可升至 10%～15%。机体运动时蛋白质提供能量的比例取决于运动的类型、强度和时间。一般情况下，长时间低强度持续运动时，氨基酸在肌中的供能比重将会上升，主要通过"葡萄糖-丙氨酸循环"（糖异生）的途径。这种形式可以减少乳酸生成以及处理有毒的氨，延缓运动疲劳。耐力训练可以加快转氨基与氨基酸的氧化。

运动导致骨骼肌蛋白质合成增加：运动将影响如甲状腺素、生长素、性激素、胰岛素和肾上腺髓质激素等不同程度的变化。因此，进行适宜的运动锻炼能够促进生长，增强心肌收缩力，防治疾病（如高血压病、糖尿病、高脂血症等）。运动还将促进支链氨基酸的代谢。支链氨基酸是骨骼肌蛋白质合成时特别需要的氨基酸。运动后肌蛋白质合成大于降解，这将导致肌的横断面积增加。

（二）运动与蛋白质的补充

通常认为，平衡膳食中蛋白质的供给量应为总热能量的 10%～15%，机体蛋白质的需要量受糖原储备的影响。比较三天无糖膳食和高糖膳食在 61% 最大摄氧量（VO_{2max}）强度 1h 运动后血清和汗液尿素的结果，发现高糖膳食后血尿素氮无改变，但汗尿素氮丢失了 600mg/h，而无糖膳食后血清尿素氮显著增加和汗尿素氮丢失增加。过量补充蛋白质会引起一系列的副作用，如蛋白质的酸性代谢产物会使肝、肾负担增加；大量蛋白质还会导致机体脱水、脱钙和痛风的发生。高蛋白对水和无机盐代谢不利，有可能引起泌尿系统结石和便秘，高蛋白食物常伴随高脂肪的摄入，会增加中年后形成动脉粥样硬化和高脂血症的危险性。

体内糖、脂、蛋白质的代谢不是彼此孤立，而是相互联系的。它们通过共同的中间代谢物连成整体。三者之间可以互相转变，当一种物质代谢障碍时可引起其他物质代谢的紊乱，如糖尿病由于糖代谢的障碍，可引起脂代谢、蛋白质代谢甚至水盐代谢的紊乱。

当摄入的糖量超过体内能量消耗时，即有大量的糖转变为脂肪，而过多的脂肪在肝脏沉积又可能造成"脂肪肝"或者是肥胖。长时间中低强度的有大肌群参与的节律性运动，如跳舞、跳绳、游泳、爬山和各类球类运动等，对防治这些疾病的发生与发展具有非常重要的作用。

脂肪绝大部分不能在体内转变为糖。这是因为脂酸分解生成的乙酰辅酶 A 不能转变为丙酮酸。脂肪分解代谢的强度及顺利进行，有赖于糖代谢的正常进行。当饥饿或糖供给不足或糖代谢障碍时，会引起脂肪大量动员，造成血酮体升高，产生高酮血症。

蛋白质可以转化为糖和脂肪，但其重要性较小。

糖和脂肪的代谢中间产物可以氨基化而合成某些氨基酸，再进一步合成蛋白质。但糖和脂肪转化为氨基酸时，必须有氨基的供应，所以膳食中的糖和脂肪不能完全替代蛋白质摄入；同样蛋白质也不能完全代替糖和脂肪作为氧化供能的原料；膳食中的糖也不能替代脂肪的摄入，因为脂溶性维生素的摄取有赖于脂肪的存在,而且人体某些必需的脂肪酸也只能从膳食的脂肪中获取。由此可见,若要身体健康,就必须平衡膳食。

(马 萍)

 思考题

1. 为什么老年人易发生骨折?
2. 机体供能系统的组成和供应特点是什么?如何进行训练?
3. 如何进行运动技术分析?
4. 为什么说糖是肌活动时能量供应的重要来源?

第四章 | 健康体适能的运动促进

本章要点

1. **掌握** 健康体适能概念、组成要素，运动促进健康体适能的有氧运动、抗阻训练和伸展运动的常用方法。
2. **熟悉** 抗阻训练动作分析和基本技术、伸展运动动作分析和技术要求。
3. **了解** 运动对健康体适能的促进作用及意义，有氧运动、抗阻训练和伸展运动的特征。

第一节 健康体适能要素及运动促进作用

体适能（physical fitness）是指身体适应生活、运动与环境（例如气候变化或病毒等因素）的综合能力。美国运动医学学院（ACSM）将体适能定义为"机体在不过度疲劳状态下，能以最大活力愉快地从事休闲活动的能力，以及应付不可预测紧急情况的能力和从事日常工作的能力"。与健康有关的体适能，即健康体适能（health-related physical fitness），主要是指个人能胜任日常工作，有余力享受休闲娱乐生活，又可应付突发紧急情况的身体能力，主要包括心肺耐力、肌肉适能、身体成分及柔韧性四个方面。

健康体适能被认为与良好的健康状态密切相关，它与体质有区别，又有密切的联系。健康体适能更能反映身体工作、学习和生活的能力，更全面反映人体的健康水平。体适能较好的人在日常生活或工作中，从事体力活动或运动均有较强的适应能力及活力，而且不会轻易产生疲劳或力不从心的感觉。在科技发达的文明社会中，人类进行身体活动的机会越来越少，摄取食物的热量越来越高，工作与生活压力越来越大，这使得每个人感受到了良好体适能和规律运动的重要性。

一、健康体适能的基本要素

健康体适能包括心肺耐力、肌肉适能、身体成分和柔韧性四个方面。

（一）心肺耐力

心肺耐力是指心脏、血液、血管和肺组成的呼吸和血液循环系统在身体进行耐力性运动时，有效地提供运动中肌肉所需的氧气和能源物质，并循环带走代谢的各种产物，维持机体从事运动的能力。

心肺耐力是指个人的肺脏与心脏将氧气输送到组织细胞加以使用的能力。因此，心肺耐力是个人的心脏、肺脏、血管与组织细胞的有氧能力指标。心肺耐力较佳，可以使运动持续较长时间，且不易疲倦，也可以使日常工作时间更久，更有效率；心肺耐力较差，不仅容易疲劳，而且运动后恢复缓慢。

（二）肌肉适能

肌肉适能包括肌力和肌耐力。肌力是肌肉收缩产生的力量，肌耐力则是指肌肉维持静态收缩或重复多次收缩维持长时间运动的能力。

肌力是反映骨骼肌收缩时克服和对抗阻力的能力,通常以对抗和克服最大阻力的重量、力矩或做功功率表示。肌耐力则一般以定量运动负荷的次数、负荷持续时间或输出功能变化来表示。保持良好的肌力和肌耐力对于促进健康、预防伤病与提高工作效率有很大的帮助。当肌力和肌耐力衰退时,肌肉本身往往无法胜任日常活动及紧张的工作负荷,容易产生肌肉疲劳及疼痛现象,影响工作和生活质量以及健康水平。

（三）身体成分

身体成分是指身体在组织学层面的构成比例,包括身体脂肪量和瘦体重（肌肉、骨、血液和其他非脂肪组织）。身体脂肪尤其是腹部脂肪与高血压、代谢综合征、2 型糖尿病、脑卒中、心血管疾病和血脂异常等相关。体脂过少也会危害身体健康,如因长期节食、营养不良、厌食症及其他疾病造成体脂过少时,身体会出现代谢紊乱、身体功能失调,严重者可导致死亡。所以,身体成分与身体健康、身体功能密切相关,维持身体成分稳定和体脂在合理、健康的水平非常重要。

腰臀比（WHR）为腰围和臀围的比率,可反映人体脂肪分布情况,是早期研究中预测肥胖的指标,对反映肥胖引起疾病的风险有参考价值,是评价肥胖的辅助指标,并被认为是糖尿病和动脉粥样硬化性心血管病（cardiovascular disease, CVD）发病、死亡的风险预测因子。身体质量指数（body mass index, BMI）[体重（kg）除以身高（m）平方]与体脂百分比呈弱相关,而 WHR 与体脂百分比呈强相关,同等身高和体重的人群,体脂肪存在较大差异,BMI 不能精确解释人体的体脂含量,但由于 BMI 相对容易获得,通常用于评价身体成分状况。

（四）柔韧性

柔韧性是指人体各关节所能伸展活动的最大范围,它决定一个关节或一个组关节最大活动范围的人体肌肉骨骼系统特征,可以分为静性与动性两种。静性柔韧是以关节为支点运动的活动范围,动性柔韧为一关节承受动作的抵抗或阻力后所能伸展的最大范围。

柔韧性可通过对机体单个关节或者多关节活动范围进行测试来确定,通常由骨关节结构和肌肉、韧带以及关节囊的长度和伸展性等因素决定。柔韧性会受到关节的结构、肌肉力量及体积、韧带以及其他结缔组织的影响而改变。因此,柔韧性在一定程度上受蛋白质代谢,尤其胶原蛋白代谢的影响。柔韧性不好将影响关节活动范围,动作舒展性差,相对僵硬,而柔韧性好可以使运动时更有效率,减少运动伤害的发生。

二、运动对健康体适能的促进作用

科学合理的运动可以提高健康体适能,促进健康,降低慢性疾病的发病风险和死亡率。运动干预是预防和延缓慢性疾病的低成本有效策略,对于降低个人和社会的医疗负担具有重大意义。

（一）运动对心肺耐力的促进作用

心肺耐力是健康体适能最重要的部分,是反映由心脏、血液、血管和肺组成的呼吸和血液循环系统向肌肉运送氧和能量物质、维持机体运动能力的重要指标。运动对于心肺耐力来说具有不可估量的效果,运动可使身体的各个器官得到有效的刺激,可以促进青少年的协调生长发育,使中年人保持旺盛精力并发挥各器官的正常效能,使老年人的体力衰退保持在最小限度内。

运动时,人体细胞活动需要大量的氧气来氧化营养物质,供给机体能量,同时产生大量二氧化碳,这个过程需要通过加强心肺活动来实现。因此,长期运动可改善心肺耐力适能,运动对心肺耐力的促进作用主要表现在以下几个方面。

1. 呼吸肌力量和耐力的增加　呼吸肌主要由膈肌、肋间肌、腹肌以及肩、背部和胸廓的一些肌肉构成。经常运动可使这些肌肉得到锻炼,更加发达,胸围扩大,呼吸运动的幅度增加,呼吸差明显加大,这种呼吸产生的持续性结果是使呼吸肌耐力得到增强。

2. 肺活量增大　肺活量是指最大吸气后,再用尽全力呼气所能呼出的气体量,可作为衡量心肺耐力的指标。运动时呼吸深度和呼吸频率均增加，使呼吸肌活动增强，提高了胸廓和肺泡的扩张能力，因此，经常运动能增大肺活量。

3. 呼吸深度增加　运动可使呼吸肌力量增大，引起呼吸深度增加，一般人安静呼吸频率为12～16 次 /min，经常运动的人只有 8～12 次 /min，运动员则更低。呼吸深度增加可使安静时呼吸肌有更长休息时间，呼吸肌工作更节省；而在体力活动和运动时，表现为肺通气的潜力大，通气能力明显提高。

4. 心功能增强　运动可以使心功能得到全面改善，表现为心肌肥大，心腔容积扩大，心跳徐缓及血管弹性增强等。通过运动引起心功能提高，还表现在雄厚的功能潜力方面。一般人运动时 1min 心输出量最多为 20L，而经常运动的人可达 35L，优秀运动员可达 40L。运动增强心功能可使更多的氧气和营养物质运输到外周，从而提高了机体适应更长时间或更高强度运动的能力。

运动对心肺耐力的促进作用对于延缓老年人心肺功能下降尤为重要。老年人由于年龄增长，心肌功能趋于下降，心输出量减少，血管弹性下降，动脉管壁有粥状硬化斑块形成，血压逐渐上升；肺组织弹性降低，氧弥散功能出现障碍，呼吸肌力量减弱、韧带弹性减弱，胸廓活动度减小，呼吸功能明显减退。资料显示，高血压病、糖尿病和呼吸性支气管炎等和心肺相关的疾病是老年人健康的最大威胁因素。运动可使老年人的收缩压明显降低，特别是抗阻运动可降低血管紧张度，增强大动脉顺应性，缓解消除微血管痉挛，降低血压。同时，抗阻运动使老年人的肺活量显著提高，可以提高机体的耐力与完成有氧运动的能力。

（二）运动对肌肉适能的促进作用

肌肉适能是健康体适能重要指标，决定机体承受负荷强度和持久能力，具有一定肌力和耐力水平是人体进行各种体力活动的基础。肌肉适能与骨骼肌纤维类型和质量有关。运动可以引起肌细胞产生适应性变化。力量、速度训练可使骨骼肌细胞纤维肥大，肌肉体积增大；耐力训练能使肌肉线粒体数目和总量增加，主要是增加慢肌纤维（Ⅰ型）的线粒体数量。

力量训练的类型和方法不同，引起骨骼肌细胞纤维的适应也有不同特点。抗阻力训练可优先使快肌纤维增大，在肌纤维组成不变下可使快肌纤维（Ⅱ型）在正常范围内增大 90%；速度或力量训练可选择性地使快速糖分解纤维（Ⅱb 型）或快速有氧糖分解纤维（Ⅱa 型）变得肥大；在抗阻力或力量运动及部分速度运动时，可使与肌纤维收缩有关的蛋白质增多，从而改善肌力和肌耐力（图 4-1）。

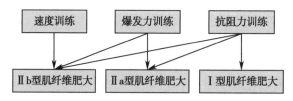

图 4-1　不同运动类型对肌纤维肥大的效果

力量运动或抗阻运动对于预防衰老性肌萎缩对健康体适能的影响有重要的意义。因为增龄性衰老可引起骨骼肌质量逐渐下降，导致骨骼肌功能衰退，引起人体运动和平衡能力障碍、肌力衰退，会导致骨质疏松、骨关节炎等疾病的发生，也是导致老年人残疾和行动障碍的重要因素之一。老年人从事抗阻运动后，其骨骼肌力量具有显著性提高，但是增加幅度由于抗阻运动方案的不同而不一样。此外，抗阻运动和年龄增长具有交互作用。身体活动量比较少的老年人，骨骼肌质量比较低，发生骨骼肌减少性疾病的概率明显升高，而进行抗阻运动的老年人各类型肌纤维横面积均有所增大，说明骨骼肌质量提高，肌力量增加，所以抗阻运动是针对衰老过程中延缓骨骼肌质量下降的一种良好的干预措施。同时，长期抗阻运动可以减缓骨量丢失或保持骨量，达到骨密度的有效改善，有助于缓解老年人骨萎缩，防止骨质疏松。此外，抗阻运动结合蛋白补充能够有效地提高肌肉蛋白合成代谢水平,亮氨酸和精氨酸是有效的肌肉合成代谢刺激剂。研究发现,抗阻运动结合蛋白质补充可以有效地增强年轻人和老年人肌肉蛋白合成。

（三）运动对身体成分的促进作用

运动可使身体成分发生适应性变化,从而促进健康体适能,但不同运动方式引起身体成分变化不同。运动促进机体的物质代谢和能量代谢过程,从而改善身体成分分布,主要表现在肌肉增多、体脂减少。

运动锻炼可使青少年的肌肉含量增加,而且稳定在合理的范围之内,同时,青少年的脂肪含量明显减少,腰臀比（WHR）、身体质量指数（BMI）下降,以上说明,运动可促进人体的健康生长发育。此外,不锻炼的人肥胖或体重超重的现象较多,而经常性运动的人则体重容易保持正常,体内脂肪相对较低。运动可使体脂减少的原因在于运动可以增加机体能量消耗,促进和改善脂肪分解代谢,特别在有氧运动中,脂肪作为能源物质的作用也显著增加。随着运动持续时间的延长,脂肪动员的比率和速率都会增加。因此,运动通过调节脂代谢改善身体脂肪含量,这对增进健康体适能起着重要的作用。

对于老年人来说,其体内总水量、细胞内液均随年龄的增长逐渐减少,机体生理性的衰老致使体密度持续下降,瘦体重下降,加上老年人身体活动量少,摄入、吸收、代谢等方面的障碍,因而能量过剩、缺乏锻炼造成的肥胖是老年人群中常见的现象,脂肪在体内堆积,表现为男性下腹壁出现脂肪垫,女性腰腹脂肪增多。抗阻运动促进老年人肌肉蛋白质合成增加,延缓骨骼肌减少,增加安静时的代谢率,因为抗阻运动时肌肉收缩使机体的神经中枢受到良性刺激,调动分布于躯干深部的短肌兴奋性,改变肌纤维的黏滞性,提高了肌纤维的收缩能力,从而增加能量消耗,动用更多的脂肪,也使运动蛋白质得以加强,整体改善老年人身体成分。

（四）运动对柔韧性的促进作用

人体的柔韧性受关节的解剖特点和韧带、肌肉与肌腱的反射活动以及肌肉弹性等因素的影响。关节的解剖结构由遗传或先天决定,韧带、肌肉和肌腱的伸展性可以通过运动改变。柔韧性的提升,意味着人体可以做更大幅度的运动动作,肌肉力量也会提升,同时也可降低运动所产生的应激性损伤和慢性损伤的发生概率。运动对人体柔韧性的促进作用主要表现在:

首先,运动可降低肌肉的粘连性,提高肌肉参与度,从而提升身体的柔韧性;其次运动可以促进身体血液循环,血液流往关节周围的软组织和关节囊,为关节周围提供营养,改善关节囊周围组织的光滑度和弹性。血液循环也能使更多营养进入肌肉中,提高人体新陈代谢,维持肌肉健康状态。此外,人体运动时,神经系统首先要调节运动系统,以完成准确的运动。各种运动动作的完成,主要是由于各肌肉群协调收缩并作用于骨骼的结果。各肌肉群即主动肌、协同肌和稳定肌之间协调活动都是在神经系统调节下进行的,各神经中枢间兴奋和抑制的迅速转换使得各肌肉群的收缩活动有序且恰到好处,表现在动作上就是准确、连贯和省力。运动能提高神经系统对肌肉的协调能力,主要表现为骨骼肌的相互作用,调节肌肉收缩的能力增强,从而降低肌肉因过度紧张而产生的阻力,提高关节的活动范围而使身体柔韧性增强。运动还可通过提高肌腱和韧带的弹性,增强主动肌的力量、减小对抗肌的阻力,加强关节的灵活性与稳固性,增强柔韧适能。

运动对于提高老年人柔韧性更加重要,因为老年人关节软骨萎缩并发生退行性变化,关节软骨附近常出现不同程度骨质增生,关节囊变僵硬,韧带弹性降低,关节滑液减少,关节面变粗糙,骨与骨之间摩擦加大,易产生关节炎症。同时,随年龄的增加,全身关节的灵活性、肌肉和韧带的伸展性发生功能性减退,关节的活动受到限制,柔韧性明显下降。抗阻运动相对于有氧运动而言,通过增加韧带及关节周围组织的营养供应,延缓肌肉韧带的衰老,加强肌肉韧带的弹性,对老年人膝关节、肘关节、肩关节、髋关节屈曲活动幅度的促进作用大于有氧运动,有氧运动训练后只有髋关节的屈曲活动幅度增加,而抗阻运动使老年人肌力和肌耐力增大,减小骨与骨之间的摩擦力,减少关节的疼痛,进而缓解关节炎症。

第二节　有氧运动

有氧运动是实现人体身心平衡的关键，是促进人体健康的最佳途径。不同年龄、不同体质及健康状况的人，只要调整运动强度及运动量，均可通过进行有氧运动来获得健康。

一、有氧运动的特征

（一）有氧运动的定义

人体运动是生命活动的一种特殊形式，运动与生命活动一样需要能量。而人体运动时的能量来源是分解骨骼肌细胞内含有的高能键分子——三磷酸腺苷（ATP），产生二磷酸腺苷（ADP），并释放出能量供肌肉收缩。但肌肉中 ATP 的储量少，在 ATP 分解的同时，其他能量物质必须分解释放能量再合成 ATP，才能作为肌肉工作的能量。ATP 再合成主要有三种方式，其中 CP 转化和糖酵解两种方式不需要氧气存在，但只能提供有限的能量合成 ATP，维持运动时间约为 2～3min，而第三种方式是通过氧化磷酸化即需要氧气把葡萄糖、脂肪和蛋白质、氨基酸彻底氧化，生成二氧化碳、水和尿素等产物，并产生大量的能量合成 ATP，可维持超过 2～3min 的长时间运动。

由此可知，如果进行 2～3min 以内的运动，主要是无需氧气参与供能（CP 转化和糖酵解）就能满足的运动，是无氧运动。凡进行任何超过 2～3min 的运动，由于需要较多的能量，必须主要依靠有氧代谢来提供能量的这类运动方式，是有氧运动。因此，有氧运动是指人体在氧气充分供应的情况下能源物质通过有氧分解方式提供能量进行的体育活动。也就是说，氧供充足是实现有氧运动的先决条件，在运动过程中，人体吸入的氧气与需求相等，达到生理上的平衡状态。有氧运动是以增强人体摄取、输送与利用氧气为目的的耐力性运动，它决定人体的有氧耐力素质。

（二）有氧运动的特征

从运动时能源物质利用顺序和能量供应特点来看，运动过程中无氧和有氧代谢供能比例是由运动强度和持续时间决定的，因此，以有氧代谢供能为主的有氧运动特征是运动强度低，持续时间较长。在一定强度的有氧运动中，人体吸入的氧气量几乎可以达到或接近本人的最大值，而摄氧量在达到最大时，人体的呼吸功能、心脏功能、肌肉利用氧的能力等各环节都充分动员起来，特别是心脏，它是决定人体最大摄氧量的中心环节。因此，有氧运动能有效地增强心血管和呼吸系统的功能，有效提高骨骼肌细胞对氧的利用能力。通过适宜运动负荷的刺激，解除了人体各系统安静时的抑制状态，在循环、呼吸功能得到加强的同时，人体内代谢系统、神经系统、内分泌系统等得到激活，从而有效提升机体在静息状态下的代谢能力。长期系统的有氧运动锻炼，不仅使机体的各器官系统功能产生适应性增强，增加体内脂肪消耗，使身体成分更趋合理，而且能稳定提高机体有氧代谢的能力，还可预防骨质疏松，调节心理和精神状态，从而在增进健康的同时，提高人体的体适能，是各年龄人群运动健身的主要运动方式。

二、有氧运动的常用方法

有氧运动一般应选择一些全身性的、主要由大肌群参与的、能持续进行的运动项目。有氧运动的项目通常有步行、慢跑、滑冰、游泳、骑自行车、太极拳、有氧健身舞、韵律操等。对于有氧运动项目的选择应依据身体功能评定结果、个人兴趣爱好及客观条件而定。一般来说，可选择 1～2 项为主要方式。例如，体质评定结果为心肺功能较差的女性，应该选择有氧运动的项目是慢跑或快走，也可以选择游泳、有氧健身操或广场舞。无论选定了哪一种有氧运动项目，除了按要求控制适宜强度和每次持续时间外，还要持之以恒，偶尔的锻炼是不可能取得有效的健身效果的。

（一）步行

"步行是最好的运动方式"。这是世界卫生组织在 1992 年正式向全世界发出的信息。步行也称健步走，运动强度可以根据个人体力状态和意愿随时调整，需要较长运动时间的一项有氧运动项目。由于步行不受人群、器械、地点和时间限制，且其动作缓和，简便易行，不易引起受伤且健身效果好，因此，为不同人群所喜爱，特别适合中老年、肥胖和慢病患者康复锻炼。

步行运动时要求上体基本保持正直姿势，眼看前方，颈部肌肉放松，两臂自然的前后摆动。步行运动中可根据个人的身体状况合理安排步行强度。步频是衡量步行强度的重要指标，不同的步频有不同的锻炼效果。强度最低的是散步，步频一般在每分钟 70 步左右或 50～60m，心率不超过 100 次 /min 如果在行走途中有坡度，可以自然增加强度。每次进行 20min 至 1h，可以达到锻炼效果。如果步频在每分钟 100 步左右为普通步行，强度为中等，相当于快步穿越人行道的速度，每次 20min，就可以提高心脏效应。强度较大的称为"健身步行"，在普通步行已经适应了一定的步行强度后，可以将步频提高至每分钟 120 步以上，这时心率可达 70%HR$_{max}$，每次持续 20min，每周可适当延长时间，但每天不超过 1h，即可达到功能明显提高效果。

（二）慢跑

慢跑是一种中等强度的有氧运动，是以较慢或中等的节奏来跑完一段相对较长的距离，以达到锻炼的目的。由于慢跑具有安全省时、运动量容易控制，健身效果好、见效快等特点，适用于所有人群健身锻炼，因此，被誉为"有氧运动之王"，是一项广受大众喜爱的健身项目。

在慢跑健身中，虽然技术动作简单、易行，但是也要了解和掌握慢跑的技术要领和呼吸方式，总体要动作自然、协调、放松，既要避免动作不当而引起损伤，也要获得最佳健身效果。慢跑正确的姿势是上体正直并稍前倾 5° 左右，使头与上体成一条直线，不要左右摇摆，眼睛平视，面部和颈部的肌肉放松。两臂摆动时，肩部要放松，上臂自然下垂，肘关节的曲度稍小于直角，两手自然半握拳，前摆时手稍向内，后摆时肘稍向外，做到"前摆不露肘、后摆不露手"。

跑步时下肢的后蹬与前摆的技术协调，后蹬时要使髋、膝和踝关节充分伸直，使后蹬的力量与运动方向一致，推动身体更快地向前移动。前摆时大腿向前上方高抬，并带动髋部尽量向前送，保持适当的曲度，接着向后方尽量蹬伸，以推动身体前进。在大腿前摆的过程中，小腿要保持放松而自然地下垂，前摆下落动作必须用力并用脚前掌着地或全脚掌着地。同时，双足均应落在行进线上，使之正好处于身体重心之下，力求步子的角度是零。

慢跑时同样要注意掌握好呼吸的节奏。所谓呼吸节奏就是让呼吸和跑步的频率相结合。一般常采用 2：2 呼吸节奏，即"两步一吸，两步一呼"的方法，也可采用 3：3 或 4：4 呼吸节律，并采用鼻子吸气，嘴巴呼气的方法。只要掌握好呼吸节奏，慢跑起来就会感觉到轻松自如。

少年儿童的跑步锻炼应注意循序渐进，如 4～5 岁的儿童每次跑 500m 休息一次（1～2min），8～10 岁每次跑 400～800m，11～14 岁每次跑 1 000～1 500m，15～17 岁每次跑 2 000～3 000m，18 岁以后可锻炼长距离跑步。青少年时期是身体发育的重要阶段，有氧耐力是身体功能和体力基础，所以要特别重视有氧运动锻炼，以维持和增强青少年体质健康。从 2007 年起教育部、国家体育总局、共青团中央共同组织开展全国亿万学生阳光体育冬季长跑活动正是基于增强学生体质健康实行的一项有氧运动锻炼措施。

（三）游泳

游泳是一项全身性运动，由于水阻力是空气的 820 倍，水温低于气温，而且水的散热能力要比空气快 28 倍，因此，游泳要克服水的阻力做功，而且传导散热多，所以能量消耗大。游泳时运动强度可以自我控制，因此，适合不同人群锻炼，并对身体功能有着良好的效应。由于游泳时水压对胸廓的作用大于空气，所以游泳时的水中呼吸对呼吸肌有特殊的促进作用，从而增强心脏功能；同时由于水阻力的作用，加大肌肉的阻抗作用，可以全面增加肌肉力量，使各部分肌肉粗壮、协调，并提高骨骼肌和关节柔韧性和灵活性；此外，游泳时水温低于空气温度，可使能量消耗增加，可促进脂肪的代谢，减少体脂，增加瘦体重，改善身体成分。进行游泳有氧运动健身时，可选择低于 20% 乳酸阈强度（乳酸阈游速或心率），但在这个强度运动时间要维持 20~30min；当锻炼一段时间后发现在完成相近速度训练时血乳酸积累减少或心率下降，则说明有氧代谢能力提高，必须增加游速，使练习时的血乳酸又达到所要求的乳酸阈游速，才能使身体的有氧能力不断提高。

（四）自行车运动

自行车是一种集代步、健身于一体的交通工具，自行车运动是一种最能改善人体心肺功能的耐力性有氧运动。在进行户外自行车运动时，首先要选择合适的自行车，骑车者可根据自己的爱好、所骑的地形、每次骑的距离，挑选适当的车种，目前自行车种类有山地车、公路车、折叠车等，而自行车车架的大小，一定要与自己的身高搭配。喜欢挑战速度、体力充沛的年轻人，可以选择公路车，它的时速可以达到很高，只是对路面有所要求。喜欢长距离多日骑行游玩的人，可以选择舒适的郊游车，并配备好货架及马鞍袋等。而山地车被大多数爱好者所接受，是因为它不受路况等限制，同时适合各种年龄段的人员使用。此外，应根据个人体力和路面状况控制好速度。郊外骑车一定要注意安全，学会保护自己，最好穿上一件颜色鲜艳亮丽的车衣车裤，戴好安全帽，以保证自身骑行时的安全。

当然，自行车运动并不限于户外的活动，也包括室内的功率自行车或动感单车，这是一种高效、理想的健身器材。锻炼者可以在蹬车前设计出锻炼的方案，在蹬车时车把上的显示屏可显示心率、速度、距离、时间、能耗等信息，锻炼者可及时调整运动强度，从而更加有效地进行有氧健身锻炼。开始锻炼时，先用小阻力，每分钟蹬 60~70 次，连续 10min，心率达 110 次 /min 左右，每周 5 次。每 1~2 周可以增加阻力，调整强度，强度一般控制在最大心率 60%~70% 范围。年轻或体力好的，可达到最大心率 90%，连续 15min。随着阻力的不断增大，不仅锻炼了心肺功能，而且锻炼了腿部力量。

（五）爬楼梯

爬楼梯运动是近年来发展很快的一项有氧运动，它主要的运动部位是大腿。研究表明每天上下 6 楼 3 次，死亡率可下降 13%，每坚持 30 年可延长寿命 1 年。

爬楼梯运动属于较激烈的有氧锻炼方式，进行爬楼梯运动时首先要掌握爬楼梯的技术要领。爬楼梯时身子一定要略微前俯，随着手的摆动而跨步，从而能够增强下肢肌肉和韧带的力量，保持下肢关节的灵活性，且能增强内脏功能。爬楼梯的过程中不要过快或过急，要根据个人体质来安排，开始时，应采取慢速，坚持一段时间后，可以逐步加快速度或延长时间，但是不能过于剧烈，否则会增加心肺负担。下楼时，为了防止膝关节承受压力增大，应前脚掌先着地，再过渡到全脚掌着地，以缓冲膝关节的压力。爬楼梯后可对膝关节局部按摩，平时最好常做下蹲、起立及静力半蹲等练习，使膝关节得到充分的运动，防止其僵硬强直。此外，爬楼梯时要结合自身的体力情况，控制好运动强度。对于青少年或体力好的中年人，不仅可以爬楼梯，还可加大强度，采用跑、跳楼梯，每步两个台阶一起上的锻炼方法，每次可持续 30min 以上；中老年人有不同程度的骨质疏松，尤其是某些身体过于肥胖的人，爬楼梯对膝关节的压力更大，可以缓慢上楼或扶着栏杆上楼，并把握好速度与持续时间的关系。开始时，应采取慢速，坚持一段时间，可以逐步加快速度或延长时间，但是不能过于剧烈，否则会增加心肺负担。在爬楼梯的过程中发现不适，应立即停止锻炼。特别需要注意的是，膝盖有陈旧性损伤的人，尽可能不要进行爬楼梯的锻炼。

爬楼梯运动能增加体力，加强下半身肌肉能力，既可以健身，又能实现减肥，很适合忙碌的城市上班族每天就近练习。但是也并不是适合所有人练习。首先是孕妇，因为爬楼梯时会增加腰椎的压力，另外爬楼梯时会收缩腹部，增加腹压，容易对自己身体造成损伤，同时给胎儿造成压力；其次是有骨质疏松的老年人，体力不行，存在安全隐患；另外是膝盖有陈旧性损伤的人，尽可能不要进行爬楼梯的锻炼。在爬楼梯的过程中发现不适，应立即停止锻炼。

第三节　抗　阻　运　动

力量素质是人体重要的健康体适能之一。力量来源于肌肉,是肌肉在收缩或舒张时所表现出来的一种能力,或者说是肌肉抵抗阻力的能力。肌肉力量是维持人体基本活动能力和健康的保障,人体所有的生活、生产和运动活动几乎都是对抗阻力而产生的。肌肉力量根据肌肉的收缩形式,可分为静力性力量和动力性力量两种形式;如依据完成不同运动所需力量素质要求,可将力量素质分为最大力量、速度力量和力量耐力。力量素质可通过一定的力量训练使肌肉得到锻炼,达到提高力量素质,增强体质,促进健康的目的。在众多的力量训练方法中,抗阻训练是人体增强力量的最好方法,因为克服阻力、抵抗阻力是人体使用力量的主要方式,而人体作为完整的系统来运动,获取力量的模式应该与使用力量的模式相同。

一、抗阻训练及其肌肉收缩方式

抗阻训练是完全依靠自身力量并克服一定负荷或外界阻力的运动,是增强肌肉力量和肌肉耐力的主要手段。其目的是训练人体的肌肉力量、灵敏素质,平衡能力以及协调能力。阻力训练可使骨骼肌产生生理性适应,如影响骨骼肌的形态和功能。抗阻训练强度不同,机体产生的训练效果也不同。需根据不同的健身需求选择不同的训练强度。研究发现,抗阻训练能延缓肌肉老化,改善速度、平衡性、协调性、弹跳力、柔韧性及其他运动方面的素质,提高基础代谢率,促进能量消耗,减少身体脂肪堆积,从而有效地预防和减少随年龄增长而出现的易于摔倒和骨折等现象。适当的抗阻训练对青少年肌力、肌耐力、骨密度、最大摄氧量、心肺耐力和爆发力有显著提高。抗阻训练的阻力可来自自身或他人的重力,或是杠铃、哑铃、弹簧、弹力带等器械。

抗阻训练中产生的肌肉收缩形式包括等长收缩、向心收缩和离心收缩。等长收缩是指肌肉收缩过程中肌肉长度不变。有时肌肉在一次收缩过程中会产生"粘滞点",这时动作会产生短暂的停顿。向心收缩是指在肌肉收缩时,肌肉长度缩短的收缩形式。例如,在进行哑铃弯举练习时,当肱二头肌将哑铃移向肩膀,肌肉的收缩就是向心收缩,肌肉在向心收缩期间的运动也称为主动运动。离心收缩是指肌肉张力增大,但长度被拉长的肌肉动作。仍以肱二头肌弯举为例,在开始下放哑铃阶段,肱二头肌的离心动作会控制哑铃下降,此时肱二头肌仍然存在张力。离心收缩与向心收缩的不同之处在于,离心收缩是肌纤维被慢慢地拉长,以控制下放哑铃的速率,因此,离心收缩又被称为被动运动,原因在于它的运动方向与向心收缩(主动运动)的方向相反。离心运动(被拉长)是造成抗阻训练时肌肉酸痛的主要原因,而不是向心运动(缩短)。

二、抗阻训练的动作分析和基本技术

抗阻训练是利用阻力给肌肉造成负荷或压力以锻炼肌肉或者增强肌肉耐力的行为,在抗阻训练中可使用多种抗阻训练器械、自由重量(杠铃、哑铃等)、弹力绳、自身重量进行练习。因此,在进行抗阻训练时,要学会如何为每一部位的肌肉选择一种训练方法以及掌握正确的动作技术,以达到健康和体适能收益最大化、运动损伤发生最小化的目的。

（一）抗阻训练的动作分析

采用抗阻训练进行健身的过程中,无论是采用自由重量还是组合器械训练,清楚了解动作原理是非常重要的。因此,动作分析是每个抗阻训练者必须掌握的。在进行抗阻训练时,首先要明确目标肌肉,也就是说,应确切地知道要锻炼哪个部位的肌肉。对于人体主要部位的肌肉,应该明确地知道它的位置、起止点和功能,这样才能对抗阻训练动作进行分析。动作分析的主要内容是分析完成动作的人体各环节的运动状况及其相互关系,包括参与活动的骨、关节和肌肉的运动规律。通过动作分析,可以判断所设计的某个抗阻训练动作是否可以锻炼到预定的目标肌肉。

动作分析可分为三大步骤。第一步是明确参与完成动作的身体主要环节及相应的关节,还要明确阻力方向。第二步是划分动作阶段,一般是根据环节运动方向的改变进行动作阶段的划分,这主要是针对动力性运动。分析静力性姿势时无需划分阶段,直接分析参与工作的各环节的具体运动状况即可。第三步是分析各阶段各环节的运动状况,这是动作分析的重点。首先要分析在各阶段各环节相应的关节运动,然后通过各阶段环节运动方向与阻力作用方向的关系,分析环节受力情况,找到环节运动的原动肌,从而确定训练动作的正确性和有效性。

下面以杠铃平板卧推动作为例进行动作分析。

1. 进行杠铃平板卧推动作时,头、脊柱和下肢各环节均保持一定的静态姿势,主要是上肢各环节的运动。参与运动的主要关节为肩关节、肘关节,阻力的方向是向下的。杠铃平板卧推动作可划分为下降(向下)、推起(向上)两个阶段。

2. 在杠铃平板卧推动作下降(向下)阶段,关节的运动为肩关节水平伸、肘关节屈;环节运动方向向下,与阻力方向一致,肌力矩小于阻力矩。由此可确定原动肌为胸大肌、三角肌前束、肱三头肌等,肌肉收缩方式为离心收缩。

3. 在杠铃平板卧推动作推起(向上)阶段,关节的运动为肩关节水平屈、肘关节伸;环节运动方向向上,与阻力方向相反,肌力矩大于阻力矩。由此可确定原动肌为胸大肌、三角肌前束、肱三头肌等,肌肉收缩方式为向心收缩。

通过以上动作分析,可以确定杠铃平板卧推动作能够锻炼胸大肌、三角肌前束、肱三头肌等。

（二）抗阻练习的基本技术

抗阻训练动作包括预备动作和基本动作两部分。预备动作是对目标肌肉锻炼前所作的准备,即做好预备姿势。在预备动作阶段,要使身体各部位所处的位置是合理的,保持正确的身体姿态,并保持身体的稳定。基本动作是对目标肌肉进行有效锻炼的动作。基本动作阶段包括目标肌肉向心收缩和离心收缩两个过程,在这两个过程中需要注意的是动作的方向、幅度、速度和呼吸四个方面的技术要点。

1. **身体姿态**　抗阻训练中主要有站姿、坐姿和卧姿3种身体姿态。

（1）站姿训练与站距:抗阻训练可采用站姿,即用站立的姿态训练。站姿训练还可分为两种:一种是直立的姿势,如杠铃直立划船;另一种是俯身的姿势,如杠铃俯身划船。

站姿训练时,两脚的站立方式一般分为两种:一是两脚左右分开,如哑铃直立弯举;二是两脚前后分开,如哑铃弓步下蹲。在做杠铃直立推举练习时,初学者为了保证身体稳定也可采用两脚前后分开的方式。

站姿时两脚之间的距离称为站距,站距可根据训练动作需要与髋部、肩部同宽或略宽于肩,或者更宽。在做哑铃直立弯举时的站距一般与髋部同宽;在做哑铃弓步下蹲练习时,两脚左右分开的距离与髋部同宽,前后分开的距离比较大,以保证下蹲时前面的腿屈膝时膝关节不超过脚尖。

在直立站姿训练(如杠铃直立弯举)时,两脚要全脚掌着地,双膝微屈,不要过伸,躯干要保持稳定,即保持收腹(骨盆水平位)、挺胸(两肩胛骨后缩、下降)的姿态。头部与躯干要保持在一条直线上,下颌微收。

在俯身站姿训练(如杠铃俯身划船)时,两脚要全脚掌着地,双膝微屈,不要过伸,躯干要保持稳定,即保持收腹、挺胸的姿态。头部与躯干要保持在一条直线上,下颌微收。躯干与水平面的夹角大约为30°~40°,不要弓背,以避免腰部受伤。

（2）坐姿训练:坐姿训练凳一般分为有靠背和无靠背两种。器械上的训练凳同样也分为有靠背和无靠背两种。

在有靠背的训练凳上进行坐姿训练时,两脚要自然分开,全脚掌着地,背部、臀部紧贴在训练凳上,收腹、挺胸、下颌微收,头部与躯干要保持在一条直线上,保证训练时身体的稳定。

在无靠背的训练凳上进行坐姿训练时,两脚要自然分开,全脚掌着地,背部挺直,收腹、挺胸、下颌微收,头部与躯干要保持在一条直线上,保证训练时身体的稳定。

(3)卧姿训练:卧姿训练可分为仰卧训练、俯卧训练、侧卧训练。

仰卧训练,即面部、身体前面朝上的卧姿训练,如卧推,两脚要自然分开,全脚掌着地,头后部、上背部、臀部在训练凳上,收腹、挺胸、下颌微收,头部与躯干要保持在一条直线上,保证训练时身体的稳定。再如仰卧卷腹练习时下背部不要离开垫子。

俯卧训练,即面部、身体前面朝下的卧姿训练,如俯卧挺身,练习时腹部不要离开垫子。

侧卧训练,即面部、身体前面朝向侧面的卧姿训练,如侧卧卷腹,练习时侧腹部不要离开垫子。

2. 器械握法　握法是抗阻训练时,两手持握器械把手、杠铃和哑铃的方法。

(1)握法:在抗阻训练中经常用到正握、反握、正反握和对握等握法。

1)正握:前臂内旋的握法,如杠铃卧推时使用的就是正握的方法。

2)反握:前臂外旋的握法,如杠铃弯举时一般使用的就是反握的方法。

3)正反握:一手正握,一手反握的握法,这种握法在进行较大重量硬拉练习和杠铃练习的保护时经常使用。

4)对握:两手掌心相对的握法,如哑铃锤式弯举时使用的就是对握的方法。

在以上握法中,拇指都要压在示指和中指上,因为这种握法稳固且安全。

(2)握距:握距是指在抗阻训练时,持握器械把手、杠铃或哑铃的两手之间的距离,通常分为窄握、中握和宽握3种。一般来说,两手之间的距离同肩宽或窄于肩宽为窄握距;两手之间的距离比肩宽长10~20cm为中握距;当两手之间的距离比肩宽长20cm以上为宽握距。

3. 动作方向　动作方向就是抗阻训练时肢体的运动方向,包括目标肌肉向心收缩和离心收缩时两个相反的动作方向。目标肌肉向心收缩时,动作方向与阻力方向相反;目标肌肉离心收缩时,动作方向与阻力方向相同。如杠铃直立弯举时,目标肌肉肱二头肌向心收缩,前臂在肘关节处屈,向上运动,与向下的阻力方向相反;目标肌肉肱二头肌离心收缩,前臂在肘关节处伸,向下运动,与向下的阻力方向相同。

4. 动作速度　动作速度是指抗阻训练时,目标肌肉向心收缩和离心收缩的时间。为了不使用惯性的力量和避免受伤,练习时目标肌肉向心收缩和离心收缩的时间一般都是2~4s,也可以向心收缩稍快些(2~3s),离心收缩稍慢些(3~4s)。

5. 动作幅度与安全要点　动作幅度就是抗阻训练时肢体关节的运动幅度,包括目标肌肉向心收缩时的动作幅度和目标肌肉离心收缩时的动作幅度。安全要点是训练时为了避免肌肉和关节受伤的安全注意事项。如杠铃直立弯举时,上臂在躯干两侧保持不动,目标肌肉肱二头肌向心收缩,前臂在肘关节处屈的幅度是到肱二头肌完全收缩,停止向上运动;目标肌肉肱二头肌离心收缩,前臂在肘关节处伸的幅度是到肘关节伸直或微屈。杠铃直立弯举的安全要点是:前臂在肘关节处伸的幅度要求是不要过伸,以避免肘关节压力过大而受伤;在锻炼过程中,躯干不要有大幅度的摆动,以避免腰部压力过大而受伤。

6. 呼吸方法　抗阻训练时正确的呼吸方法是:在用力阶段呼气,在还原阶段吸气,即目标肌肉做向心收缩时呼气,做离心收缩时吸气。锻炼者如没有掌握正确呼吸方法,往往会在用力时憋气。憋气会对人体产生负面作用,对身体造成危害。憋气时压迫胸腔,使胸内压上升,造成静脉血回心受阻,进而心脏充盈不充分,输出量锐减,血压大幅下降,导致心肌、脑细胞及视网膜供血不全,会产生头晕、恶心、耳鸣和眼黑等感觉,影响和干扰运动的正常进行。憋气结束,出现反射性的深呼吸,造成胸内压了骤减,原来留于静脉的血液迅速回心,冲击心肌并使心肌过度伸展,心输出量大增,血压也骤升,这对心力储备差者十分不利。特别是儿童的心脏因承受能力低而易使心肌过度伸展导致松弛,对老年人来说血管弹性差、脆性大易导致心、脑、眼等部位的血管破损,带来严重不良后果。

7. 腰部保护带的使用方法　在抗阻训练时使用腰部保护带,可以增加腹腔内的压力,使腰部的稳定性增强,减小较大负荷给脊柱施加的压力,从而减少腰部受伤的机会,有利于保护腰部。但应有选择地使用保护带,而不是所有抗阻训练时都使用保护带。一般在两种情况下使用腰部保护带,一是锻炼者进行腰背部负荷较大的站姿抗阻训练时,如杠铃硬拉、杠铃直膝硬拉、杠铃下蹲、杠铃直立推举;二是锻炼者使用最大重量或接近最大重量的训练强度时。当然,如果锻炼者腰部有伤病,可以根据个人特殊情况需要在站姿抗阻训练时使用腰部保护带,否则,不必使用保护带。

三、身体主要部位肌肉抗阻训练动作方法

抗阻训练动作技术的正确与否,关系到锻炼的安全性和有效性。身体不同部位肌肉抗阻训练的动作技术方法不同,下面主要介绍胸部、背部、肩部、上臂、腿部、核心区等不同部位肌肉抗阻训练的执行步骤,并介绍动作练习时的训练负荷方法。

（一）胸部肌肉练习动作

在抗阻训练中最受欢迎的是胸部肌肉或胸肌(胸大肌、胸小肌)的运动,经过锻炼可以将这些肌肉塑造成一个更完美的上身。胸部肌肉抗阻训练如使用自由重量,动作方法可以选择卧推或哑铃飞鸟;如使用固定轨迹组合器械,可以选择坐姿夹胸和坐姿推胸。下面主要介绍自由重量卧推和坐姿夹胸两种抗阻训练方法。

1. 自由重量卧推　自由重量卧推涉及杠铃杆和卧推凳、卧推架的使用,首先坐在卧推凳的一端,背部对着卧推架,躺下后,调整姿势,臀部、肩膀和头部牢牢地靠在卧推架上,然后双腿分开并将双脚平放在地板上,与肩同宽。从这个姿势开始,身体向卧推架挪动,直到眼睛在卧推架前边缘(杠铃杆的正下方)。当杠铃杆放置在卧推架上时,双手正握杠铃杆,一个合适的杠铃杆握距应该是杠铃杆碰到胸部时,前臂与地面垂直。不同的握距刺激肌肉的重点不同,比肩略窄锻炼中部胸大肌和肱三头肌,与肩同宽锻炼整个胸肌,比肩稍宽锻炼胸肌外侧,再宽的话就是侧重锻炼三角肌后束。在训练时,建议采用宽握距,这样可以使胸大肌获得充分伸展和彻底收缩。

以上姿势准备后示意练习者,从杠铃架上推起杠铃杆到肘关节伸展姿势,手腕在肘部的正上方。在肘部完全伸展后停顿,之后缓慢下降杠铃杆到胸部位置。这时要求杠铃杆应该靠近胸部大约1～2cm的距离或碰到乳头区域,在进行这个动作中要注意呼吸的方式是吸气。当杠铃杆碰到胸部以后,慢慢垂直向上推起到肘关节完全伸直姿势,如果肘关节不能均匀伸展(一高一低),那么目光和意识要集中在滞后的手臂上。当杠铃杆上升到一半出现黏滞点时呼气,不要让手腕过度伸展(压腕),专注于手腕保持直立的姿势。

在整个练习中,保持头、肩膀和臀部接触卧推凳,双脚平放在地板上。完成最后一组时,要提示保护者,保护者帮助把杠铃杆放回到卧推架上,在松开杠铃杆前要确保杠铃杆已经在卧推架上放置好。

2. 坐姿夹胸　坐姿夹胸也称坐位飞鸟,在胸部塑型练习初期,它是一个较好的动作选择。练习时,首先选择合适的重量,坐在器械上调到合适的高度,并要求双手握住器械手柄后双臂与地面平行,摆正身体,上背部和头部紧贴背垫,腰腹部收紧,保持身体的稳定,眼睛平视,双手握住器械手柄,肘关节稍屈。开始动作时,先吸气,感觉胸部用力,将器械由身体两侧向身体前方的中间位置夹紧,同时呼气,当两手距离为1～2cm的时保持这个姿势停顿1s,然后用2s的时间还原动作,两臂完全展开成一条直线的时候,再次用力,注意双臂展开以后,双臂的肘关节也要保持稍弯的状态。继续练习直到完成该组的次数。

要注意的是,动作开始以后要使肌肉始终保持在紧张的状态才会产生效果。在动作还原的

时候，不要完全放松，也就是不要将重量放回到原点。同时，在整个练习过程中，需要集中注意力，尽量将动作有意放慢些做，这样目标肌肉的感觉会更加明显。

（二）背部肌肉练习动作

使用自由重量的俯身划船、使用器械练习的器械划船、坐姿划船、背阔肌下拉、助力器械引体向上、引体向上、训练凳挺身等都是锻炼上背部肌肉的常用方法。这些方法除了锻炼菱形肌、斜方肌、背阔肌和大圆肌外，也有助于锻炼肩部后侧的三角肌、冈下肌、小圆肌以及上臂（肱二头肌）和前臂（肱桡肌）的肌群。如果使用自由重量训练，可选择俯身划船练习，如使用复合功能或单一功能器械，则选择器械划船、坐姿划船训练。

1. **引体向上**　引体向上是利用自身体重对抗进行的一种抗阻训练方法，是一个非常好的背部肌肉的锻炼方式。引体向上的种类很多，大致可以分为颈前颈后，正手反手，宽握窄握等。不同的方法对于锻炼背部肌群的侧重点不一样。宽握引体向上主要锻炼背阔肌上侧、外侧两部分，有效增加背阔肌的宽度；窄握引体向上主要锻炼背阔肌下侧，有利于增加背阔肌的厚度。正手引体向上对于背阔肌刺激更明显；反手引体向上除了背部刺激以外，对肱二头肌刺激更为明显。颈前引体向上是自然地依靠背阔肌发力的上升过程，自始至终身体都与地面是垂直状态；颈后引体向上是指引体向上时把杠放在颈后，这样会导致肩部活动不能处于自然的状态，也可使运动目标肌群发生混乱，因此不主张使用。

引体向上的基本动作就是双手握住单杠，动用手臂和背部力量，将身体缓慢拉起，当拉起到下巴要超过单杠时，稍作停顿下降，下降阶段要下放到手臂保持微微弯曲，之后重复以上动作。在进行引体向上锻炼时要保持左右身体平衡，避免倾向一边，否则会造成左右身材和力量差距加大。此外，引体向上下落时要注意用背部和手臂力量控制缓慢下降，而不可以放松肌肉使身体自由降落，这样不仅损失了一半的训练效果，还容易拉伤手腕和肩膀。此外，在拉起时不要图快，要注意感受背部的发力。引体向上是锻炼背部肌肉的运动，如果只是用手臂发力，那就起不到锻炼的目的。在引体向上中要感觉背部有明显的收缩感，同时小臂和上臂前侧有紧绷感，拉起时可以挺胸，用胸部向上撞向单杠，这样才能利用到背部力量。

2. **俯身划船**　俯身划船被认为是锻炼背部的最好练习方法之一，其动作要领如下：准备时要求两脚分开与肩同宽，俯身，肩部比髋部略高，躯干与地面的夹角为10°~30°。这时背部要平直，腹部肌肉收缩，肘关节伸直，膝关节微微弯曲，眼睛看着杠铃杆前大约61cm的地板处，双手分开，距离比肩宽10~15cm即可，手掌使用正握杠铃杆，拇指环绕杠铃杆。

运动时慢慢垂直上拉杠铃杆。在上升过程中，用缓慢、可控的方式上拉杠铃杆，直到杠铃杆触碰到胸部靠近乳头的位置（女性在乳房下方），要求当杠铃杆快接近胸部时呼气，并在整个运动过程中躯干保持刚性，不要上下移动或颤抖。之后当杠铃杆碰到胸部时，在开始下降前停顿片刻后，吸气，并垂直缓慢地下降杠铃杆到起始位置，但要注意不让杠铃片碰到地板或从地板上反弹。还有在向上和向下过程中一定要确保膝关节略微弯曲，以避免承受过多的压力继续重复上升和下降运动，直到组数完成为止。

3. **坐姿划船**　坐姿划船也是锻炼背部肌肉的方法之一，其动作相对比较简单。准备动作相对容易掌握，主要有两个要点：第一是根据自己的身高确定坐的位置要求在做低滑轮配置的坐姿划船时，应保持膝关节略微弯曲，双脚放在支撑踏板上，保持躯干直立，下背部与腹部肌群收缩；第二是闭握握柄，掌心相对，在这个位置恰好手握握把时手位置的水平面不超过脚尖，然后保持双肘完全伸展。

起始动作时，要注意上半身与水平面的角度，以腰椎为轴，从准备动作开始脚部支点发力、背部发力向后达到身体稍后倾的角度，此时，大腿腰部核心肌群维持这个动作，并且背部和臂部已经开始受力。从起始动作到拉背动作是整个坐姿划船最重要的部分。首先深吸一口气，将胸腔内压增加，胸部挺起，这样完成动作时会尽量增加后背做功的稳定性。接着将双肩后伸，肩胛骨内收,顺势臂部向后缓慢、平稳地拉动把柄到腹部位置,当把柄靠近腹部时呼吸,整个过程双肘要夹紧身侧并且在极点时尽量向背部内收,到达动作顶峰时保持 2s 左右,之后吸气回到起始姿势。继续重复向前和向后拉的动作,直到完成该组次数。

（三）肩部肌肉练习动作

肩部肌肉群是人体一块小肌肉群,肩部肌肉群大致可分为三角肌前束、三角肌中束和三角肌后束,使用自由重量、滑轮或凸轮器械的过顶推举对于锻炼肩部肌肉是非常有效的。此外,也可锻炼上臂的后侧(肱三头肌)。这些锻炼有助于肩关节的稳定和帮助平衡胸部、颈部和上背部的肌肉力量。

1. **站立推举**　自由重量站立推举被认为是良好的肩部运动之一。准备训练时要先将杠铃杆放在深蹲架上或放置在肩部高度的支撑架上。一旦加载了合适的重量后,正握抓握杠铃杆,双手握距略比肩宽或与肩同宽,同时肘关节在杠铃杆之下,腕关节应该微微过伸。杠铃杆应在肩部、锁骨、双手中支撑准备。

运动时从肩上以缓慢到中等速度竖直向上推起杠铃杆,直到肘关节完全伸展,在上升过程中经过黏滞点时呼气,在举到顶部处停顿片刻,接着缓慢降低杠铃杆返到起始姿势并吸气,此时不要让杠铃杆在上胸部或肩前部反弹。最后一次重复后,把杠铃杆放到架子上。需要注意的是在向上和向下运动时,当杠铃杆达到下颌高度时,需要将头略微向后移动。另外,在运动过程中保持头部中立位,避免脊柱过度伸展或向后倾斜,尤其是在向上运动阶段。

2. **坐姿推举**　坐姿推举需借助多功能或单一功能组合器械进行。开始时在器械座椅坐直,使肩部前侧在握柄的正下方,闭握双杆,双手略比肩宽,双脚平放在地板上。

运动时,向上推举握柄直到肘关节完全伸直,在整个运动过程中肩部在握柄正下方,并保持身体直立,要求在上升运动时呼气。短暂停顿后,吸气慢慢地回到起始姿势。继续重复做向上和向下动作,直到完成该组次数。

3. **站立划船**　站立划船动作借助杠铃杆进行,是一个综合性的动作,肩部肌肉都可以练到,但主要是练习三角肌的前束和中束。

起始动作时要求双腿自然站立,并与肩宽,躯干直立,采用正握姿势抓杠铃杆,双手握的距离间隔 15～20cm,或与肩部,肘关节完全伸展,将杠铃杆放置在大腿高度。运动时沿着腹部和胸部方向向上提拉杠铃杆,保持肘关节外展并高于手腕高度,向上拉杠铃杆直到肘部与肩部同高,当杠铃杆快到肩部时呼气,然后在运动的顶端位置停顿 2s。当杠铃杆平稳下降到起始位置时呼吸。在开始下一次重复运动前在最低位置停顿,然后继续重复做向上和向下运动,直到完成该组次数。

（四）上臂肌肉练习动作

锻炼上臂前侧肌群的理想动作有自由重量的肱二头肌弯举或哑铃交替弯举、凸轮器械上的坐姿弯举、复合功能或单一功能器械上的肱二头肌弯举;锻炼上臂后侧肌群的理想动作有自由重量坐姿肱三头肌伸展、仰卧肱三头肌伸展、凸轮器械上的肱三伸展、复合功能或单一功能器械上的肱三头肌下压等。以下重点介绍肱二头肌弯举和肱三头肌伸展两个动作。

1. **肱二头肌弯举**　锻炼肱二头肌时,使用杠铃杆弯举训练是基本的方法。起始动作从握杆开始,采用反握杠铃杆,要求双手与肩宽。如果握距较窄,那么肱二头肌外侧头锻炼较多;如果握距较宽,内侧头则得到更多锻炼。保持躯干竖直,头部保持中立位,目视前方,保持上臂紧贴身体两侧,肘部伸直,并让杠铃杆放置在大腿前侧。

在开始上升运动阶段时,手臂以肘部为轴向上平稳弯曲,将杠铃举起,保持肘部贴着身体,不要晃动、摆动或颤动身体,当杠铃杆靠近肩部时开始呼气,弯举杠铃杆达到肩部位置后,吸气时慢慢下降使杠铃杆回到起始位置,这时肘关节应该完全伸展,在进行下次向上弯曲重复运动前,要稍加停顿。注意如果杠铃杆重量大,可在动作快结束时,身体可以稍稍用力帮助做动作,但是不能让身体用力太多。

2. 肱三头肌伸展　这个动作需在凸轮器械上进行。首先坐在凸轮器械上，后背抵在后背靠垫上，胸部抵在胸部靠垫上。调整座椅，使肘部低于肩部，双脚平放在地板上，要求肘部要与凸轮同轴共线。接着调整上臂位置，使双臂平放在支撑垫上，互相平行，用闭握中立位（拳心朝上）握柄。

从这个位置姿势开始，双手下推直到肘关节伸直，保持上臂抵在支撑垫上，肘部指向前方，通过黏滞点时呼气，然后在肘部伸展位短暂停顿，接着吸气慢慢地回到起始位置。继续做上升和下降运动，直到完成该组次数。

（五）腿部练习动作

腿部作为身体的大肌群，在身体的整个运行环节起到了至关重要的作用，与跑、跳、快速启动和迅速制动有关，也负责横向、倒向、推、拉、旋转和踢的动作。在大多数的动作中，腿部肌肉也起着稳定上半身的作用。因此，锻炼腿部肌肉具有重要作用。下面主要介绍箭步蹲多关节运动动作和坐姿伸膝单关节运动动作。

1. 箭步蹲（自由重量）　箭步蹲运动是一项比较难的运动，这项运动对平衡性要求较高。首先尝试用自重箭步蹲来锻炼所需的平衡性。当能轻松做好向前和向后运动并保持平衡时，开始使用哑铃（一手一个），最终发展为使用杠铃，这里介绍杠铃箭步蹲动作。

起始姿势为两脚分开站立与肩同宽，目视前方，抬头，肩胛骨后收，挺胸，直背。接着吸气，以可控的方式用惯用腿向前迈步，保持身体直立，注意不要跨得太小或太大，在跨步结束时停顿。一旦跨步站稳，降低臀部，直到前侧腿大腿与地面平行，保持膝关节在踝关节的正上方，适度弯曲后退膝关节，但不要太接近地面，在最低位置停顿。然后前腿蹬地发力回到起始位置，呼气，保持身体直立，在另一条腿向前跨步之前停顿，继续交替用另一腿练习直到这组运动完成。

2. 坐姿伸膝　当训练需要增加大腿运动强度时，可考虑添加一个或更多附加练习，选择一种单关节动作来补充多关节运动，坐姿伸膝就是其中一种，它需要在凸轮器械上进行。

起始时，在凸轮器械的座椅上坐好，踝关节放在脚垫后面，脚面紧贴脚踝垫，坐直，后背靠在背垫上，头抬起，眼睛向前看，握着座椅边沿或握柄。运动时，全范围地缓慢伸展膝关节，当伸展膝关节至最高位置时短暂停顿并呼气。之后，吸气并缓慢回放至起始位置，在开始下个重复运动前短暂停顿。这个过程要求紧握座椅或握柄保持臀部接触座椅，同时，不允许在最后位置让配重片撞在一起。

（六）核心肌肉练习动作

核心肌肉一般分为躯干前部、躯干两侧和下背部三个区域，包括腹直肌、腹横肌、腹内外斜肌、竖脊肌。核心肌肉对支撑身体稳定，保护、支持身体活动起着重要的作用，因此，核心肌肉训练越来越受关注。核心肌肉的练习动作有扩展仰卧起坐、侧桥支撑、扭转卷腹、俯卧背起和坐姿收腹等，这里重点介绍扩展仰卧起坐、侧桥支撑和坐姿收腹三个动作。

1. 扩展仰卧起坐　扩展仰卧起坐运动需要一个大小适中的瑞士球。准备动作是平躺在一个瑞士球上，使腰靠在瑞士球的上端，双脚平放在地板上，大腿分开使两脚距离大约与髋同宽，保持大腿、髋部、下腹部基本与地面平行，双臂胸前交叉或双手抱头，但不能放在脖子上。

练习时，首先通过身体弯曲来抬高肩胛骨，使下巴卷曲到胸部位置，这时要呼气。这个运动要缓慢、可控地进行，不要借助头部、手臂或肩膀向前发力完成动作，在躯干最大屈曲位置时短暂停顿，同时确保双脚平放在地板上，而大腿和髋部保持不动。在顶部停顿后开始进行下降动作，边吸气身体边慢慢下降到起始位置，然后在最低位置停顿。在这个过程中，要保持紧贴瑞士球，双脚平放在地板上不动。继续做上升和下降运动，直到练习结束。

2. 侧桥支撑　在核心练习中有各种各样的桥类练习动作，如果对腹内外斜肌的力量有更高的要求，则应该练习侧桥支撑练习。准备动作是：右侧侧卧，使右前臂、右臀部和右腿接触地面，把左手放在左髋部上或头后,左腿放在右腿上,左脚放在右脚前的地面上。

练习时,把右脚鞋外侧和左脚鞋内侧作为固定支点,通过收缩核心肌肉,垂直抬高髋部,保持右鞋外缘和左鞋内侧边缘稳定支撑于地面,继续抬高,直到整个身体呈一条直线,并在抬起阶段中呼气。在最高位置短暂停顿后进入下降阶段,控制核心肌肉离心收缩,降低髋部和躯干回落到起始位置,在这个过程中吸气,在开始下一个重复动作前的最低位置停顿。完成一组练习后换侧进行,左侧侧卧,只使左前臂、左臀部和左腿接触地面。在每组运动中不断交替左侧和右侧进行练习。

3. 坐姿收腹　坐姿收腹是在凸轮器械上针对腹肌的一种核心训练。其准备姿势为首先身体坐直在凸轮器械的座位上,肩膀和上臂紧贴在胸垫上,调整座椅高度,使旋转轴处于躯干中部高度,脚踝放在辊垫后面,手臂交叉或握着手柄。练习时,呼气,身体前倾,然后通过收缩腹部肌肉向前下倾,要求保持双腿和手臂放松,不发力。在身体完全弯曲时停顿下来,然后吸气,慢慢回到起始位置。继续做向上和向下运动,直到完成该组练习。

第四节　伸 展 运 动

伸展运动或称拉伸运动,是指拉长肌肉、肌腱,也就是由特定动作来伸展身体肌肉与肌腱的运动,与人体柔韧性有着密切的联系。在运动锻炼中伸展运动不仅发展身体柔软度、促进健康,而且在训练或比赛准备活动和结束的放松活动中对预防运动损伤起有重要的作用。

一、伸展练习的分类

最常用的柔韧练习是伸展练习,也称拉伸练习。它包括冲击性伸展练习和静力性伸展练习。练习时可以主动完成,也可以在他人帮助下被动完成。此外还有本体感觉神经肌肉易化法等。

（一）冲击性伸展练习

冲击性伸展练习是最早也是最常用的增强柔韧性的练习方法。这种练习方法是通过反复的冲击动作牵拉肌肉,每一次冲击都会引起肌肉一次反射性收缩,冲击力量越大,反射性收缩的强度也越大。发射性收缩部分会抵消主动牵拉肌肉的力量,降低锻炼效果,且如果主动冲击力量过大,则可能会造成肌肉拉伤。

（二）静力性伸展练习

静力性伸展练习是指在练习时缓慢牵拉肌肉,当肌肉感到被牵拉时,停止继续拉长,坚持10~30s后,再放松。静力性伸展练习避免了牵张反射的副作用,具有效果明显、花费时间相对较短、可以独立进行、发生肌肉拉伤的概率低的优点。因此,静力性伸展练习为首选的柔韧练习方法。

（三）本体感觉神经肌肉易化法技术

本体感觉神经肌肉易化法(proprioceptive neuromuscular facilitation,PNF),它是通过刺激本体感受器(肌梭、腱梭等),促进和加速机体神经肌肉系统反应的一种方法。在运动前或运动时刺激本体感觉,使其作用于运动中枢,加强运动冲动,可使更多的前角细胞或运动功能单位兴奋,从而提高锻炼效果。

二、伸展练习动作分析与技术要点

进行伸展练习时要根据练习目标肌肉进行动作分析,确定伸展技术,并明确练习时注意事项。

（一）伸展练习动作分析

伸展练习动作分析是选择伸展练习的第一步。首先明确目标肌肉,根据目标肌肉的起止点、功能，分析某个伸展练习动作是否能够牵拉到目标肌肉，以保证伸展练习动作的正确性和有效性。例如要对股四头肌进行伸展练习，根据股四头肌使膝关节伸的功能，可以知道要使股四头肌受到牵拉必须使膝关节屈；又因为股直肌还跨过髋关节，具有使髋关节屈的功能，知道要使股四头肌受到充分牵拉就还要使髋关节伸。由此，可以明确股四头肌的伸展练习动作应该膝关节屈，同时髋关节伸。

（二）伸展练习技术要点

下面以腘绳肌的伸展练习为例介绍静力性伸展技术和 PNF 技术。腘绳肌的主要功能是使膝关节屈，同时腘绳肌中的股二头肌长投、半腱肌、半膜肌又有使髋关节伸的功能，因此要充分伸展腘绳肌就应该包含膝关节伸和髋关节屈两个关节运动。

1. 腘绳肌的静力性伸展练习动作技术　腘绳肌的静力性伸展练习有主动式和被动式伸展技术。

主动式伸展技术练习时，仰卧在地板上，左腿伸直，右腿抬起，膝关节弯曲，大腿与地面垂直，双手拉住右膝关节后部，然后大腿股四头肌收缩，使右膝伸直，但不要锁定。停顿保持 10～30s 后，慢慢回到起始位置。完成右腿抬起练习后换左腿重复以上动作进行。在每组运动中不断交替右腿和左腿进行练习。

被动式伸展技术练习时，让练习者仰卧在地板上，手臂放置于身体两侧，指导者位于伸展腿的同侧，单膝跪地，将练习者伸展腿置于自己肩部固定，使膝关节伸直但不锁定，双手放在练习者膝关节上部，将其小腿向上体方向推至垂直位置，停顿保持 10～30s 后，慢慢回到起始位置。在每组运动中不断交替右腿和左腿进行练习。

2. 腘绳肌的 PNF 伸展练习动作技术　练习者仰卧在地板上，手臂放置于身体两侧，指导者位于伸展腿的同侧，单膝跪地，将练习者伸展腿置于自己肩部固定，使膝关节伸直但不锁定，双手放在练习者膝关节上部，将其小腿向上体方向推到腘绳肌的最大伸直限度，被动静力性伸展 15～30s，然后让练习者收缩腘绳肌对抗施加的压力，做等长收缩；坚持 6s，放松 6s，再次向前下推，被动静力性伸展 15～30s，重复进行。

（三）伸展练习的注意事项

要达到最佳伸展练习效果，提高柔韧性，必须注意以下事项。首先在开始伸展练习前要做好热身活动，如慢跑，以预防损伤；起始位置时的姿势必须正确和稳定；伸展练习应按从大关节到小关节的顺序进行；练习时要保持呼吸自然顺畅，不要屏息；拉伸肌肉使之保持在中等强度，在这个强度下，也会有轻微的刺痛感，拉伸过度会使肌肉刺痛感加强。静力性伸展需要持续 10～30s 左右，一般不要超过 30s。

三、身体主要部位肌肉伸展练习动作方法

以下重点介绍上肢肌、躯干肌和下肢肌的伸展练习动作要领。

（一）上肢和下肢的伸展动作

1. 肩部伸展　手指互锁，双手抬到头上。下背部保持平直或稍微向内弯曲。可以采用坐姿或站姿进行。

2. 肱三头肌伸展　将左手置于头部后方，尽量向背部下方伸展。右手抓住左肘，缓慢拉动左肘向头后方下移。可以采用坐姿或站姿进行。换另一只手臂重复。

3. 胸部伸展　双手勾在一起，伸到背部后方。逐渐伸直双肘，在感觉舒适的范围内尽量向上抬高手臂。可以采用坐姿或站姿进行。

4. 下背部伸展　仰卧，右脚脚底贴在左大腿上。左手抓住右膝，柔和地拉着右膝向左转动。在使右肩保持紧贴地面的前提下，尽量使右膝靠近地面。

5. 股关节伸展（立姿）　直立，双脚分开，脚尖指向前方。弯曲右膝，逐渐使重心移向右腿。

左腿伸直。双手放在右膝上，以支撑上体。可加大起始动作中的双脚间距，以便加大伸展幅度。

6. **股关节伸展（坐姿）**　坐下，将双脚脚底贴在一起。双手抓住双踝，双肘靠在双膝上。利用双肘柔和地推动双膝下降，直到股关节有伸展感。

7. **股四头肌伸展**　直立，一只手抓住某个支撑物（比如一把椅子）以便保持平衡。另一只手抓住同侧脚踝，向上拉动这只脚，直到脚跟触到臀部。换另一条腿重复。

8. **股后肌群伸展**　坐下，双腿在身体前方伸展，背部保持平直、垂直。弯曲左腿，使左脚脚底紧贴地面。上体缓慢前倾，争取以双手触到右脚脚尖。上体自腰部前倾，下背部保持平直，不要低头。换另一条腿重复。

9. **小腿伸展**　面对墙站立，身体与墙相距一臂长，双脚与肩同宽。右脚移至左脚前方约60cm处。脚跟保持紧贴地面，右膝弯曲，使身体向着墙倾斜。左腿伸直。身体缓慢向着墙移动，加大伸展幅度。换另一条腿重复。

10. **跟腱伸展**　这个动作的步骤与上面的动作相同，但这次要使双膝弯曲，使得身体靠近墙。上体不能前倾，保持身体笔直下降，并使两脚脚跟保持紧贴地面。换另一条腿重复。

11. **髂腰肌**　右腿单膝跪地，左腿向前一步，双手放于膝关节上方，收腹，保持骨盆后倾或中立位，身体重心前移。牵拉时有牵拉感和微痛感。静立性伸展状态下15～30s。在这个过程中要求均匀呼吸，不憋气。

12. **臀大肌**　身体平躺于坐垫上，大腿与小腿呈90°，右腿放于左腿大腿之上，双手交叉放于左腿大腿后侧，向胸部方向做牵拉，收腹、挺胸、下颌微收，耳肩髋在同一直线。静立性伸展状态下15～30s。在这个过程中要求均匀呼吸，不憋气。

（二）躯干肌的伸展动作

1. **斜方肌**　面朝固定物站立，双手交叉扶住固定物，双脚位于双手正下方，向后方发力，低头，肩胛骨做充分前伸。牵拉时有牵拉感和微痛感。要求静立性伸展状态下15～30s。在这个过程中要求均匀呼吸，不憋气。

2. **背阔肌**　面朝固定物站立，双手交叉扶住固定物，双脚与双手一臂之宽，向后方发力，上半身与地面平行，腰背挺直，臀部后坐，身体与地面接近平行。牵拉时有牵拉感和微痛感。要求静立性伸展状态下15～30s。在这个过程中要求均匀呼吸，不憋气。

3. **竖脊肌**　面朝固定物站立，双手扶住固定物，双脚位于双手正下方，向后方发力，低头、弯腰、弓背、骨盆后倾，从侧面看呈C形。牵拉时有牵拉感和微痛感。静立性伸展状态下15～30s。在这个过程中要求均匀呼吸，不憋气。

4. **胸肌**

（1）保持身体站直，将右臂抬高，使右手的小臂抵着后脑勺，手能摸到左侧的肩胛骨，然后左手绕过头顶，用手用力扳平右臂的肘关节，使其垂直于身体，保持这个动作15～20s，然后再换到另一侧。

（2）保持身体站直，将一条手臂从胸前横过，保持平行于地面，然后另一只手的小臂用力固定住它的肘关节部位，然后向内挤压，保持横在胸前的手臂伸直，感受胸部和二头肌有明显的拉伸感，保持15～20s，再换到另一侧。

（3）找到一个固定的物体，一根柱子，或者墙壁的夹角部位都可以。将一条手臂尽量抬高，用大臂或者肘关节贴紧物体，身体发力向内挤压。这时候胸部会有明显的拉伸感，保持动作15～20s，然后换到另一侧，可以依次交替做2组。

（4）将手臂横在物体前，将肩部顶紧物体，使大臂保持水平，然后向内挤压，身体可以前倾，加大拉伸的幅度，保持15～20s，左右各做2组。

5. **腹肌**

（1）身体俯卧在地面或者平垫上，双腿双脚分开与肩同宽，身体伸直，保持均匀呼吸，双臂伸直，双手撑地慢慢向身体一方移动，直到感觉腹部有拉紧的感觉，保持呼吸，坚持 10s，慢慢放回原位。在拉伸的过程中，速度不宜过快，因为拉伸过程中也可能导致肌肉拉伤，在拉伸过程中和运动时一样一定要配合好均匀的呼吸，该运动主要拉伸腹直肌。

（2）身体站立，双腿双脚分开与肩同宽，上身保持挺直的状态，一侧手搭于同侧的腰部，另一侧手臂伸直，向搭腰部的一侧进行弯举保持均匀呼吸，感觉被拉伸的一侧腹斜肌完全拉紧，坚持 10s，慢慢回到原位，换另一侧的运动。同样，在拉伸的过程中速度不宜过快，防止拉伤，该运动主要拉伸腹斜肌。

（3）身体俯卧在地面或者平垫上，双腿双脚分开与肩同宽，身体伸直，保持均匀呼吸，双臂伸直，上半身保持自然放松状态，双手撑地向后移动，腿部弯曲直至臀部坐在踝部，全身放松，保持均匀呼吸，坚持 10s。该动作主要放松腹横肌和腰部。

（翁锡全）

思考题

1. 简述健康体适能的组成要素，并举例说明运动对健康体适能的促进作用。
2. 什么叫有氧运动？有氧运动有何特征？
3. 试述抗阻训练动作分析步骤，并说明抗阻训练的基本技术要点。
4. 举例叙述身体某一部位肌肉抗阻训练动作方法并演示动作。
5. 伸展运动分为哪些种类？试述伸展练习动作分析与技术要点。

第五章 | 健康运动的评估

 本章要点

1. **掌握** 健康运动评估的概念、健康状况评估和健康体适能评估的方法。
2. **熟悉** 健康运动评估的组成、健康运动评估的信息来源。
3. **了解** 健康运动评估的重要性、健康运动评估的相关基本理论。

第一节 健康运动的评估概述

一、健康运动评估的概念

（一）健康运动评估的定义

健康运动评估，是针对某种运动方式或运动方案作用于某一群体或个体的健康状况、生命质量以及危害或风险的量化评估。通过对运动与健康的科学性和可行性评估，论证该运动方式是否可以促进健康和提升生命质量，具体运动方案是否可以达到健康促进的预期目的，以决定是否采纳、沿用、完善或中止、废除、替换该运动方式或运动方案。

（二）健康运动评估的组成

根据评估目的和性质，健康运动评估分为运动风险评估和健康状况评估两类。

1. 运动风险评估 一般基于流行病调查统计，采取相关专业量表或生理指标监测进行风险预测，用于描述和评估某一个体未来由于运动而诱发的某种特定疾病或因为某种特定疾病导致死亡的可能性。

根据评估与运动的时间关系，将运动风险评估分为运动前风险评估、运动中风险评估以及运动后风险评估。

（1）运动前风险评估：运动前风险评估是对个人的健康状况及未来患病、死亡危险性的量化评估，目的在于估计特定时间发生的可能性，而不在于做出明确的诊断。主要包括健康史、自我健康筛查［体力活动准备问卷（PAR-Q），或 AHA、ACSM 健康、体适能机构修正的运动前筛查问卷］、CVD 危险因素评价和分级（通过有资质的健康、体适能、运动医学或健康管理专业人士进行）、体格检查和运动负荷测试（通过有资质的健康管理专业人士进行医学评价）等。

（2）运动中风险评估：运动中风险评估目的在于监测运动中风险，预防其发生。一般指标较少，较简单，但是其监测技术难度较高，目前常用的是无线电遥测技术（遥测心率）、可穿戴装备技术以及主观强度感受和客观观察等。由于人体承受运动负荷的能力具有可变性，所以在运动中通过主观感觉和客观生理指标相结合的方式进行监控较为适宜。

（3）运动后风险评估：运动后风险评估的目的是用于控制运动后功能恢复、疾病发生与长时间运动或周期运动的矛盾关系。对某些运动的健康风险是否有滞后效应，尤其是像目前参与度极高的马拉松运动，是否存在人体运动后的健康风险，如何进行其风险的评估与控制等，目前很少有人关注。

2. **健康状况评估**　主要包括健康史和健康水平评估。根据评估与运动的时间关系，将健康水平评估分为运动前健康水平评估、运动后健康水平评估。运动前健康水平评估是制定相应运动计划的依据，运动后健康水平评估与运动前健康水平评估进行比较分析，可以评价该运动的健康促进效应。

二、健康运动评估的意义与信息来源

（一）健康运动评估的意义

1. **预防和减少运动风险**　许多运动医学与生理学的研究均已证实，规律的运动有助于疾病预防和身体功能的提高。虽然"运动是良药"，但并不是所有的疾病均与运动有直接关系，况且运动也并不是万能药，还需营养和心理调控。既然是良药，就要有剂量，剂量不足或过大反而导致不健康的结局。可见，运动是把"双刃剑"。一方面，运动可以有效防止慢性病，促进身体健康；另一方面，科学性不足和不合理的运动达不到效果甚至带来负面影响。只有通过健康运动评估，才可以合理规避运动风险，及时中止和改善不良运动，保证运动的科学性和时效性。

2. **为制定个性化运动方案提供依据**　健康运动的三部曲是评估、干预、监测，其中健康运动评估是制定健康运动个性化运动方案的基础和关键。作为良药需要通过诊断来对症。只有通过了解和掌握健康运动评估的相关知识理论和基本方法，从个体的健康获益角度对某一运动的健康促进作用和水平进行评估，充分考虑个体的健康信息和特征，才能满足其个性化运动需求，早期预测风险或及时发现危害，防止运动不当导致的健康风险，并提出完善优化或选择放弃的评估建议，从而实现个性化、目标化、精准化的科学运动标准。

（二）健康运动评估的信息来源

健康运动的评估，首先要进行健康信息的获取，才能将描述性的数据或符号等健康信息进行综合分析和价值判断。信息获取的过程即测量，是评估的基础和依据。根据其来源途径不同，主要采用访谈法、检测法、文献法、问卷法等。

第二节　健康状况的评估

一、健康史的评估

健康史是指被评估者目前、过去健康状况及其影响因素的主观资料。根据健康运动评估的需求，主要包括一般资料、营养与代谢状况、休息与睡眠状况以及日常活动习惯等。健康史是采纳和选择运动干预方案的主要依据之一。

（一）一般资料

1. **一般项目**　主要包括姓名、性别、年龄、籍贯、民族、婚姻、职业、工作单位、家庭住址、通信地址、电话号码、入院日期、记录日期、病史陈述者及可靠程度等。若被评估者是亲属或其他人，则应注明其与被评估者的关系。记录年龄时应填写实际年龄。

2. **现病史**　它是健康史的主体部分，包括疾病的发生、发展、演变和诊治的全过程以及起病的情况、患病时间、主要症状特点、病因与诱因、病情发展与演变、伴随症状、诊治经过等。

3. **既往史**　它是指被评估者从出生起到这次发病为止的健康状况。包括既往健康状况和过去曾经患过的疾病，如外伤史、手术史以及住院经历等。因此，应记录既往患过疾病的时间、原因、手术名称、外伤诊疗经过及转归情况等；特别是与现病史有密切关系的疾病。

4. **个人史** 它主要包括社会经历、职业及生活与工作条件等。

（二）营养与代谢状况

包括被评估者的营养状况、饮食搭配及摄入情况，食欲、饮水以及吞咽情况；有无饮食限制，饮食种类（软食、半流质、流质等），近期体重有无改变；大小便习惯、次数等。

（三）休息与睡眠状况

包括被评估者的睡眠状况，是否需要安眠药等辅助睡眠措施，休息后体力是否容易恢复等。

（四）日常活动习惯

包括自理能力（进食、洗漱、洗澡、穿衣、如厕等）、功能水平与运动习惯。通常日常生活自理能力分为三个等级：完全自理、部分自理、完全不能自理。

二、健康水平的评估

根据 WHO 最新的四维健康概念，将健康水平评估内容分为生理健康评估、心理健康评估、社会健康评估、道德健康评估等等。

（一）生理健康评估

生理健康评估一般通过检测与健康密切相关的生理指标进行，主要评估运动系统、消化系统、呼吸系统、泌尿系统、循环系统、感官系统、神经系统、内分泌系统等生理功能，评估其是否能够保障机体精力旺盛、敏捷、不感觉过分疲劳地从事日常活动，保持乐观、蓬勃向上以及具有应激能力。

常用的生理健康评估体系有健康体适能和体质健康两大评估体系，本章第三节重点介绍健康体适能评估体系。

（二）心理健康评估

心理健康评估主要采取观察、调查、心理测验和实验等方法和工具获得信息，对个体的心理健康状态和健康行为等做全面、系统和深入的客观描述、分类、鉴别与诊断的过程。心理健康评估主要评估个体在社交、生产、生活上能否与其他人保持较好的沟通或配合，评估其是否具有良好的个性心理特质和稳定的情绪表现，能否良好地处理生活中发生的各种情况。

心理健康评估最常用的方法是检测法，是指在标准情境下，采集个体具有代表性的行为样本进行分析、描述和解释的一种方法。观察法是心理健康评估的最基本方法之一，观察者运用感觉器官对被观察者的可观察行为（如表情、动作、言语、服饰、身体姿势等）进行有目的、有计划地观察和记录并根据观察结果做出评估。而心理健康测量量表是最普及的方法，主要量表有 SCL-90 症状自评量表、焦虑自评量表、抑郁状态量表、简明精神病量表、康奈尔医学指数、社会功能缺陷评定量表等。

（三）社会健康评估

社会健康评估是对一个人为了在社会更好生存而进行的心理上、生理上以及行为上的各种适应性的改变能力和执行能力的评估，主要包括社交能力、处事能力、人际关系能力等方面的评估。社会健康评估主要评估一个人是否具有良好的人际关系和实现社会角色的能力，是否知道如何帮助他人和向他人求助，是否能聆听他人意见、表达自己的思想，是否用负责任的态度行事并能在社会中找到自己合适的位置。

社会健康评估的主要评估方法包括：访谈法、实验法、社会测量法、问卷调查法等。其中较常用的是社会测量法和问卷调查法。问卷调查法的常用量表有适应行为量表（AAMD-ABS）、卡尔特16种人格因素量表（16PF）、陈建文《中学生社会适应性量表》（2004年）、傅宏《幼儿社会适应状况量表》（2000年）、内外向性格类型量表（淡路向性检查）、中国人社交关系量表（CSR V1.0）等。

（四）道德健康评估

道德健康评估是评估一个人在自然界及社会生活中、待人处世中，能否遵守所有自然、社会、家庭、人生的规律、规则和规范等。道德健康评估包括道德评价、道德概念、道德观念、道德信念四个维度，主要涉及信仰、品德与情操、人格等方面，评估标准主要有法律法规、道德规范、职业美德、社会舆论以及道德约束等。

道德健康评估的经典方法是道德判断量表，是心理学家科尔伯格最早采用的研究儿童道德判断水平的一种方法。该量表把道德内容分为是非概念、权利义务观念、责任观念、赏罚观念等30个维度，每一个维度设置一个含有道德冲突情境的故事，即两难故事。其要求个体考虑是非价值并做出困难的决策，但又不可能圆满解决的假设性情境。它们是以故事形式描述的两难情境，让被试者对进退两难的道德问题做出回答，从而研究不同文化、阶层、年龄的人在道德认识、道德标准、道德判断上的特点和规律。

第三节 健康体适能的评估

一、心肺功能的评估

评价心肺功能的较有效指标是最大摄氧量（maximal oxygen uptake，VO_{2max}）。实际应用中除实验室测试外，还可采用12分钟跑来反映心肺功能。

（一）最大摄氧量的直接评定

【测量仪器】

气体代谢分析仪、功率自行车或跑台、心率带、酒精、棉球等。

【测量方法】

1. 功率自行车评定最大摄氧量（图5-1）

（1）测试前设备校准：将心肺功能测试仪热机30～40min，进行空气校准、标准气体校准、流速感应器校准等步骤，功率车按照设备要求进行负荷校准。

（2）测试人员准备：测试前，询问受试者运动史、家族史、疾病史等，进行运动风险评估；向测试者简要讲解测试方法和要求，消除恐惧心理。

（3）佩戴设备并热身：受试者佩戴心率带、呼吸面罩等，调整至面罩不漏气，数据接收正常状态。受试者以其预估最大摄氧量50%～60%的运动强度，骑功率车热身5min。

（4）录入受试者信息：在心肺功能测试仪软件内录入性别、年龄、身高、体重等信息。

（5）选择运动方案：功率车内置方案Bruce方案及Naughton方案，为多级递增负荷测试，每2～3min增加负荷，共7～9级，也可通过手动录入，设置自定义测试程序。

（6）开始测试：测试开始后强度逐级增加，测试人员需要时刻关注受试者状态，并鼓励受试者持续运动到力竭。当满足最大摄氧量测试条件，如出现摄氧量平台或受试者无法坚持等情况时，认为测试完成。

（7）测试结束：读取摄氧量的最大值为最大摄氧量值，并存储测试数据。受试者在测试完成后需要进

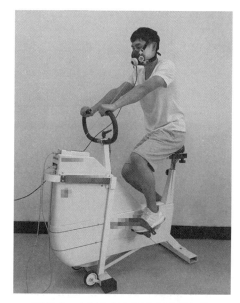

图5-1 功率自行车评定最大摄氧量

行低强度骑行或慢走,以恢复身体状态。

2. **跑台评定最大摄氧量(图5-2)** 过程与功率自行车评定方法相同,在测试中,使用跑台进行热身和整理活动,测试方案可选用跑台内置的 Bruce 方案、Naughton 方案、Balke 方案、Cooper 方案等,也可通过手动录入设置其他运动程序。

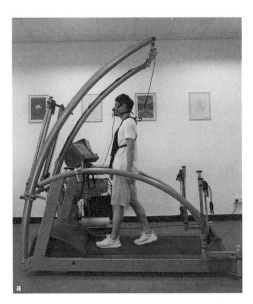

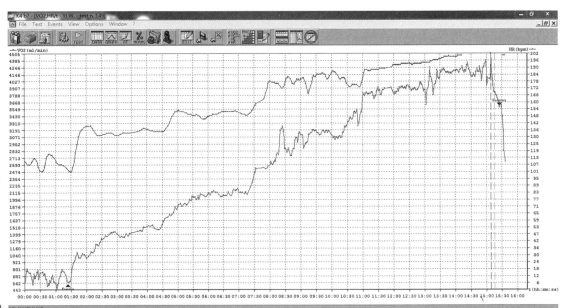

图 5-2　跑台评定最大摄氧量

a. 运动测试；b. 数据监测

【判断实验是否达到最大摄氧量水平的指标】

(1) 当负荷不断增加时,摄氧量保持不变,运动强度和摄氧量不再保持线性关系。

(2) 呼吸商大于1。

(3) 心率每分钟大于 180 次。

(4) 受试者主观已感觉筋疲力尽,经一再激励,仍不能再继续坚持下去。

(5) 血乳酸值: 高于 70~80mg%。

【注意事项】

（1）测量前要先进行运动前筛查和风险评估。测量时的起始负荷要根据受试者的性别、年龄和体力确定。一般可做些预备试验来判断受试者的运动能力。

（2）评定最大摄氧量时受试者的配合极为重要。因此必须事先向受试者宣传测试的意义和要求，以求得受试者的积极配合。

（3）测试过程中，应注意观察受试者体力的变化，若受试者运动节奏明显失调时应立即停止测试。

（4）一般来说，判断最大摄氧量是否达到了受试者实际水平的基本指标是：当负荷强度继续增加时，摄氧量不再增加，摄氧量曲线出现平台。前一负荷和后一负荷的摄氧量的差数不应超过 $2ml/(kg\cdot min)$。

（5）运动速度、跑台坡度以及自动分析气样的时间，应按照标准化程序严格控制。

【评价方法】

不同年龄和性别的最大摄氧量参考标准也不同，评价标准见附表1。

（二）最大摄氧量的间接测定

1. 次极量负荷法

【测试仪器】

有氧功率自行车（图5-3）、心率带、酒精、棉球等。

图5-3　次极量负荷法评定最大摄氧量

【测量方法】

评定过程：要求受试者在次极量负荷下运动，测定其稳态心率，依据测试负荷与实测心率等值，进行年龄和性别矫正，计算最大摄氧量。测试步骤如下：

（1）受试者穿运动服，测试当天不能进行中等或大强度运动，测试前1h不得进食和吸烟。

（2）在设备中录入受试者姓名、年龄、体重以及性别等基本信息，选择测试方案：Astrand方案，YMCA方案，或者手动设置参数，设定自定义方案。

（3）帮助受试者佩戴好心率带，要求紧贴皮肤，准确持续采集到心率。调整座椅高度，使受试者骑行过程中踏到最低点时，腿略有弯曲。

（4）开始测试，在测试过程中，按照程序的要求调整负荷，女生的负荷范围为300～900kpm/min，男生的初始负荷为 300~1 500kpm/min。不同测试的负荷要求不同,如 Astrand 方案中要求骑行的前 3min,受试者心率需稳定在 120 次 /min 以上。

（5）稳定负荷后,观察受试者状态,并减少对其干扰,使其在下个 3min 内的测试中,后两分钟内心率变化小于 4 次 /min,且不超过所选定的工作负荷所对应的最大心率值,则测试成功,读取并记录测试结果。

【评价方法】

（1）推测的最大摄氧量平均值（查附表 2、附表 3）。

（2）根据年龄修正最大摄氧量值。用最大摄氧量值乘以年龄修正系数（查表 5-4）。

（3）求出最大摄氧量的相对值。用最大摄氧量的绝对值除以体重（kg）。

$$最大摄氧量（相对值）=\frac{最大摄氧量（绝对值）（毫升）}{体重（千克）}$$

（4）心肺功能评定（查附表 5-1）。

2. 12 分钟跑　12 分钟跑测验是美国学者库柏提出的,是目前国际上颇为盛行的一种最大摄氧量间接测试方法。

【测量仪器】

秒表、运动场、口哨。

【测量方法】

（1）在标准 400m 跑道上,以起跑线为基点,将一圈跑道 8 等分,每段距离为 50m,并以数字标明区域。若为 300m 或 200m 的田径场,可把一圈跑程 6 等分或 4 等分。若无专用的田径场,亦可选择一段长 100m 的平坦地面,在上面往返跑步。

（2）将测试对象分为 2 组,1 组先行接受测验,另一组记录成绩。测验前受试者立于起跑线后,测验人员手持秒表,记录人员手持记录图（图 5-4）。听到开始口令后,受试者开始跑步,同时测验人员按表计时。

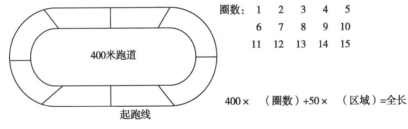

图 5-4　12 分钟跑场地与成绩记录图

（3）在室外运动场上,受试者以稳定速度尽力跑完 12min。12min 内完成的最远距离即为此项测验成绩。

（4）记录人员听"开始"口令后,在记录图上的起跑线上划一"×"记号,当受试者经过"×"记号时,立即在记录图圈数栏的数字上划一圆圈。在 12min 笛声响时,受试者停止的位置处,于记录图上划一"△"记号。然后将圈数和"△"记号所在的数字,填在记录图的计算公式上,计算结果即为 12 分钟跑的测验成绩。

（5）查附表 5,推算最大摄氧量。

【注意事项】

（1）测量前,最好先对受试者做简单的身体检查,以免发生意外。

（2）12 分钟跑测验中如受试者感觉极度疲劳,可慢走一会儿再跑,尽力在 12 分钟内维持跑步。测验人员在 12min 整时,立即鸣笛,跑步中的受试者听到笛声后立即停止跑步,在原地活动肢体。

【评价方法】

评价标准见附表1。

二、肌力与肌耐力的评估

肌力即肌肉力量，是指肌肉对抗某种阻力时所发出的力量，通常是指肌肉在一次收缩时所能产生的最大力量。而肌耐力是指肌肉维持和使用某种肌力时，能持续较长用力的时间或较多的反复次数。保持良好的肌力和肌耐力对于促进健康、预防伤害与提高工作效率有很大的帮助。当肌力和肌耐力衰退时，肌肉本身往往无法胜任日常活动和紧张的工作负荷，容易产生肌肉疲劳及疼痛现象。

肌力的大小取决于肌肉在做最大收缩时的许多因素，如抑制神经的兴奋程度、肌纤维的数目与种类、肌肉收缩长度和疲劳程度等。此外，还有一些影响因素，如性别、体脂等。在 12～14 岁以前，男女的肌力并无明显的差异，但青春期后，男性肌力则大于女性，这可能与性激素有关。另一个造成肌力性别差异的因素是身体脂肪。女性的体脂百分比约为男性的二倍，如比较单位体重的肌力，男性还是优于女性。但如果比较单位净体重的肌力时，男女之间的差异并不大。

肌力约在 20 岁时达到最大值，之后随着年龄的增长以每年大约减少 1% 的速度逐渐衰退，尤其是在 55 岁以后衰退会加速。

（一）肌力评定

评定肌肉力量的方法很多，握力和背力的力量评定等，是常见的肌力评定方式。

1. 握力

【测量仪器】

握力计。

【测量方法】

（1）根据受试者手掌的大小，调节握力计握把的间距至感觉合适为宜。

（2）受试者手放在体侧，握时不许挥动上肢，用最大力量紧握握力计，记录读数（图5-5）。

（3）使指针回零，左右手各测三次，取最大的一次。

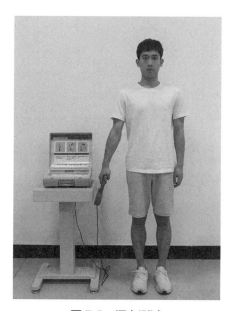

图 5-5　握力测试

【评价方法】

分别将左右手的最大值除以自身体重乘 100%，计算相对握力。或对照评价标准（表 5-1）查得等级，握力的数值越高，表示前臂肌肉绝对力量越强。

表5-1 握力评价标准（%）

年龄(岁)	欠佳	尚可	一般	良好	优异
男士					
6	≤13	14~17	18~20	21~24	≥25
7	≤17	18~19	20~23	24~27	≥28
8	≤19	20~23	24~28	29~31	≥32
9	≤22	23~26	27~30	31~36	≥37
10	≤25	26~30	31~35	36~40	≥41
11	≤28	29~34	35~40	41~48	≥49
12	≤36	37~44	45~57	58~65	≥66
20~29	≤60	61~69	70~81	82~91	≥92
30~39	≤60	61~68	69~80	81~89	≥90
女士					
6	≤11	12~14	15~19	20~21	≥22
7	≤13	14~17	18~20	21~24	≥25
8	≤17	18~20	27~24	25~29	≥30
9	≤19	20~23	24~28	29~32	≥33
10	≤23	24~28	29~34	35~40	≥41
11	≤27	28~32	33~38	39~44	≥45
12	≤31	32~37	38~43	44~48	≥49
20~29	≤34	35~39	40~47	48~54	≥55
30~39	≤36	37~40	41~49	50~55	≥56

2. 背力

【测量仪器】

背力计。

【测量方法】

（1）受试者双足站在背力计的底盘上，调节拉杆高度至受试者膝盖上缘。

（2）令受试者上体前倾，双手正握拉杆，身体用力上抬。要求肘、膝关节伸直，不要猛然用力（图 5-6）。

（3）使读数回零，测 3 次，取最大值。

（4）以最大值除以体重，计算相对背力。

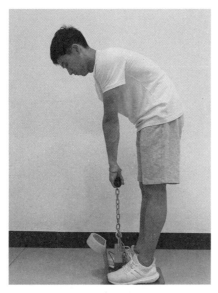

图 5-6　背力测试

【评价方法】

参考表 5-2 进行评价。

表 5-2　相对背力评价标准(%)

等级	男生	女生
优秀	>209	>111
良好	177～208	98～110
中等	126～176	52～97
差	91～125	39～51
很差	<91	<39

（二）肌耐力评定

引体向上、屈臂悬垂、俯卧撑、1 分钟屈膝仰卧起坐等,都是常见的肌耐力评定方式。

1. 引体向上、屈臂悬垂

【测量仪器】

单杠架、秒表、垫子。

【测量方法】

（1）测量人员帮助受试者以正手握稳单杠,双臂伸直(图 5-7a)。

（2）测量人员可在正确准备动作完成后叫"开始"。

（3）受试者可屈肘向上拉动身体,直至下颌超越杠面(图 5-7b),然后慢慢下降至原来位置,计为一次;再继续做下一次,直至不能再做下杠为止。

（4）测量人员记录次数。

（5）动作途中,不可有多余的摆动动作,否则该次不计。

（6）若是女子的屈臂悬垂(图 5-7b),测量人员可帮其上杠并维持在屈臂、下颌过杠面水平位置(但不可触杠),受试者准备好后,示意测量人员放手。测量人员放手时便按动秒表,受试者努力维持,直至其下颌低于杠面水平位置,测量人员停秒表。

图5-7　引体向上／屈臂悬垂测试

【评价方法】

引体向上的次数越多或维持屈臂悬垂的时间越长,表示上肢屈肌耐力越好,这对应付日常工作的需要也越觉轻松,评价标准见表5-3。

表5-3　引体向上／屈臂悬垂测试评价标准

年龄（岁）	男士：引体向上（次）	女士：屈臂悬垂（s）
5～6	1～2	2～8
7～8	1～2	3～10
9～10	1～2	4～10
11	1～3	6～12
12	1～3	7～12
13	1～4	8～12
14～15	2～7	8～12
16+	5～8	8～12

2. 俯卧撑、跪卧撑

【测量仪器】

无。

【测量方法】

（1）二人一组,受试者俯撑地上与肩宽,男性以前脚掌触地支撑（图5-8）,而女性或体力差者以膝部触地支撑（图5-9）,躯干与大腿在整个动作过程中都要成一直线。

（2）测量人员发令"预备""开始",便数其完成次数。

（3）每次肘关节必须屈最少9°,然后撑直肘关节才算一次。若中途有停顿,便立刻终止测试。

Note

图 5-8　俯卧撑测试

图 5-9　跪卧撑测试

【评价方法】

俯卧撑的次数越多，表示上肢伸肌耐力越好，评价标准见表 5-4。

表 5-4　俯卧撑测试评价标准（次）

年龄（岁）	欠佳	尚可	一般	良好	优异
男士					
10～11	≤3	4～10	11～20	21～29	≥30
12～14	≤5	6～15	16～26	27～34	≥35
15～17	≤8	9～18	19～28	29～39	≥40
18～29	≤14	15～24	25～39	40～49	≥50
30～39	≤12	13～21	22～29	30～39	≥40
40～49	≤9	10～18	19～24	25～34	≥35
50～59	≤6	7～13	14～21	22～29	≥30
60+	≤5	6～15	16～26	27～34	≥35

续表

年龄(岁)	欠佳	尚可	一般	良好	优异
			女士		
10~11	≤3	4~9	10~20	21~30	≥31
12~14	≤4	5~11	12~24	25~35	≥36
15~17	≤4	5~12	13~25	26~37	≥38
18~29	≤4	5~14	15~26	27~39	≥40
30~39	≤3	4~9	10~20	21~34	≥35
40~49	≤2	3~6	7~17	18~29	≥30
50~59	≤1	2~4	5~12	13~19	≥20
60+	≤0	1~2	3~4	5~9	≥10

3. 1分钟仰卧起坐

【测量仪器】

垫子、秒表。

【测量方法】

（1）二人一组，受试者仰卧地垫上，屈膝约90°。测量人员按住其双足，以固定身体，并记录次数。

（2）受试者双臂交叉平放胸前，手掌放在肩上，以此仰卧姿势开始。

（3）测试者发令"预备""起"。

（4）受试者由仰卧开始，上身离地向前上卷起至肘部触及大腿，然后还原至仰卧姿势（肩胛骨触地）为1次，进行过程双臂需紧贴上身（图5-10）。

（5）记录受试者在1min内完成的最多次数。途中可作休息，然后再继续。

图5-10　1分钟仰卧起坐测试

【评价方法】

俯卧撑的次数越多，表示上肢伸肌耐力越好，评价标准见表5-5。在1min内完成的次数越多，腹肌耐力便越强、越持久，更容易维持身体正确的坐、立、行姿态，患腰背痛及脊椎变形的机会也可降低。

表5-5 1分钟仰卧起坐评价标准（次）

年龄（岁）	欠佳	尚可	一般	良好	优异
		男 士			
12～14	≤14	15～26	27～35	36～42	≥43
15～17	≤15	16～27	28～37	38～47	≥48
18～29	≤16	17～28	29～40	41～50	≥51
30～39	≤12	13～23	24～32	33～43	≥44
40～49	≤10	11～22	23～27	28～38	≥39
50～59	≤7	8～16	17～21	22～33	≥34
60+	≤5	6～12	13～17	18～30	≥31
		女 士			
12～14	≤13	14～21	22～26	27～34	≥35
15～17	≤14	15～22	23～27	28～35	≥36
18～29	≤13	14～21	22～26	27～34	≥35
30～39	≤10	11～19	20～25	26～32	≥33
40～49	≤8	9～18	19～23	24～30	≥31
50～59	≤5	6～12	13～17	18～28	≥29
60+	≤4	5～10	11～14	15～25	≥26

三、柔韧性的评估

柔韧性是指人体某个关节或关节组的活动幅度。目前还没有一种独立的测试方法可以准确地评价全身柔韧素质。通常多采用测量躯干和肩部柔韧性的方法来评价人体的柔韧性。

（一）躯干柔韧性的评定

1. 坐位体前屈

【测量仪器】

坐位体前屈测试仪。

【测量方法】

（1）受试者坐在垫上，背及臀部紧靠在一垂直面上，两腿并拢，膝关节保持伸直状态，脚尖向上，足底蹬在基面上，双手尽量伸直。测试时，受试者身体尽量前倾并缓慢以指尖推动游标（图5-11）。

（2）读出游标滑动的距离并记录。测3次。

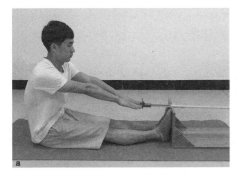

图5-11 坐位体前屈测试

【注意事项】

（1）测量前应注意做好准备活动。

（2）测量时勿猛用力。

【评价方法】

评价标准见表5-6、表5-7。

表5-6　成年人坐位体前屈评分表（男）

单位：cm

年龄	1分	2分	3分	4分	5分
20～24岁	−3.5～1.7	1.8～8.9	9.0～14.1	14.2～20.1	>20.1
25～29岁	−5.5～0.9	1.0～7.8	7.9～13.4	13.5～19.7	>19.7
30～34岁	−7.0～0.1	0.0～6.4	6.5～11.9	12.0～18.3	>18.3
35～39岁	−8.7～−2.4	−2.3～4.9	5.0～10.7	10.8～17.1	>17.1
40～44岁	−9.4～−3.8	−3.7～3.9	4.0～9.9	10.0～16.2	>16.2
45～49岁	−10.0～−4.4	−4.3～3.2	3.3～9.1	9.2～15.9	>15.9
50～54岁	−10.7～−5.6	−5.5～2.1	2.2～7.9	8.0～14.8	>14.8
55～59岁	−11.2～−6.3	−6.2～1.7	1.8～7.2	7.3～13.8	>13.8

资料来源：国家体育总局.国民体质测定标准手册（成年人部分）[M].北京：人民体育出版社，2003.

表5-7　成年人坐位体前屈评分表（女）

单位：cm

年龄	1分	2分	3分	4分	5分
20～24岁	−2.1～2.8	2.9～9.4	9.5～14.3	14.4～20.2	>20.2
25～29岁	−3.5～1.9	2.0～8.2	8.3～13.9	14.0～19.7	>19.7
30～34岁	−4.0～1.6	1.7～7.9	8.0～13.3	13.4～19.2	>19.2
35～39岁	−8.7～−2.4	−2.3～4.9	5.0～10.7	10.8～17.1	>17.1
40-44岁	−5.9～0.1	0.2～6.5	6.6～11.9	12.0～17.9	>17.9
45～49岁	−6.3～0.1	0.0～6.1	6.2～11.8	11.9～17.9	>17.9
50～54岁	−6.5～0.6	0.5～5.9	6.0～11.4	11.5～17.9	>17.9
55～59岁	−6.6～0.8	0.7～5.7	5.8～11.1	11.2～17.7	>17.7

资料来源：国家体育总局.国民体质测定标准手册（成年人部分）[M].北京：人民体育出版社，2003.

2. 立位转体　立位转体反映的是脊柱进行水平面旋转能力。

【测量仪器】

在平坦的地面画有0°～180°的刻度，木棍一根，悬在木棍一端的锥体重物。

【测量方法】

受测者站在刻度中心点上，双脚平分，与肩同宽，木棍置于腰后，双臂屈肘夹住木棍中段。木棍一端的锥体物指在0°开始。转体时受测者上体正直，眼睛平视前方，分别向左、心缓慢转体各两次（图5-12），并记录数据，取平均值。

测量平均角度值越大，说明脊柱关节在水平面上旋转的柔韧性越好。

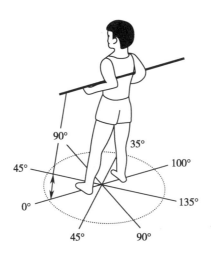

图 5-12　立位转体测试

【注意事项】

（1）测量前应注意做好准备活动。

（2）测量时勿猛抬上身，可加保护。

（二）四肢柔韧性的评定

1. 旋肩

【测量仪器】

皮尺、木棍。

【测量方法】

身体直立，双脚与肩同宽，两肩在胸前充分伸直，握棍，直臂由前向后旋肩，测量两手拇指之间的距离（图 5-13）。用此距离减去肩宽等于旋肩指数，该指数越小，肩带柔韧性越好。

【注意事项】

（1）测量前应注意做好准备活动。

（2）测量时切勿猛抬上臂。

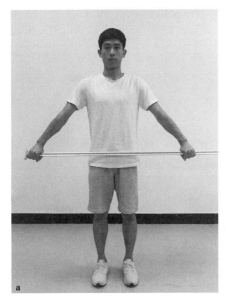
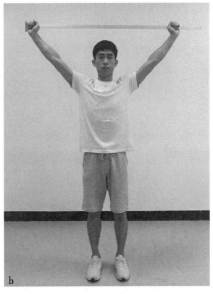

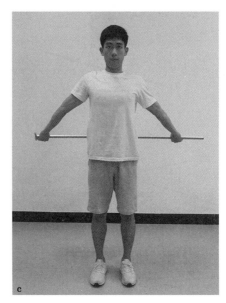

图 5-13　旋肩测试

2. **髋关节柔韧性**　劈叉测试是测试髋关节的伸展能力的一项指标。分前后方向的纵劈叉，左右方向的横劈叉两种。纵劈叉主要是测量髋关节绕冠状轴的屈伸能力，横劈叉的是髋关节绕矢状轴外展的能力。

【测量仪器】

刻度尺。

【测量方法】

测试前做好准备活动，避免受伤。

纵劈腿：受测者赤脚，由站立开始，两脚沿着脚尖及脚跟的延长线分别向前和向后伸展（图 5-14a），直到不能继续降低重心为止，注意动作要缓慢，不能出现振动情况，测量值为足跟间距。

横劈腿：与前后劈腿类似，只是两腿向两侧伸展（图 5-14b），这里强调两腿外展时，一定要在同一平面上，才具有可比性。同样测量足跟间距作为测量值。

图 5-14　纵劈腿和横劈腿测试

纵劈腿指数 = 足跟间距 /（自由下肢长 ×2）

横劈腿指数 = 足跟间距 /[髋宽 +（自由下肢长 ×2）]

四、身体成分的评估

人体主要由水、脂肪、蛋白质、矿物质和糖类等物质组成。各种成分组成了人体的总体重，即体重。人体各成分含量的相对平衡是维持有机体正常的生命活动和健康水平的重要保障。所以，对身体各成分的测量一直受到医学领域的重视。

脂肪成分一直是身体成分测试的主要内容。另外，随着科技水平的提高，先进仪器的不断开发，骨矿物质的测量与评定等也逐渐开展起来。

（一）脂肪成分的评定

身体组成所强调的是体重中拥有多少百分比的脂肪含量。肥胖，作为常见的身体成分异常，是指体内脂肪过多的现象。当人体内含有过多百分比的脂肪时，会增加骨骼、肌肉与关节病变的可能性，也会增加罹患心脏病与高血压的风险。评定活体脂肪成分只能通过间接法进行，主要包括水下称重法、皮褶厚度法、生物电阻抗、超声波法、CT法、双光子法（DEXA）以及磁共振法等。本节只介绍目前常用的3种方法：

1. **皮褶厚度法**

【测量仪器】

皮脂厚度计（图5-15）。

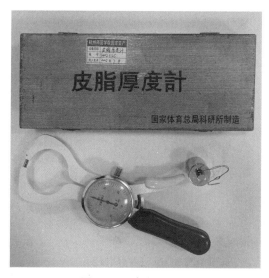

图5-15　皮脂厚度计

【测量方法】

（1）皮脂厚度计的调试：测量前应将校验砝码挂于钳口，将指针调整至红色标记刻度的15～25mm范围内。

（2）测量方法：受试者自然站立，暴露测试部位。测试者选准测量点，用左手拇指和示指、中指将皮褶捏起，右手持皮脂厚度计将卡钳张开，卡在捏起部位下方约1cm处，待指针停稳，立即读数并做记录。测量三次取中间或取其中两次相同的值。测量误差不得超过5%。以毫米为单位，取小数点后一位记录。

（3）测试部位及走向：

①臂部：肩峰与上臂后面鹰嘴连线中点。皮褶走向与肱骨平行（图5-16a）。

②肩胛部：肩胛骨下角下约1cm处。皮褶走向与脊柱成45°角，方向斜下（图5-16b）。

③腹部：脐水平线与锁骨中线相交处。皮褶走向水平（图5-16c）。

④髂部：髂嵴上缘与腋中线相交处上方约1cm处。皮褶走向稍向下方（图5-16d）。

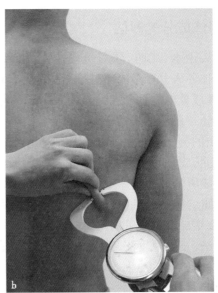

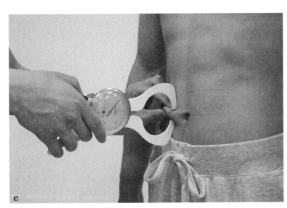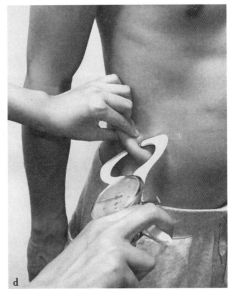

图 5-16   皮脂测量部位

（4）计算身体成分：

①计算身体密度（D_b）：将测得皮脂厚度数值代入体密度推算回归方程式表（表 5-8），计算体密度。

表 5-8   体密度推算回归方程式

年龄	男子	女子
9～11 岁	$D_b=1.0879-0.00151X_1$	$D_b=1.0794-0.00142X_1$
12～14 岁	$D_b=1.0868-0.00133X_1$	$D_b=1.0888-0.00153X_1$
15～18 岁	$D_b=1.0977-0.00146X_1$	$D_b=1.0931-0.00160X_1$
成人	$D_b=1.0913-0.00116X_1$	$D_b=1.0879-0.00133X_1$
成人	$D_b=1.0863-0.00176X_2$	$D_b=1.0709-0.00105X_2$
成人	$D_b=1.0872-0.00205X_3$	$D_b=1.0711-0.00164X_3$

D_b 为体密度。

X₁为肩胛部与臂部皮脂厚度之和。

X₂为腹部皮脂厚度之和。

X₃为髂部皮脂厚度。

②计算体脂百分比（F%）、体脂重（F）、瘦体重（LBW）

$$F\% = \left(\frac{4.57}{D_b} - 4.142\right) \times 100\%$$

$$F = W（体重）\times F\%$$

$$LBW = W（体重）- F$$

2. 生物电阻抗法

【测量仪器】

人体成分分析仪。

【测量方法】

（1）受试者着运动短裤、背心，赤足站立于分析仪上，其中双脚分别站在左右脚电极上（图5-17）。

（2）依照电脑语音提示，输入个人资料。

（3）令受试者双手握左右手电极，手臂张开约30°，保持静止姿势不动，直至测试结束。

（4）测试者按开始键，开始测试。

（5）按打印键输出结果，或传送至电脑进行数据处理。其中，体脂百分比、瘦体重等身体成分参数在测量结果中直接显示。

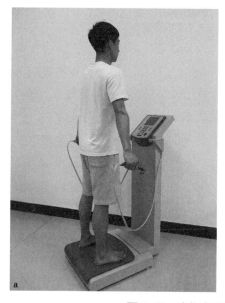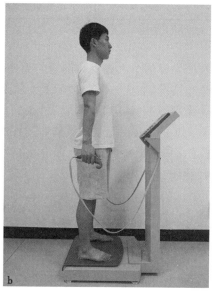

图5-17　生物电阻抗法测定脂肪含量

【注意事项】

（1）运用皮脂厚度法时，每次测试前将指针调至零点，捏起皮褶时，不要将皮下其他组织一同提起或用力过大；测量后，应缓慢松开皮褶厚度计，以免影响压强。

（2）使用生物电阻抗法时，须空腹，并且避免测试前激烈运动。

【评价方法】

ACSM建议：男性体脂百分比大于25%，女性大于32%可初步确定为肥胖。WHO建议：年轻男性体脂百分比大于20%，女性大于30%可定义为肥胖。也可参考如下标准（表5-9）。

表5-9 脂肪含量百分比健康标准（适合各年龄）

体脂百分比	男士	女士
过低 %	<6	<12
低 %	6～10	12～14
理想范围 %	11～20	15～24
高 %	21～27	25～31
过高 %	≥28	≥32

3. 身体质量指数（BMI）

测定身高和体重后，可计算 BMI= 体重（kg）/ 身高 ^{2}（m^2），查表5-10进行评价。

表5-10 常用BMI评价标准

中国标准		WHO 标准		ACSM 标准	
组别	BMI	组别	BMI	组别	BMI
体重过轻	BMI<18.5	轻	BMI<18.5	轻	BMI<18.5
体重正常	18.5≤BMI<24.0	正常	18.5≤BMI<25.0	正常	18.5≤BMI<24.9
超重	24.0≤BMI<28.0	超重	25.0≤BMI<30.0	超重	25.0≤BMI≤29.9
肥胖	BMI≥28.0	肥胖Ⅰ	30.0≤BMI<35.0	肥胖Ⅰ	30.0≤BMI≤34.9
		肥胖Ⅱ	30.0≤BMI<40.0	肥胖Ⅱ	35.0≤BMI≤39.9
		肥胖Ⅲ	BMI≥40.0	肥胖Ⅲ	BMI≥40.0

注：WHO 为世界卫生组织；ACSM 为美国运动医学学会

体重指数作为评估个人体重和健康的简单指标被广泛使用。但是体重指数（BMI）不能反映体内脂肪的分布情况，它无法区分出超重为肌肉含量过多，还是脂肪含量过多。所以有的患者尽管体内脂肪含量严重超标，其反映代谢性疾病危险因素的指标却相对正常；反之，有的患者虽然只是轻度超重，却可以出现代谢性疾病并发症的所有症状，患 2 型糖尿病、心血管疾病的风险都相应增加。因此，体重指数更适合于评价相同年龄和性别的个体。

（二）骨密度的评定

骨密度可通过多种方法进行测定。常用的有 X 线光束法和超声波法。X 线光束法是利用照射集束的 X 线光束，依据其组织吸收率来计算骨矿物质密度（BMD），主要分为单能 X 线吸收法和双能 X 线吸收法。超声波法是根据超声束通过骨组织，评定人体骨的超声速度（SOS）和宽波段超声衰减（BUA），并根据测量的超声参数计算定量超声指数（QUI）和骨矿物质密度（BMD）。

由于骨矿物质密度（BMD）在不同人种、不同环境因素下呈现差异，且不同厂家测量的数值也有差别，因此，一般采用 T 评分（T-Score）与 Z 评分（Z-Score）等参数值评价骨质与诊断骨质疏松症。T 评分为相对值，是将测得的骨密度值与同性别、同种族的青年时期正常人群平均值比较，得出高于（+）或低于（-）年轻人的标准差数，Z 评分是将测得的骨密度值与同年龄、同性别、同种族的正常人群平均值比较得出的标准差值。

身体不同部位对骨质丢失的敏感性也不同，因此，骨密度的测定也存在部位选择的问题，常见的测定部位有腰椎、髋部以及四肢骨等。

【测量仪器】

骨密度测定仪（以 X 线骨密度测定仪为例）。

【测量方法】

（1）设备校准：使用 X 线骨密度测定仪配置的测试骨模块，将其放置在设备内，对齐基准线，并靠近探测器，点击软件内每日检测，进行设备校准。

（2）测试前准备：测试时摘除金属物，如手环、手表、脚环等，以免产生干扰，并将测试部位衣物卷起。

（3）信息录入：将受试者信息录入软件，如姓名、性别、年龄、身高、体重等。

（4）前臂检测：调节升降架升至合适的高度，在足板的位置有一条基准线，使测试者的手腕对准基准线并尽可能地靠近探测器（右侧）的位置，在软件内选择该测试部位，并开始测试（图 5-18）。

（5）足跟检测：将升降架降到合适的位置，受试者将脚（薄袜且袜子不含金属物时不用脱袜）放在仪器内并尽可能地靠近探测器（右侧）的位置，在软件内选择该测试部位，并开始测试（图 5-19）。

（6）测试过程中受试者不要移动测试部位，1min 后，显示测试结果。

（7）记录结果：报告中显示测试部位的 BMD、T-score、Z-score 等值，可按照标准进行骨质评价。

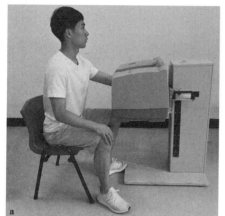
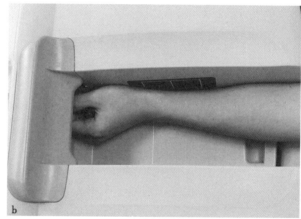

图 5-18　前臂检测骨密度

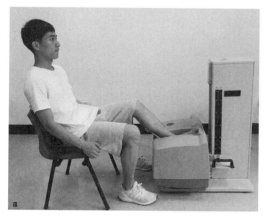
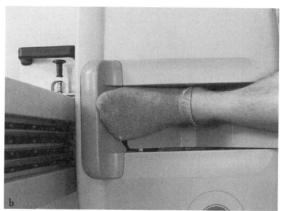

图 5-19　足跟检测骨密度

【评价方法】

骨质疏松症是由于骨量减少、骨组织显微结构退化，以致骨脆性增高而导致骨折危险性增加的一种全身性骨病。女性诊断标准：①正常：T 值大于 −1；②骨量减少：T 值在 −1～−2.5 之间；

③骨质疏松症：T 值小于 -2.5；④严重骨质疏松症：T 值小于 -2.5，同时伴有一个以上部位的骨折。群体测量和前瞻性研究表明女性诊断标准可用于男性，即 T 值小于 -2.5 可诊断骨质疏松，但目前 T 值小于 -2.5，还不能用于所有男性。

（徐玉明）

思考题

1. 健康运动评估的目的和意义是什么？

2. 如何理解健康体适能的概念？请从健康角度比较其要素的重要性。

3. 如何区别肌力和肌耐力？如何进行评估？

第六章 | 运动处方

本章要点

1. **掌握** 运动处方的基本原则与流程。
2. **熟悉** 耐力运动处方、力量运动处方和柔韧性运动处方。
3. **了解** 特殊人群的运动处方。

第一节 运动处方的基本原理

一、运动处方概述

运动处方（exercise prescription）是指运动处方师、运动健身教练、康复医师、健康管理师、社会体育指导员或临床医生等，对病人、健身人群或特殊人群进行必要的临床检查、体适能测试和功能评估，根据所获得的资料和评价结果，以处方的形式制订个性化、系统化的运动指导方案。它是针对个人的身体状况，结合生活环境条件和运动爱好等个人特点而制订的科学的、定量化的、周期性的、有目的的锻炼计划，要求选择一定的运动方式，规定适宜的运动量并注明在运动中的注意事项，指导其有计划、有规律、经常性的运动锻炼，达到健身、预防疾病和康复目的的方法。

（一）运动处方的特点

1. **目的性强** 运动处方有明确的远期目标和近期目标，运动处方的制订和实施都是围绕运动目标进行。

2. **计划性强** 运动处方的运动安排有较强的计划性和督促性，容易坚持。

3. **科学性强** 运动处方的制订严格按照运动医学要求进行，按运动处方实施结果能取得较明显的健身或治病作用。

4. **针对性强** 运动处方是根据每一个人的具体情况，不同时期，不同环境而制订及实施，以保证训练效果。

（二）运动处方的分类

随着全民健身的不断发展及运动处方应用范围的扩大，运动处方的种类也不断增加。常用分类有：

1. **按锻炼作用分类**

（1）耐力运动处方：以提高心肺功能为主要目标，以有氧运动为主要运动方式的方案。全身耐力训练最早用来发展运动员的身体耐力素质，后逐渐应用于临床，包括心血管系统疾病、代谢性疾病、长期制动引起心肺功能下降等疾病。有研究表明，耐力训练有利于改善正常人的运动功能水平。

（2）力量运动处方：力量运动处方的主要作用在于提高肌肉的力量和肌肉的耐力。可用于各种损伤所致的肌肉萎缩和肌无力的肌肉力量训练及矫正身体发育畸形。

（3）柔韧性运动处方：柔韧性运动处方有利于提高机体柔韧性，改善关节活动度，增强韧带的平衡性和稳定性的运动方案。规律的柔韧性训练可能会减少运动者的韧带肌肉损伤，缓解肌肉酸痛，预防腰腿痛等问题。

2. 按应用的目的和对象分类

（1）健美运动处方：通过运动来增强身体各部位肌肉和韧带的力量，使肌肉富有弹性，保持健美的体形。

（2）健身运动处方：又称预防保健性运动处方，以增强体质、增进健康、提高身体素质为目的的方案。

（3）治疗性运动处方：又称康复运动处方，以提高康复效果为目的的方案。

（4）竞技性运动处方：又称运动训练计划，以提高运动员的身体素质和运动技术水平的方案。

二、制订运动处方的基本原则与流程

（一）制订运动处方的基本原则

科学严谨的运动处方应该遵循人体活动的生理规律，并结合个体的健康状况、体力活动水平、心肺功能状况，以运动目的为指导，以保证安全为前提，确定运动频率、强度、持续时间，为运动者提供合理的指导。在运动处方的设计和制订过程中，需要遵循以下原则：

1. 循序渐进原则　运动是一个循序渐进的过程，特别是对于身体虚弱者和长期静坐少动人群，个体需要较长时间才能逐渐产生生理适应性。因此，在制订运动处方时，应以较低强度运动开始，以缓慢进度逐渐增加运动负荷，最大程度降低心血管疾病的发生率、运动性疲劳和运动损伤。

2. 动态调整原则　运动处方要随着运动者的不断实践逐渐做出调整，以制订合理有效的运动计划。同时，在不同阶段，运动者的身体、心理状态也会有所不同，因此要根据运动者的具体情况做出适度调整，以达到理想的运动效果。

3. 因人而异原则　不同个体对同一运动的反应不同，且同一个体在不同时期和状态下，对同一运动的反应也有所差异。因此，运动处方必须要遵循因人而异原则，根据不同运动者在不同时期的特点制订个性化的、适合的运动计划，以保证训练效果。

4. 可行性原则　在制订运动处方时，要考虑运动的健康状况、体能、日程安排、物理和社会环境、运动者的兴趣爱好和训练目的，选择适合的运动项目。选择客观环境下无法实施的或运动者不感兴趣的项目，可能会导致训练过程中断或运动不完整，影响运动效果。

5. 全面性原则　制订运动处方时，需要维持人体生理和心理之间的平衡。人们希望通过运动使身体与精神协调发展，缓解来自多方面的心理压力，提高对现代生活的适应性，以达到身心全面健康的目标。

6. 安全性与有效性原则　为提高机体耐力水平，运动强度必须达到可以改善心血管和呼吸功能的有效强度，即靶心率范围，靶心率的上限称为安全界限，靶心率的下限称为有效界限。一般情况下，将运动强度设置在安全界限和有效界限之间，可以实现在保证安全的前提下达到最好的运动效果。

（二）制定运动处方的流程

制订运动处方一般应当按照以下步骤及实施原则逐步进行。

1. 全面了解处方对象的体质和健康状况 在制订运动处方之前,一定要通过口头询问、问卷调查、医学检查、体适能测试等途径,了解处方对象的体质和健康状况。需要了解的内容有身体发育、家族史、疾病史、目前伤病情况和治疗情况、近期身体健康检查结果、体适能测试结果、运动史、近期锻炼情况等。

全面了解处方对象的体质和健康状况的目的是:

(1) 确定运动处方的目的:通过对处方对象的全面了解,有助于确定运动处方的目的。

(2) 进行危险分层,明确运动功能测试方案及医务监督的力度:通过全面的了解,确定处方对象的病史、医学检查等情况,了解有无运动禁忌证,或暂时禁忌运动的情况,便于确定心肺耐力及其他运动功能的测试方案,以及测试和运动中医务监督的力度,以保证在心肺耐力测试和锻炼过程中的安全。

2. 确定运动处方的目的 首先明确处方的目的是:①为了预防疾病、增强体质,如确定锻炼的目的是提高心肺耐力、增强肌肉力量、提高柔韧性;②为了减少疾病的危险因素,如减少多余的脂肪、降低血压、血糖或血脂等;③疾病或功能障碍的康复治疗。运动处方的目的不同,将采用不同的运动功能评定方法,按照不同的原则制订运动处方。

3. 运动功能的测试与评定 运动功能测试与评定是制订运动处方的依据。重点检查心肺耐力及相关器官的功能状况。如处方目的为提高心肺耐力,或控制体重、血压、血糖、血脂等,应做心肺耐力测试与评定。处方目的是增强肌肉力量和耐力,需要做肌力的测定。处方目的是提高柔韧性,做关节活动幅度(range of motion, ROM)的测定。以肢体功能障碍康复为目的时,需做临床医学检查、ROM评定、肌肉力量评定、平衡能力评定、步态分析等。

4. 制订运动处方 功能检查的结果是制订运动处方的依据。制订运动处方时要充分体现个体化特征。除了功能评定结果外,还需考虑处方对象的性别、年龄、健康状况、锻炼基础、客观条件、兴趣爱好等,安排适当的锻炼内容。

5. 指导实施运动处方 在按照运动处方进行锻炼之前,应帮助处方对象了解处方中各项指标的含义,对如何实施处方提出要求。第一次按照处方锻炼时,应当在处方者监督指导下进行,让锻炼者通过实践了解如何实施处方;有时需要根据锻炼者的身体情况,对处方进行适当的调整。进行慢性疾病、肢体功能康复锻炼时,最好在专业人员指导下进行,根据锻炼后的反应,及时调整运动处方。

6. 监督运动处方的执行情况 通过检查锻炼日记、定期到锻炼现场观察,对运动处方的执行情况进行监督,或处方对象定期(每周一次,或两周一次)到实验室在监测下进行锻炼。有研究表明,在监督下进行锻炼,不仅可取得较好的锻炼效果,还可以随着处方对象功能的提高,及时调整处方,以取得更好的效果。

7. 定期调整运动处方 按照运动处方进行锻炼,一般在6~8周后可以取得明显效果。此时需要再次进行功能评定,检查锻炼的效果,调整运动处方,以保证取得更好的锻炼效果。

三、运动处方的基本内容与格式

(一) 运动处方的基本内容

根据处方对象的个人情况,明确了处方的目的,完成相应的功能评定之后,进入运动处方的制订。一个完整的运动处方应包括处方对象的基本信息、医学检查及体适能测试结果及评定、锻炼目标、处方的基本原则(FITT-VP)和注意事项等内容。

1. 处方对象的基本信息 包括姓名、性别、年龄、运动史等基本信息。

2. 医学检查及体适能测试及评定 在医学检查结果中应明确有无代谢异常及异常程度、有无心血管疾病的症状及体征、有无已经明确诊断的疾病；体适能测试结果应明确心肺耐力的等级、体重指数（body mass index,BMI）或体脂百分比、主要肌群的力量及等级、身体柔韧性测试结果及评价。

3. **锻炼目标**　制订运动处方之前，首先应当明确锻炼的目标，或称"近期目标"。

耐力处方的锻炼目标，可能是提高心肺耐力、减脂、降血脂、减轻冠心病危险因素、防治高血压、防治糖尿病等。

力量和柔韧性处方的目标，应当具体到将要进行锻炼的部位，如加大某关节的ROM、增强某肌群的力量等。力量处方中还需要确定增强何种力量，如向心力量还是离心力量，以便采用不同的练习方法。

在康复锻炼运动处方中，首先需要考虑康复锻炼的最终目标，或称"远期目标"。如：达到可使用轮椅进行活动、使用拐杖行走、恢复正常步态、恢复正常生活能力和劳动能力、恢复参加运动训练及比赛能力等。在近期目标中，应规定当前康复锻炼的具体目标，如：提高某个或某些关节的ROM，增强某个或某些肌群的力量，需要增强何种肌肉力量等。

4. **处方的基本原则（FITT-VP）**　运动处方的基本原则应包括采用的运动方式。为提高心肺耐力，多选择有氧运动、肢体功能的锻炼，可采用力量练习、柔韧性练习、医疗体操和功能练习、水中运动等；偏瘫、截瘫和脑瘫病人需采用按神经发育原则采用的治疗方法，并且常常需要采用肢体伤残代偿功能训练、生物反馈训练等。

处方的基本原则采用美国运动医学会（American College of Sports Medicine,ACSM）提出的FITT-VP原则。

（1）频率（frequency）：指每周锻炼的次数。每周锻炼3～5次，有一定的休息时间，可使机体得到"超量恢复"，收到更好的锻炼效果。

（2）强度（intensity）：在有氧运动中，运动强度决定于走或跑的速度、蹬车的功率、爬山时的坡度等。在力量和柔韧性练习中，运动强度决定于给予助力或阻力的负荷重量。运动强度制订的是否恰当，关系到锻炼的效果及锻炼者的安全。应按照个人特点，规定锻炼时应达到的有效强度和不宜超过的安全界限。

（3）时间（time）：在耐力处方中，主要采取"持续训练法"，应规定有氧运动持续的时间。力量处方和柔韧性处方中，则需要规定完成每个动作重复次数（repetitions, reps）、组数（sets）及间隔时间（rest interval），不同的锻炼方案将收到不同的锻炼效果。

（4）方式（type）：明确采用快走、慢跑、有氧健身操、游泳等有氧运动的形式，或者力量练习和柔韧性练习的形式。

（5）总运动量（volume）：运动量的大小，决定于运动频率、运动强度、运动时间等多种因素。

（6）进度（progression）：运动处方的实施过程可以分为适应期、提高期和稳定期。

5. **注意事项**　为保证安全，根据处方对象的具体情况，提出锻炼时应当注意的事项。如：锻炼时要做好准备活动和整理活动，运动中不要超过既定的运动强度、进行力量练习时不要屏息（憋气）等。

（二）运动处方的基本格式

在获得了处方对象的基本信息、健康状况、运动能力和运动目的等相关信息之后，便可以开始制订运动处方。运动处方的表现形式可以用文字表述也可用表格体现，目前更多采用表格的形式，其具有简洁直观的特点。应包括以下内容：一般资料、临床诊断结果（如有）、临床检查和功能检查结果、运动试验和体力测验结果、运动目的和要求、运动频率、运动强度、运动时间、运动内容、注意事项、医师或处方者签字以及运动处方的制订时间。示例见表6-1。

表6-1 运动处方卡示例

一般资料：		病历号：		□不适用
姓名：	性别：	年龄：	职业：	
电话：		联系地址：		
身高：＿＿＿＿cm		体重：＿＿＿＿kg		
体质强壮指数：强壮良中等体弱　体型：一般　消瘦　偏胖 日常运动习惯：极少　偶尔　经常　频繁　日常运动项目：				
一、临床检查：				
1. 血压：＿＿＿／＿＿＿mmHg				
2. 心电图检查：　　　　静息时心率：＿＿＿次/min				
3. 影像学及超声检查：				
4. 辅助检查： 血常规：　　　　尿常规：　　　　血脂： 肝功能：　　　　肾功能：				
二、运动负荷试验：最大负荷心率：＿＿＿＿次/min				
三、体适能测试：				
四、运动处方方案：				
1. 运动目的： 2. 运动方案： （1） （2） （3）				
3. 准备活动项目：＿＿＿＿＿＿＿（5～10min）；心率达到＿＿＿＿次/分				
4. 整理活动项目：＿＿＿＿＿＿＿（5～10min）；心率恢复时间＿＿＿＿min				
5. 注意事项： （1） （2） （3）				

处方者：＿＿＿＿＿＿　　　日期：＿＿＿＿＿＿

第二节　健康人群的运动处方

一、耐力运动处方

耐力运动的目的是提高心肺耐力和健康体适能。应包含如下内容。

（一）运动频率

运动频率即每周执行训练计划的天数。运动频率与运动强度和每次运动持续时间相关。ACSM 推荐大多数成年人进行每周 3～5 天的有氧运动，并根据运动强度的变化适度调整。研究表明，运动者每周运动超过 3 天，其心肺耐力的提高有减缓趋势，超过 5 天则没有显著的额外健康效果,较大强度且超过 5 天的训练可增加肌肉骨骼损伤的可能性。因此不建议大多数成年人进行高频率大强度运动。

（二）运动强度

运动强度是决定运动量大小的重要因素,直接影响运动处方的效果和运动的安全性。运动强度与多种因素有关,如性别、年龄、健康状况、心肺耐力水平、基因、日常体力活动以及社会环境和心理因素等。适当的运动强度是保证运动者达到运动目的且不引起运动损伤的基础。当前研究推荐大多数成年人进行 40%～60% 心率储备（heart rate reserve,HRR）/ 耗氧量储备（oxygen consumption reserves,VO_2R）的中等强度有氧运动,或 60%～90%HRR/VO_2R 的较大强度有氧运动,健康状况不好人群可采用 30%～40%HRR 或小到中等强度 VO_2R 有氧运动。

当运动中包含多种运动强度时,每两次运动之间可设固定间歇,该类运动训练为间歇训练。间歇训练可提高一次训练课的总强度或平均强度。对于部分健康人及心肺疾病患者,短期间歇训练可能优于或等于单一强度训练的效果。

运动强度的评估方法有多种,较常用的主要有:心率计算法、代谢当量（MET）法、摄氧量法以及主观用力感觉法等。不同测试方法所得结果可能不同。

1. **心率计算法** 机体达到最大运动强度时对应的心率为最大心率（HR_{max}）,运动者为获得预期运动目标在运动中需要达到或保持的心率称为靶心率（target heart rate,THR）,THR 是确定运动治疗强度的可靠指标。

目前常用“207-0.7× 年龄”估算最大心率百分数（%HR_{max}）,该方法仅考虑年龄因素未考虑个体差异,存在一定不足。准确测试结果可通过运动负荷试验测得。

%HR_{max} 法:THR=HR_{max}× 期望强度 %

例:年龄 40 岁,计划运动强度范围 70%～80%,THR 计算方法如下:

推测:HR_{max}=207-0.7× 年龄 =207-28=179 次 /min

确定 THR 范围:

将期望强度换算成小数:70%=0.7,80%=0.8

THR 下限:THR=179 次 /min×0.7=125.3 次 /min≈125 次 /min

THR 上限:THR=179 次 /min×0.8=143.2 次 / 分 ≈143 次 /min

THR 范围:125～143 次 /min

HRR 法:

THR=（HR_{max}－HR_{rest}）× 期望强度 %+HR_{rest}

注:HR_{max} 为最大心率,HR_{rest} 为安静心率,“HR_{max}－HR_{rest}”为 HRR

例:年龄 40 岁,安静时心率 60 次 /min,计划运动强度范围 70%～80%,THR 计算方法如下:

THR 下限:THR=（179-60）×0.7+60=143.3 次 / 分 ≈143 次 /min

THR 上限:THR=（179-60）×0.8+60=155.2 次 / 分 ≈155 次 /min

THR 范围:143～155 次 /min。

运动开始和结束时不要求达到 THR,但持续时间内的运动要求达到 THR。

2. **代谢当量法** 能量代谢当量（metabolic equivalent of task,MET）指运动时代谢率与安静时代谢率的比值,是计算能量消耗的指标。1MET 相当于健康成年人安静坐位时的能量代谢率,1MET=3.5ml/（kg·min）,即每千克体重从事 1min 活动,消耗 3.5ml 的氧气。现有研究表明,不同性别、年龄、体重的个体在从事同一运动强度的活动时,其 MET 值基本一致。因此,在选择运动方式时,可通过 MET 来评定多种运动方式的强度。

3. **摄氧量法** 摄氧量随着运动强度的增加而增加。因此,在制订运动处方时,可用摄氧量评定运动强度。最大摄氧量（maximum oxygen consumption,VO_{2max}）是在最大强度运动负荷试验中测得的最大值,也可通过次大强度运动负荷试验推测。由于 VO_{2max} 存在个体差异,常以最大摄氧量的百分数表示运动强度。

最大摄氧量百分数（%VO_{2max}）法可用来测算靶摄氧量（target oxygen consumption，TVO_2）。%VO_{2max} 公式：TVO_2＝期望强度 %×VO_{2max}

例：45 岁女性，VO_{2max} 为 30ml/（kg·min），计划运动强度范围 60%～70%，TVO_2 计算方法如下：

TVO_2 下限：TVO_2＝0.6×30ml/（kg·min）＝18ml/（kg·min）

TVO_2 上限：TVO_2＝0.7×30ml/（kg·min）＝21ml/（kg·min）

TVO_2 范围：18～21ml/（kg·min）

在此基础上确定 MET 范围：

1MET＝3.5ml/（kg·min）

靶 MET 下限：靶 MET＝18ml/（kg·min）÷3.5ml/（kg·min）＝5.14METs

靶 MET 上限：靶 MET＝21ml/（kg·min）÷3.5ml/（kg·min）＝6METs

靶 MET 范围：5.14～6METs

VO_2R 法

公式：TVO_2＝（VO_{2max}－VO_{2rest}）× 期望运动强度 % ＋ VO_{2rest}

注：VO_{2rest} 为安静时的摄氧量

例：45 岁女性，VO_{2max} 为 30ml/（kg·min），VO_{2rest} 为 3.5ml/（kg·min），计划运动强度范围 60%～70%，靶 VO_2 计算方法如下：

TVO_2 下限：TVO_2＝[30ml/（kg·min）－3.5ml/（kg·min）]×0.6＋3.5ml/（kg·min）＝19.4ml/（kg·min）

TVO_2 上限：TVO_2＝[30ml/（kg·min）－3.5ml/（kg·min）]×0.7＋3.5ml/（kg·min）＝22.05ml/（kg·min）

靶 VO_2 范围：19.4～22.05ml/（kg·min）

在此基础上确定 MET 范围：

1MET＝3.5ml/（kg·min）

靶 MET 下限：靶 MET＝19.4ml/（kg·min）÷3.5ml/（kg·min）＝5.54METs

靶 MET 上限：靶 MET＝22.05ml/（kg·min）÷3.5ml/（kg·min）＝6.3METs

靶 MET 范围：5.54～6.3METs

4. 主观体力感觉等级 主观体力感觉等级（rating of perceived exertion，RPE）是监测个体运动耐受性的重要指标之一，它与运动时 HR 和负荷相关（表 6-2），存在较大的个体差异。Borg RPE 分级表通过运动者自述其运动中的感觉来分级，能反映个体的体适能水平和疲劳水平，该分级受心理、情感状态、环境条件、运动方式以及年龄等因素的影响。

表6-2 主观体力感觉等级（RPE）与运动强度之间的关系

RPE 等级	主观体力感觉	体力活动强度分级	VO_2R（%）
6～7	毫不费力	很低	<20
8～9	非常轻松	低	<20
10～11	很轻松 - 轻松	较低	20～39
12～13	有些吃力	中等	40～59
14～16	吃力	较大	60～84
17～18	很吃力	大	84～89
19	非常吃力	次最大	90～99
20	力竭状态	最大	100

目前,最常用的两种 RPE 分级量表为:6~20 分原始分级量表和 0~10 分分类分级量表。在运动测试中,受试者提供 RPE 描述时可以是口头的,也可以做手势。例如,受试者可以说出对应的 RPE 数字,如果其使用了口罩或面罩而不能进行口头交流则可以让其指向一个数字,同时测试人员应该重复这些数字以确定正确的等级。大多数健康受试者在 RPE 达到 Borg 原始分级量表中的 18~19 分(非常吃力),或者达到分类分级量表中的 9~10 分(强,非常强)时,即达到其主观疲劳极限。因此,RPE 可用于监测在运动测试中,负荷增加时受试者疲劳程度的变化,也可用作终止运动测试的指征,但在运动测试开始之前,应清楚、简明地指导受试者学会使用所选用的标准(RPE)。

（三）运动持续时间

运动持续时间是指一段时间内进行体力活动的总时间,即每次训练课的时间、每天或每周的时间。耐力运动主要采用持续训练法,需明确有氧运动持续时间。力量运动和柔韧性运动则需注明对于每一项运动的重复次数、每组运动持续时间、共需完成的组数和组间间隔。在制订运动处方时,为达到理想的训练效果,要根据处方的目的和强度确定运动持续时间。ACSM 对大多数成年人推荐的运动量是每天累计进行至少 30~60min(每周至少 150min)的中等强度运动,或每天至少 20~60min(每周至少 75min)的较大强度运动,或中等和较大强度运动相结合的运动。不过,每天运动时间不足 20min 对健康也是有益的,特别是对经常静坐少动的人群。体重管理人群运动时间需延长。

（四）运动方式

运动方式的选择对于制订科学、高效的运动处方至关重要。依据运动时代谢供能特点将运动分为有氧运动、无氧运动和混合型运动。康复治疗的运动处方建议选择有节律的、持续时间较长的、大肌群参与的有氧运动,如步行、慢跑、上下台阶、骑自行车、太极拳等。但对于体质虚弱或有残疾者,部分日常生活活动同样可对治疗对象有帮助,如卫生清洁、收拾房间等。表 6-3 列出了有利于提高和维持心肺耐力的活动方式,在制订运动处方时,需结合个体特点进行针对性设计。

表6-3 提高体适能的有氧(心肺耐力)运动模式

运动分组	运动类型	推荐人群	运动举例
A 级	需要最少的技能或体适能的耐力活动	所有的成年人	水中有氧运动、步行、休闲自行车、慢舞
B 级	需要最少技能的较大强度耐力运动	有规律锻炼的成年人或至少中等体适能水平者	有氧健身操、慢跑、划船、动感单车、椭圆机锻炼、爬楼梯
C 级	需要技能的耐力运动	有技能的成年人或至少中等体适能水平者	游泳、越野滑雪、滑冰
D 级	休闲运动	有规律锻炼计划的成年人或至少中等体适能水平者	高山速降滑雪、网羽运动、篮球、英式足球、徒步旅行

表 6-3 依据运动所需技巧和强度对有氧心肺耐力运动进行了分类。完成 A 类运动所需技能很少,且大部分体适能水平的人可以适应该运动强度,因此可推荐给所有人。完成 B 类运动需要较大强度耐力,因此推荐给具有中等或更高体适能水平者,以及有规律性运动爱好的人群。完成 C 类运动强调应用一定的技巧,因此具有相对较好的控制技巧和体适能的人在保证安全的条件下进行。D 类运动可提高体适能,属休闲运动范畴,推荐作为体能训练的辅助手段。该类运动一般推荐给拥有足够体适能和控制技巧人,必要情况下为使其适合一些体适能和技巧水平低一些的人,也可以对活动进行适度调整。

Note

（五）运动量

运动量由运动的频率、强度和持续时间共同决定。其标准单位可用 MET-分 / 周和千卡 / 周表示。如表 6-4，研究表明，体力活动与健康 / 体适能呈正相关，大多数成年人的合理运动量是 ≥500～1 000METs-分 / 周。这一运动量大约相当于：10METs-小时 / 周（相当于以 6.7km/h 的速度运动）。较小的运动量也有利于健康 / 体适能的改善，特别是低体适能者。此外，计步器有利于促进体力活动，推荐量为每天步行至少 5 400～7 900 步。以维持正常体重为目的的女性需要 8 000～12 000 步 / 天，男性需要步行 11 000～12 000 步 / 天。

（六）进度

运动计划的进度取决于运动者的运动计划目的、健康状况、体适能和训练反应。在对运动者进行专业的运动训练时，可利用增加运动处方的 FITT 原则中运动者可耐受的项目进行，可以是一项或多项。较适合一般成人的进度为：在开始的 4～6 周，每 1～2 周将每次训练课的时间延长 5～10min。运动者规律锻炼至少 1 个月之后，在接下来 4～8 个月里（老年人和体适能较低的人应延长时间），逐渐增加运动量直到达到指南推荐的数量和质量。专业人士在提供运动处方时，每一项目都应遵循循序渐进原则，以降低训练风险。在对运动处方进行调整时，均应该严格监控运动者反应，若运动者由于无法耐受调整后的计划出现不良反应时，应及时调整运动量。

（七）注意事项

运动前应做好准备活动和整理活动，运动时出现异常情况时应停止运动，如出现心率过快，心慌心悸、晕厥、恶心呕吐、痉挛抽搐等。运动后不要立即坐、卧，以免引起"重力性休克"。对患有急性疾病、发热性疾病、出血性疾病，心肺和肝肾功能不全者一般禁忌有氧运动，特别是剧烈运动。

表6-4 有氧运动（心肺耐力）推荐

FITT-VP	有氧运动推荐
频率	中等强度运动每周不少于 5d，或较大强度运动每周不少于 3d，或中等强度加较大强度运动每周不少于 3～5d
强度	推荐大多数成人进行中等和（或）较大强度运动 轻到中等强度运动可使非健康人群获益
运动持续时间	推荐大多数成人进行每天 30～60min 的中等强度运动，或 20～60min 的较大强度运动，或中等到较大强度相结合的运动 每天小于 20min 的运动也可使静坐少动人群获益
运动类型	推荐进行规律的有目标的、能动用主要肌肉群、持续有节律性的运动
运动量	推荐的运动量每周应至少 500～1 000MET 每天至少增加 2 000 步使每天的步数不少于 7 000 步，可以获得健康益处 不能或不愿意达到推荐运动量的个体进行小运动量的运动也可获得健康益处
运动模式	运动可以是每天一次性达到推荐的运动量，也可以是每次不少于 10min 的运动时间的累计 每次少于 10min 的运动适用于健康状况差的病人
运动进度	对运动的持续时间、频率和（或）强度进行调整，逐步达到运动目标 循序渐进的运动方案可以促使锻炼者坚持锻炼，减少骨骼肌损伤和不良心血管事件

二、力量运动处方

（一）概述

力量运动即抗阻运动，目的是增加肌肉力量和体积，提高骨密度，改善健康相关的生物标志物（如身体成分、血糖、1级高血压病人的血压），从而提高肌肉适能，预防或延缓骨质疏松，降低骨骼肌肉系统疾病的发病率，缓解骨性关节炎患者的疼痛，预防和治疗"代谢综合征"，且有利于改善心情，缓解抑郁和焦虑。任何一种肌肉适能的提高，都需要合理的抗阻运动目标、计划和准确的练习动作。在各种肌肉适能中，虽然肌肉的爆发力对铅球、标枪、羽毛球等多种项目的表现会产生重要影响，但是对于以获得健康/体适能益处为主要目的的中青年人来说，发展肌肉的力量和耐力更为重要。但对于老年人（≥65岁）来说，除了进行肌肉力量和耐力练习还可以通过爆发力练习获益，这是由于随着年龄的增长此项肌肉适能下降得最快，而爆发力不足又会增加意外跌倒的风险。

因此，对于成年人来说，健康相关的抗阻运动目标应该是：

（1）降低ADL（如爬楼梯和提杂货袋）的生理应激。

（2）有效管理、缓解甚至是预防慢性疾病，如骨质疏松症、2型糖尿病和肥胖症。

抗阻运动处方旨在促进健康，一般来说应先确定两个问题：一是确定需要锻炼的目标肌群，例如：健身人群锻炼初期，可由某些肌群开始锻炼，逐渐增加锻炼的部位，最后达到对全身主要肌群进行锻炼、提高身体成分中肌肉百分比的目的。康复对象的锻炼目的是重点锻炼肌力下降、出现萎缩的肌群，恢复肌肉的体积和力量。二是确定需要发展何种肌肉适能，例如：爆发力、肌肉力量、肌肉耐力等。

（二）力量运动处方的制订

1. 抗阻运动频率　对于以发展体适能为目标的未经训练者和业余训练者，推荐其每周对每组大肌群训练2～3d，且同一肌群的练习时间间隔不少于48h。训练时，可根据运动者日程安排一次训练一节课的全部内容，也可将不同大肌群进行"分化"，每次只训练一部分，通过多次课完成一次训练课的全部内容。

2. 抗阻运动方式　抗阻运动应包括单关节练习（如肱二头肌弯举、肱三头肌伸展、提踵），也应包括多关节运动（如卧推、肩部推举、仰卧起坐、屈膝两头起、深蹲等）。因多关节训练效果优于单关节，建议所有成年人都要进行多关节训练，且训练时要同时练习主动肌和拮抗肌，避免肌力失衡，同时可以采用多种训练方式或器械进行训练。

3. 抗阻运动量　在抗阻训练中，推荐每组肌群都进行2～4组练习，并进行2～3min的组间休息。在对同一组肌群进行训练时，运动者可采用同一动作完成，也可以选择不同动作完成，只要保证总数符合要求即可。如，在进行胸肌练习时，可选择4组臂屈伸，也可以选择2组臂屈伸加2组卧推。相比之下，进行多种训练方法可减少运动者的训练疲劳，提高运动者的依从性。

抗阻训练强度和每组动作的重复次数呈负相关。以提高肌肉力量、体积为目标的人群，每组练习的推荐重复次数为8～12次，约60%～80%的最大重复次数（1RM）。重复做的最大数量（repetition maximum, RM）是一种较为抽象的计量单位。举个例子，假如推举时选择了100kg的杠铃，做了10次就力竭了，那么100kg推举就是10RM。以提高肌肉耐力为目标的人群，每组练习的推荐重复次数要更多，可为15～25次/组，练习的强度和阻力宜小，不超过50%（1RM），组间休息时间宜缩短。老年人及体适能极低人群可由低阻力、多重复的运动开始，后随体适能的提高逐渐增加阻力。

4. 抗阻运动技术　抗阻运动应选择正确的技术和方法。运动者在正确的运动技术和姿势下，缓慢且有控制的重复动作，并将肢体做全关节范围的活动，结合正确的呼吸方法（如向心收缩时呼气，离心收缩时吸气）。注意避免进行单纯大强度的离心收缩，以防引起肌肉损伤或各种并发症。当运动者已适应现有运动负荷时，如其希望继续增加肌肉力量、体积，可通过超负荷或更大的刺激来实现训练目标，此即"递增超负荷"原则。如运动者肌肉力量、体积已达到训练目标，且运动者只希望继续维持这一肌肉体适能水平，则维持现有运动方案即可，不需额外增加训练负荷。

5. **注意事项**　为了健康获益最大化并尽量减少运动损伤的发生，不管训练水平高低或年龄大小，任何抗阻练习都应按照正确的技术动作要求完成，包括：①控制动作速率，缓慢且有控制的重复动作；②练习时应在全关节活动范围内活动肢体；③采用适当的呼吸方法（即向心阶段呼气、离心阶段吸气），并且避免 Valsalva 动作（即深吸气后屏气，再用力做呼气动作，呼气时对抗紧闭的会厌）。

不建议运动者进行单纯大强度 [如 100%（1-RM）] 的离心收缩或拉长收缩练习，因为这样可能会大大增加肌肉损伤和严重肌肉酸痛的发生率，甚至导致横纹肌溶解（即由于肌肉损伤导致肌红蛋白进入尿液而引发的肾脏功能损伤）等严重并发症。初学者在进行抗阻训练时，应该由有资格的健康、体适能专业人士对抗阻训练课中每一个动作进行指导。

三、柔韧性运动处方

所有年龄段的人都可以通过柔韧性练习提高 ROM 或柔韧性。ROM 在柔韧性练习后会立即增加，每周进行至少 2～3 次，坚持 3～4 周规律的拉伸练习之后，ROM 也会长期增长。柔韧性练习还可提高韧带的稳定性和平衡性，特别是与抗阻训练结合进行时。规律的柔韧性练习可能会减少肌肉韧带损伤的发生率、预防腰痛、缓解肌肉酸痛，但具体机制尚不明确。柔韧性练习的目的是根据个性化训练目标来发展大肌群、韧带群的柔韧性。

（一）柔韧性练习方式

柔韧性练习应针对机体主要的肌肉肌腱单元，包括肩带、胸部、颈部、躯干、腰部、臀部、大腿前后和脚踝。提高 ROM 的柔韧性练习方法如下：

弹震或"跳跃"拉伸：利用肢体运动所产生的势能而进行的拉伸。

动力性或慢动作拉伸：通过反复多次重复动作，使身体从一个体位逐步过渡到另一体位，同时逐步增加动作范围和 ROM。

静力性拉伸：缓慢拉伸肌肉、韧带到某一位置后静止不动，保持一段时间（10～30s）。静力拉伸包括主动静力拉伸和被动静力拉伸。主动静力拉伸是利用主动肌的力量使身体保持某一拉伸姿势，这种拉伸最常见的就是瑜伽。被动静力拉伸是指在同伴或设备（如：弹力带或芭蕾扶杆）的帮助下，抬高肢体或身体其他部位到某一设定的位置。

PNF：神经肌肉本体感觉促进法。有多种方法，但常用的是在肌肉、肌腱群等长收缩后，对此肌肉、肌腱群再进行拉伸（即收缩－放松），通常需要一个搭档才能完成。

虽然弹震式拉伸常被看作是训练"禁忌"，但是成年人可以适当进行这种练习，特别是要进行诸如篮球等需要弹跳力的运动时。弹震式拉伸与静力性拉伸对提高 ROM 的效果是一样的，静力性拉伸比动力性或慢动作拉伸更有效。

（二）柔韧性练习量（时间、重复次数和频率等）

进行拉伸练习时，应在感觉到肌肉轻微紧张后保持 10～30s，延长拉伸的时间对老年人更有益。每个柔韧性练习都应重复 2～4 组，累计达到 60s（可以拉伸 2 次，每次 30s；也可以拉伸 4 次，每次 15s），按照上述安排，多数人不超过 10min 即可完成柔韧性练习。

柔韧性练习运动处方的 FITT-VP 原则总结如下：

（F）频率：至少每周 2～3 次，每天练习，效果最好。

（I）强度：拉伸达到拉紧或轻微不适状态。

（T）时间：推荐大多数人静力拉伸保持 10～30s；老年人拉伸保持 30～60s 获益更多。在进行 PNF 时，先进行 3～6s 低到中等强度的收缩（即 20%～75% 最大随意收缩），紧接着由搭档进行辅助拉伸 10～30s。

（T）类型：建议对所有主要肌肉肌腱单元进行一系列的柔韧性练习。静力拉伸（即主动和被动拉伸）、动力拉伸、弹震拉伸以及 PNF 都是有效方法。

（V）量：合理的练习量是每个单元柔韧性练习的总时间为60s。每个柔韧性练习都重复2～4次。

（P）进度安排：尚无最佳进展计划建议。

注意事项：肌肉温度升高时进行柔韧性练习的效果最好，通过主动热身或热敷、洗澡等被动方法都可以提高肌肉温度。拉伸活动会导致肌肉的力量和爆发力发生即刻的、短期的降低，特别是当运动者在拉伸后进行以力量和爆发力为主的运动时这一负面影响尤为明显，建议将柔韧性练习安排在心肺耐力或抗阻训练之后，或者单独进行。

第三节　健康儿童青少年和老年人运动处方

一、6～17岁儿童青少年运动处方

（一）定义

儿童青少年时期（定义为6～17岁）是发展动作技能、学习健康生活习惯的关键时期，也是建立终身健康和幸福生活的基础，儿童青少年进行规律的身体活动能够促进健康和体适能的发展，改善认知功能，减少抑郁症的发生。超重或肥胖的青少年可以通过运动训练改善身体成分，降低总脂肪和腹部脂肪的含量，并降低这些危险因素发生的可能性，使青少年长大成人后仍然保持健康的概率更高。

6～17岁青少年每天进行60min或以上的中等强度和较大强度身体活动，能够获得大量的健康效益，这些活动包括有氧运动及与年龄相适应的肌肉力量练习和增强骨骼健康的活动。增强骨骼健康的活动对儿童和青少年非常重要，能够对骨产生作用力，增进骨骼的生长和强度，提高峰值骨量，因为骨量增加最大的时期是青春期前和青春期这几年，而大部分的峰值骨量是在青春期末获得的。但青春期前的儿童骨骼尚未发育成熟，较小的儿童不应该参与过多的较大强度运动。同时，儿童的无氧能力明显低于成年人，这限制了他们完成持续性较大强度运动的能力。此外，大多数儿童青少年都是健康的，不进行医学筛查开始中等强度运动也是安全的。需要注意的是在运动测试或运动中，儿童青少年在运动时的生理反应与成人并不相同，如表6-5所示。

表6-5　与成年人相比，儿童对急性运动的生理反应

指标	变化
绝对摄氧量	较低
相对摄氧量	较高
心率	较高
心输出量	较低
每搏输出量	较低
收缩压	较低
舒张压	较低
呼吸频率	较高
潮气量	较低
每分通气量	较低
呼吸交换率（RER）	较低

（二）运动处方

1. 有氧运动

（1）频率：每天。

（2）强度：大部分应该是中等到较大强度有氧运动，并且较大强度的有氧运动应该每周≥3d。进行中等强度运动时，青少年的心率和呼吸显著增加；较大强度运动时，心率和呼吸急剧增加。

成年人在监督孩子锻炼时，通常无法确定孩子的心率和呼吸频率，但根据能量消耗，成年人可以了解孩子进行的是中等强度或较大强度的活动。例如，正在步行去学校的孩子做的是中等强度的活动，而正在操场上奔跑的孩子进行的则是较大强度的活动。然而，对于低心肺耐力水平的儿童，即使在绝对强度表上仅仅是中等强度的活动，他们可能也会感觉到像较大强度。表6-6列出了不同强度和活动类型下运动方式。

（3）时间：每天≥60min。

（4）类型：有趣且与发育相适应的有氧运动，包括跑步、健步走、游泳、跳舞、骑自行车、跳绳等。

2. 肌肉力量练习

（1）频率：每周≥3d。

（2）时间：每天60min或60min以上。

（3）类型：可以是非组织性的身体活动（如玩操场上的健身设施、爬树、拔河等）或者是非组织性的身体活动（如使用弹力带运动、举重或移动身体等）。

3. 增强骨骼肌肉的活动

（1）频率：每周≥3d。

（2）时间：每天60min或更长时间。

（3）类型：增强骨骼肌肉的活动包括跑步、跳绳、篮球、网球、抗阻训练和跳房子游戏。

表6-6　儿童青少年有氧运动、肌肉力量练习、增强骨骼肌肉健康的活动举例

活动类型	学龄前儿童	学龄儿童	青少年
中等强度有氧运动	游戏，如捉迷藏或追随领队	快走	快走
	操场上玩	骑自行车	骑自行车
	骑三轮车或自行车	活跃的娱乐活动，如远足、玩无马达的滑板车、游泳	活跃的娱乐活动，如皮划艇、远足、游泳
	走路、跑步、跳跃、跳远、跳舞	玩需要抛和接的游戏，如棒球和垒球	玩需要抛和接的游戏，如棒球和垒球
	游泳		进行房子或院子里的工作，如打扫或推割草机
	玩需要抛、接、踢的游戏		玩需要持续运动的体感游戏
	体操或翻滚		
较大强度有氧运动	游戏，如捉迷藏或追随领队	跑步	跑步
	操场上玩	骑自行车	骑自行车
	骑三轮车或自行车	涉及跑和追的活动性游戏，如捉迷藏或夺旗橄榄球	涉及跑和追的活动性游戏，如捉迷藏或夺旗橄榄球
	走路、跑步、跳跃、跳远、跳舞	跳绳	跳绳
	游泳	越野滑雪	越野滑雪
	玩需要抛、接、踢的游戏	体育运动，如足球、篮球、游泳、网球	体育运动，如足球、篮球、游泳、网球
	体操或翻滚	武术	武术
		充满活力的舞蹈	充满活力的舞蹈

续表

活动类型	学龄前儿童	学龄儿童	青少年
肌肉力量练习	游戏,如拔河比赛	游戏,如拔河比赛	游戏,如拔河比赛
	攀爬操场上的器械	抗阻运动,对抗自身体重或弹力带	抗阻运动,对抗自身体重、弹力带、重量训练器械、手持重物
	体操	爬绳或爬树	爬绳或爬树
		攀爬操场上的器械	某些形式的瑜伽
		某些形式的瑜伽	
增强骨骼肌肉健康的活动	单脚跳、双脚跳、跳远	单脚跳、双脚跳、跳远	跳绳
	跳绳	跳绳	跑步
	跑步	跑步	需要跳远或快速变向的运动
	体操	需要跳远或快速变向的运动	

注意:有些活动,如骑自行车或游泳,既可以是中等强度,也可能是较大强度,这取决于努力的程度。对于学龄前儿童来说,有氧运动可以是中等强度或较大强度。

4. 注意事项

(1)儿童青少年可以在指导和监督下安全参加力量训练,可以使用针对成年人的抗阻训练指南。每个动作重复8～15次,达到中等疲劳程度,当儿童青少年可以保质保量完成预定的重复测试次数时,才可以增加阻力。

(2)由于儿童青少年体温调节系统发育不成熟,应避免在炎热潮湿的环境下运动,并且应注意补水。

(3)超重或身体活动不足的儿童青少年可能不会保证每天进行60min中等至较大强度的身体活动。这些孩子应该从中等身体活动开始,适应后逐渐增加运动频率和运动时间以达到每天60min的目标,然后可以逐渐增加较大强度的身体活动直到每周至少3d。

(4)对于有疾病或残疾的儿童青少年,如患哮喘、糖尿病、肥胖症、囊性纤维化以及脑瘫者,应根据他们的身体状态、症状以及体适能水平制订运动处方。

(5)应努力减少静坐少动的活动(如看电视、上网或玩视频游戏),增加有益于终身体育锻炼和增强体适能的活动(如步行和骑自行车)。

二、65岁以上老年人运动处方

规律运动对健康老龄化至关重要,运动可以保持身体的功能和灵活性,这有助于保持独立性和延缓重大残疾的发生。对老年人来说,运动有助于预防和控制慢性疾病、降低痴呆风险、改善生活质量、减轻焦虑和抑郁症状等。此外,与其他人一起参加运动还可以增加社交和互动的机会。然而,由于老年人衰老程度不同,年龄相似的个体对运动的反应也会表现出明显的不同,因此,在制订安全、有效的运动处方之前,需要全面了解老年人在安静和运动时,由于年龄增加对机体生理功能产生的变化。

与其他年龄组相比,老年人普遍存在功能能力低下、肌力不足等体适能下降的情况,从而导致生活自理能力低下或丧失。老年人的运动处方中应当包含有氧运动、肌肉力量、肌肉耐力运动、柔韧性运动。如果老年人经常摔倒或行走不便,还应当进行特殊的神经性运动,以提高健康体适能之外的能力,如平衡能力、灵活性和本体感觉能力等。

1. 有氧运动

(1)频率:每周进行≥5d的中等强度运动,或每周进行≥3d较大强度运动,或每周进行3～5d

中等强度与较大强度相结合的运动。

（2）强度：根据 RPE 表，11～13 为中等强度运动，14～16 为较大强度。

（3）时间：每天累计 30～60min，每周共进行 150～300min 中等强度的运动，保证每次至少进行 10min；或每天至少 20～30min，每周共进行 75～100min 的较大强度运动，或是相当运动量的中等强度和较大强度运动相结合。

（4）类型：在进行任何类型的运动时，都不能对骨骼施加过大的压力。步行是老年人最常用的运动方式，水上运动和固定功率车运动项目较那些需要承受自身体重而耐受能力受限制的项目来说更具有优越性。

2. 肌肉力量、肌肉耐力运动

（1）频率：每周≥2 天。

（2）强度：以低强度（如 40%～50%1-RM）开始，逐步提高到中等至较大强度（6%～80%1-RM），如果无法测得 1-RM 时，运动强度可以采用 RPE 量表中的中等强度（11～13 分）到较大强度（14～16 分）。

（3）时间：8～10 个大肌肉群进行训练，1～3 组，每组重复 8～12 次。

（4）类型：渐进式负重运动项目或承受体重的柔软体操、爬楼梯和其他大肌肉群参与的力量训练。

3. 柔韧性练习

（1）频率：每周≥2 天。

（2）强度：拉伸至感觉到拉紧或轻微的不适。

（3）时间：保持拉伸 30～60 秒。

（4）类型：任何保持或提高柔韧性的运动，通过缓慢的动作拉伸身体各主要关节和大肌肉群，静力性拉伸优于动力性拉伸。

4. 神经肌肉（平衡）练习
神经运动训练包括平衡、协调、步态、敏捷性和本体感受等控制技能的练习，有时被称为功能性体适能训练。某些将神经动作练习与抗阻、柔韧性练习相结合的涉及方面较多的运动有时也被看作是神经动作练习，包括太极（太极拳）、气功和瑜伽。对老年人来说，神经运动训练的好处包括平衡、敏捷性和肌肉力量的改善，并减少跌倒的风险和跌倒的恐惧。

尽管神经肌肉（平衡）练习没有被专门纳入运动处方中，但如果每周能坚持 2～3 天的平衡性、灵敏性和本体感觉上的神经动作练习，可以有效地预防和减少摔倒。主要练习方式有：

（1）通过逐渐增加动作的难度来减少其支撑力（如双腿站立、半前后站立、前后站立、单腿站立）。

（2）使人体重心发生变化的动力性练习（如前后脚交替走路或蹬自行车）。

（3）肌群压力姿势练习（如脚跟、足尖站立）。

（4）减少感觉输入（如闭眼站立）。

（5）太极拳训练。

对于老年人的身体活动方式，表 6-7 中列举了一些老年人有氧运动和肌肉力量练习的范例，供读者参考。

表 6-7　老年人身体活动范例

有氧运动	肌肉力量练习
步行或健步走	应用弹力带、力量练习器械或手持哑铃进行力量练习
舞蹈	自重练习（俯卧撑、引体向上、平板支撑、下蹲或弓箭步）
游泳	园艺工作时的挖掘、抬重物和搬运、
水中有氧运动	收拾杂物

续表

有氧运动	肌肉力量练习
慢跑或跑步	某些瑜伽姿势
有氧健身操	某些类型的太极拳
某些瑜伽	
自行车（功率自行车或户外）	
一些庭院工作，如耙草或推割草机	
像网球或篮球这样的运动	
打高尔夫运动时的步行	

注意：以上运动的强度依据老年人体适能水平选择相对中等强度或相对较大强度。

5. 注意事项：

（1）对于那些因身体素质很差、功能受限或有慢性疾病而影响身体活动质量的老年人，在其刚开始参加体力活动时，强度要低，运动持续时间从每次 10min 开始逐渐延长。

（2）渐进性运动必须是个体化的、特定的、可以承受的和有兴趣的，保守的方法对于大多数身体素质差和活动功能受限的老年人比较适用。

（3）肌肉力量随年龄增长会快速下降，尤其是>50 岁的人群。抗阻训练在一生中都很重要，随着年龄的增加，抗阻运动变得更为重要。

（4）使用举重练习器械进行力量训练时，在刚开始阶段，应该有了解老年人特殊需要的专业人士在其身边进行密切监督和指导。

（5）运动训练的早期阶段，对于体弱的老年人，肌肉力量或肌肉耐力运动应该在有氧运动之前。患有肌肉减少症、身体虚弱的个体，需要在他们的生理能力可以参与有氧训练之前，增加肌肉力量。

（6）为了加强慢性疾病和健康状态的管理，老年人应该逐渐超过所推荐的最小身体活动量，逐渐增加运动量有助于提高或维持健康体适能。

（7）如果老年人患有慢性疾病，无法达到推荐的最小运动量，也应当尽可能地做些可以耐受的身体活动，减少静坐少动的状态。

（8）身体活动可以改善认知状态，应鼓励认知减退的老年人进行中等强度身体活动，有严重认知障碍的个体可以在他人帮助下参加个性化的身体活动。

（9）应重视运动前的准备活动和结束后的整理活动，尤其是在制订患心血管疾病个体的运动处方时。整理活动应该包括逐渐减小用力、降低强度、适宜的柔韧性练习。

（10）社会支持、自我效能、健康选择的能力和安全感等行为策略，都可能促进老年人参与运动项目的规律性。

（11）运动处方师应当定期反馈健身效果、巩固支持和其他行为/计划性的策略，以增强运动者的依从性。

三、不同年龄健康人群身体活动指南要点

（一）6～17岁儿童青少年身体活动指南要点

1. 为青少年提供适龄的、愉快的、多样化的身体活动机会，并且鼓励他们参与到身体活动中来。

2. 6～17岁儿童和青少年应该进行每天 60min（1h）或以上的中等至较大强度的身体活动。

（1）有氧运动：在每天 60min 内的大多数时间或更长时间里，都应该进行中等或较大强度的

有氧运动,同时,较大强度的身体活动每周应该至少进行 3d。

（2）肌肉力量练习:作为每天 60min 或 60min 以上活动的一部分,儿童和青少年都应该每周至少进行 3d 的肌肉力量练习。

（3）骨强化活动:作为每天 60min 或 60min 以上活动的一部分,儿童和青少年应该每周至少进行 3d 骨强化活动。

（二）18～64 岁成年人身体活动指南要点

1．成年人应该全天多动少坐。少坐并进行任意量的中等至较大强度身体活动的成年人可以获得一些健康益处。

2．为了获得实质性的健康益处,成年人应该每周至少 150min（2h30min）至 300min（5h）的中等强度,或 75min（1h15min）至 150min（2h30min）的较大强度有氧运动,或中等强度和较大强度有氧运动的等效组合。有氧运动量最好分散在整个星期内进行。

3．每周超过 300min（5h）的中等强度身体活动,可以获得更多的健康益处。

（三）老年人身体活动指南要点

1．作为每周身体活动的一部分,老年人应该进行多种形式的身体活动,包括平衡性练习、有氧运动和肌肉力量练习。

2．老年人基于自身体适能水平来决定他们身体活动的费力程度。

3．患有慢性疾病的老年人应该了解他们的病情是否以及如何影响他们进行规律身体活动的安全性。

4．当老年人因为慢性疾病无法完成每周 150min 中等强度的有氧运动时,应鼓励他们尽可能多地进行身体活动。

（四）超重与肥胖人群运动处方

肥胖症是一种与环境（社会和文化）、基因、生理、新陈代谢、行为心理等相关的、复杂的、多因素的慢性代谢性疾病。当人体摄取食物过多、消耗能量减少时,过多的热量在体内转变为脂肪大量蓄积起来,体重超过标准体重的 20%,就发展成为肥胖。医学专家将肥胖定义为是一种常见的、明显的、复杂的代谢失调症,是一种可以影响整个机体正常功能的生理过程。目前肥胖的全球化和低龄化趋势使之成为全球关注的公共健康问题。肥胖既是一种独立的疾病,又是 2 型糖尿病、心血管病、高血压病、脑血管疾病和多种癌症的危险因素,被世界卫生组织列为导致疾病负担的十大危险因素之一。

美国运动医学会建议肥胖症患者每天至少运动 60～90min,每周通过运动所消耗的能量应达到 2 500～2 800kcal。这一推荐超出了健康成人每天运动 30min、每周能量消耗 1 000kcal 的建议。肥胖症患者在进行运动减重前应咨询相关的慢性疾病运动康复指导师,制定出科学化、个性化、切实可行的运动处方,以保证安全有效达到减重目标。为达到能量消耗的最大化,建议以有氧运动为主,辅以肌肉力量训练和柔韧性训练。

1. **有氧运动**　与其他运动方式相比,有氧运动是达到每周消耗 2 500～2 800kcal 的首选运动方式。当肥胖者出现肌肉、骨骼病变时,如果进行健步走、慢跑等有氧运动可能会加重骨骼肌肉的病变,从而无法坚持进行有氧运动。所以制订运动处方前应详细询问、检查下肢肌肉、骨骼的状况,避免因运动加重已存在的病变。

（1）运动方式:有氧运动可分为负重运动、无负重运动。当肥胖者无肌肉骨骼的病变,步行、慢跑是最好的运动减重方式。其中慢速长跑是消耗热量最多、减肥效果最明显的项目,适合于轻度肥胖患者。但是如果没有跑步经历、有肌肉骨骼病变者应尽量避免负重运动,选择无负重运动。无负重运动包括上肢、下肢坐式功率车,卧式功率自行车,坐位有氧操和水中运动等。

（2）运动频率:为保证长期减重、避免减重后反弹,应坚持每天运动,尤其是减重计划开始阶段。为避免运动后第二天出现过度疲劳、肌肉酸痛而停止运动,可选择降低运动强度和运动持续时间来维持每天运动的频率。

（3）运动强度：推荐进行中等强度至较大强度的有氧运动。对于无运动习惯的肥胖者,起始运动强度应维持在 40%～60%VO$_2$R 或 HRR,可逐渐延长运动时间、增加运动频率,最后达到较大运动强度（60%～80% 的 VO$_2$R 或 HRR）。

没有并发症的肥胖患者可在监控或无监控下运动,如果并发高血压、正在服用 β 受体阻滞剂的肥胖患者,可采用 RPE 表中的 11～15 级的主观疲劳感代替心率来确定运动强度。

（4）运动持续时间：无运动习惯的肥胖者,开始减重阶段每天运动持续时间可控制在 20～30min,身体耐受能力差的可将其分为 2～3 段进行（每段 10～15min）。以后可每隔 1～2 周延长5～10min,直到每日运动时间达到 60～90min、每周达到 250～300min 中等强度。如果采取每次至少 10min 的间歇运动,逐渐累积到 60min 也能获得持续运动的效果。

（5）运动进度：近期无运动经历者,运动时间开始可设定为每次 10～20min,等到运动能力有所改善后可以先增加运动时间、运动频率,最后增加运动强度。如果身体运动能力极差,在开始阶段可以进一步降低运动强度。

2. **抗阻运动**　在进行抗阻运动之前,应仔细评估肥胖者的承受能力,有并发症的肥胖者在开始阶段可能无法使用抗阻器械。短期目标首先是提高肌肉耐力,然后才是提高肌肉力量,长期目标是提高肥胖者静息代谢率、减少瘦体重的丢失。

（1）运动方式：自由负重、弹力带、哑铃。

（2）运动强度：每组抗阻动作的重复次数为 8～12 次（8～12RM）。

（3）运动频率和时间：对每个大肌肉群训练每周 2～3d,同一肌群的训练至少间隔 48h。每一肌群训练 2～4 组,组间间隔 2～3min。

3. **柔韧性运动**　肥胖者关节周围脂肪堆积过多,会影响其伸展功能,改变体位时反应迟缓容易失去平衡,所以对肥胖者进行柔韧性训练可提高关节的活动范围,减少肌肉韧带的损伤,预防腰痛、延缓肌肉酸痛。建议柔韧性练习安排在主动热身、有氧运动、肌肉力量运动后进行,会使练习效果更好。也可通过热敷、洗澡等被动方法提高肌肉温度。

（1）运动方式：静力性拉伸（主动、被动）、动力性拉伸、PNF。

（2）运动强度：达到拉紧或轻微不适的状态。

（3）运动时间：静力拉伸保持 10～30s（老人保持 30～60s 获益更多）；进行 PNF 时,先进行3～6s 的轻 - 中强度的收缩,再进行 10～30s 的拉伸。

（4）运动频率：每周至少 2～3 次,每天训练效果更好。

（5）运动总量：每个部位的柔韧性练习为 60s。

4. **运动中的注意事项**

（1）确定合适的减重目标：减重的合理目标是在 4～6 个月减去体重的 10%,减重的速度以每周 0.5～1.0kg 为宜。适量的减重可以明显降低由肥胖引起的相关危险,为进一步减重打下良好的基础。

（2）注意配合饮食调整：为了达到减重效果,必须保证能量的负平衡,注意减少能量的摄入。在大多数减肥计划开始时,减少能量的摄入是最有效方法,常采用低脂低糖饮食（low-calorie diet, LCD）。肥胖男性可选择能量摄入为 1 200～1 500kcal/d,女性为 1 000～1 200kcal/d,但不宜低于 900kcal/d。因为热量摄入过少,会使人出现疲乏无力、畏寒、抑郁消沉等症状。

在热量减少的同时,要注意增加无机盐、纤维素和维生素的摄入。推荐每天的纤维素摄入量为 20～30g,女性每天保证 1 000～1 500mg 钙的摄入。

（3）肌肉、骨骼、关节疼痛或出现损伤者,应选择无负重运动。

（4）注意肥胖者运动中出现高血压症状。

（5）注意呼吸的调整：进行向心和离心力量训练时注意配合合适的呼吸方式。对伴有心血管疾病、高血压的老年肥胖者进行力量练习时,应注意调整呼吸运动,避免憋气,防止过度疲劳。

（6）低强度的抗阻力量训练主要进行超过一个肌群的多关节抗阻训练,同时兼顾主动肌和拮抗肌,如仰卧起坐、屈膝两头起、臂屈伸等。也可进行主要肌群的单关节运动如肱二头肌弯举、肱三头肌伸展、股四头肌拉伸、提踵等。

（徐俊华　汶　希）

思考题

    1. 什么是运动处方?

    2. 以保持和提高体适能及健康为目的运动处方需要包括哪几部分?

    3. 有氧运动处方包括哪些内容?

    4. 如何制订运动处方?

    5. 如何制订肥胖人群运动处方?

|第七章| 健康运动的体育手段

本章要点

1. **掌握** 体育手段的概念、体育手段的分类。
2. **熟悉** 身体运动的要素、传统体育项目的种类与功能。
3. **了解** 现代体育项目的分类。

第一节 体育手段概述

一、体育手段的概念

手段是置于有目的的实践活动主体与客体之间的一切中介的总和,它包括实现目标任务的工具和运用工具的操作方式与方法。目的通常是指行为主体根据自身的需要,借助意识、观念的中介作用,预先设想的行为目标和结果。体育手段,是指为了达到体育目的而借助的载体、媒介及其各种活动形式和方法,是实现体育目的的系统行为和操作技术。而在健康运动学中其体育目的主要包括锻炼身体、增强体质和防治疾病。

二、体育手段的结构与特性

(一)体育手段的结构

结构是各组成部分及材料要素的搭配与排列。体育手段以人体解剖学、人体生理学、人体生物化学、人体生物力学和体育心理学为基础构建,其材料要素包括了健身锻炼、生活制度、环境、饮食和心理卫生;其间架层次是优生优育、婴幼儿期健身、青少年期健身、中壮年期健身和老年期健身;其搭配与排列所遵循的是经常性、全面性、循序渐进性、终身性等原则。

(二)体育手段的特性

1. 体育手段的目的指向性 体育手段以实现体育目的为前提而存在,其最本质的特性就是目的指向性。体育手段是引导和促成体育主体(运动者)实现体育目的的行为,体育主体在一定条件下通过载体(体育内容)达成体育目的,体育手段、体育主体、体育内容和客观条件共同构建了体育这个具有特定功能的系统。由于体育主体存在差异,其体育目的虽然都是为了增进身心健康,但具体目标不尽相同(如瘦身、增肌),为达成不同的体育目的,体育主体采用的体育手段也不尽相同,因此,体育手段也呈现出计划性、系统性和多样性等特性。

2. 体育手段的历史性 在人类社会发展的历史长河中,人们为了生存、生活、消遣、娱乐、健身和提高技术水平,创造并丰富了各种各样的体育手段。不同时代的体育手段反映了该时期人类的需求与认知,也反映了该时期的文明程度。在竞技体育与群众体育的相关概念尚未独立开来之前,在古代社会,就有很多体育运动项目,如古希腊的拳击、角力、赛跑、射箭、投枪、掷石饼及战车赛,中国古代的射箭、蹴鞠、赛马、摔跤等。随着历史发展,有些体育运动项目被继承并发扬,有的则被淘汰、遗留在历史长河中。而随着社会生产、生活水平的发展以及人类自身认识的提高,以娱乐和健身为目的的群众体育逐渐独立出来,相应的体育手段也越来越丰富,如近年来我国兴起的广场舞。

3. 体育手段的民族性　体育手段的形成和丰富来源于人们的劳动生产和日常生活,体育手段的产生和应用总是与一个国家或地区的自然条件、民族传统习俗和文化密切相关。由于不同地域环境的差异、民族喜好和传统的不同,体育手段还具有鲜明的民族性特点,如寒冷地带的民族多有冰雪项目,热带水域则多水上运动。而中国的武术和健身气功、韩国的跆拳道和印度的瑜伽都具有鲜明的民族色彩。

三、体育手段的分类

按体育运动各项目的不同作用可以把体育手段分为以下几类:

1. 健身强体性的手段　包括发展身体的各种运动,如走、跑、跳、投掷,基本体操和器械体操,武术和各种民族体育以及各种球类运动等,都可以用作健身强体的手段。

2. 保健医疗性的手段　如,各种医疗体操、太极拳运动、各种健身功法和保健按摩,都是很受欢迎的保健医疗性手段。

3. 健美性的手段　健美是在健的基础上的美,所以大多数体育手段都可运用,其针对性很强的手段有艺术体操、体育舞蹈、花样滑冰、游泳、健美操和专门徒手操作等等。

4. 竞技性的手段　如田径、竞技体操、各种球类、军事体育项目、水上运动项目、冰上运动项目以及重竞技项目等。这些手段竞赛性强、强度大,要求有较高的技艺。

5. 娱乐性的手段　这类手段是富有趣味性、轻松愉快的身体活动,使人们生活丰富多彩,达到积极性休息的目的。

儿童和青少年适合健身强体性和竞技性的体育手段,而老年人适合健身强体性、保健医疗性和娱乐性的体育手段。同时,儿童和青少年在进行竞技性体育手段时,要注意其运动强度不能超越机体的负荷。

第二节　身体运动技术

一、身体运动

(一)身体运动的概念

身体运动是运动者为达到体育目的,按照人体运动的客观规律和体育的法则、要求而进行的有意识的主动的各种运动动作的总称。它是人们为了增强身心健康或提高运动技术水平而专门采用的身体活动,带有明确目的指向性的身体运动是体育手段的具体体现,是实现体育目的并体现体育本质功能的最基本的手段。

(二)身体运动的要素

身体运动的构成要素是指构成身体锻炼必不可少的因素,一般由身体姿势、身体运动轨迹、身体运动时间、身体运动速度、身体运动频率、身体运动力量和身体运动节奏等七个要素构成。这七个要素是每个动作本身都具备的,只是在不同的动作中所表现出来的形式和程度有所不同,或而言之,这七个要素的不同组合就构成了不同风格的运动形式。

1. 身体姿势　指身体及其各部位在不同的身体练习阶段所处的特定状态。一个完整的身体练习过程,包括了开始姿势、练习过程中的姿势和结束姿势三个部分。开始姿势是指练习前的身体及各部分的准备状态,开始姿势要为后续练习创造有利条件。开始姿势可以分为静力性开始姿势和动力性开始姿势。如进行健身气功和太极拳练习,开始姿势多为静力性姿势;而投标枪的助跑则属于动力性开始姿势。身体练习过程中的姿势是指在进行练习的过程中身体所处的相对静止的状态，在此过程中，正确或者说最佳的姿势，是练习效果得到保证的关键因素。根据运动项目的特点，练习过程中的姿势可分为相对稳定姿势和不断变化姿势。如太极拳练习过程中，既有相对稳定姿势，又有不断变化姿势，前者如白鹤亮翅、左下势独立和右下势独立时的状态，后者如转身左蹬脚，转身、蹬脚过程中的身体姿势则变化较大、较为复杂。在身体练习中，想要尽快掌握练习的动作要领并取得良好的练习效果，就必须掌握练习过程中的正确姿势。结束姿势是指练习结束时，身体及其各部位所处的状态和位置。结束姿势对于维持身体的平衡与稳定，提高身体练习效果和预防运动损伤有着积极的意义。如太极拳的收式要求翻掌分手、垂臂落手、并步还原，体现了太极拳心静体松的练习要领，要求身体处于最大限度的放松状态，以结束整套动作，从而达到养生、防身的效果。

2. **身体运动轨迹**　指身体中心或身体某一部分的重心或身体某一点在运动时所移动的路线。身体运动轨迹属于空间特征，主要包含了身体运动轨迹的形式、方向与弧度。身体运动轨迹的形式主要有直线和曲线两种。直线运动即身体特定的一点在一定时间的运动过程中，其运动方向始终保持不变。由于人体结构的复杂性，当身体在完成一个直线轨迹的动作时，通常会需要一些旋转、弧形等动作作为辅助。如武术的冲拳，表面上看似乎是直线运动，但实际上却包含了手臂旋转的动作。曲线运动时，其方向则是不断变化的，转动是曲线运动的一种形式，即是人体的重心围绕某个固定的转轴或中心点旋转。如八段锦的摇头摆尾去心火就是身体围绕转轴的旋转运动。除了转动之外，曲线运动的另一种形式是抛物线运动，比较典型的运动项目是跳高和跳远。身体运动轨迹方向是指身体或身体某一部分在完成练习动作时所形成的移动方向。在三维空间里，从人体的矢状面、冠状面和水平面三个平面可将运动轨迹的方向分为前、后、左、右、上、下6个基本方向，在这六个基本方向的基础上还可以分出如左下、右下等更多的方向。在身体练习的过程中，运动轨迹方向的准确与否直接影响到动作完成的质量和练习效果。身体运动轨迹的幅度是指动作的活动范围，既可以用身体与身体某个部位或器械所形成的角度来衡量，也可以用移动的距离（如步幅的大小）来衡量。身体运动幅度一般由关节、韧带和肌肉的灵活性、弹性等因素决定，关节灵活性好、肌肉弹性好，运动幅度则大。身体运动幅度对练习质量和效果的影响非常大，因此，进行身体练习时依据动作要领，掌握并控制好相适应的运动幅度（并不是越大越好）非常重要。

3. **身体运动时间**　指完成身体练习所需的时间，即整个身体练习持续的时间。体育运动的时间与其速度、节奏是密切联系的，当距离一定的情况下，速度和节奏越快，运动时间越短，反之，运动时间则越长。运动时间包括运动的总时间和运动每部分所消耗的时间，前者如整套太极拳练习所需要的时间，后者如跳远时助跑、起跳、腾空和落地等各个阶段的时间。身体运动时间反映了动作的时间特征，往往是动作完成质量的标志，如太极拳练习时右蹬脚和转身左蹬脚时，蹬脚分手这一状态持续的时间直接关系到动作完成的质量。身体运动时间与人体的生理负荷存在着紧密的联系，当运动强度一定时，持续时间越长，负荷越大，反之，负荷越小。因此，延长或缩短身体运动时间可以加大或减少运动负荷，在身体练习过程中，要注意运动时间对人体负荷的影响，控制好适应身体练习者自身生理负荷的身体运动时间。

4. **身体运动速度**　是身体或身体某一部分在单位时间内产生的位移距离，它与移动的路线、距离、幅度和时间有关，通常用位移距离和所消耗时间之比（m/s）来表示。运动速度反映了运动完成过程中时间与空间的关系，包含了时间和空间双重属性。身体运动速度取决于人体肢体的长度、肌肉的力量和神经反射的灵活性，同时受外界阻力和助力等因素的影响，如风的速度、风是逆风还是顺风等等。身体运动速度对动作完成质量有非常重要的影响。一方面，不同的身体运动有不同的速度要求，如短跑要求速度快，太极拳的很多动作要求速度要慢，而跳远起跳的速度直接影响到跳远的成绩，因此要根据运动项目自身的特点和性质来确定适宜的运动速度；

另一方面,运动速度是改变运动强度和影响运动负荷的重要因素,在达到一定速度阈值的状态下,运动速度和人体的负荷成正比。

5. 身体运动频率 指在单位时间内某一动作的重复次数。运动频率反映了运动的时间过程,属于运动的时间特征。在一定时间内,重复次数越多,频率就越快。在步幅相对不变的条件下,运动频率越快,移动的速度就越快。运动频率也是影响运动负荷的重要因素,在时间相对不变的条件下,频率越快,运动负荷也就越强,反之,运动负荷越小。因此,在身体运动的过程中,往往通过运动频率来调节运动负荷的强度。

6. 身体运动力量 指身体或身体的某一部分在完成动作时所表现出来的克服阻力的能力。身体运动力量不仅是人体进行体育运动的基本素质,而且是人体其他身体素质发展的重要因素。身体运动力量属于动力学的特征,主要取决于人体自身力量素质(肌肉收缩能力,并克服人体自身的重力和运动时自身器官组织产生的阻力),同时也受到外部力量(包括运动时所受器材的重力、支撑反作用力、摩擦力和外界的阻力等)的影响,任何身体运动力量都是人体内力和外力相互作用的结果。因此,为了发挥出更好的身体练习效果,在运动时,要遵循运动生物力学的原理,综合运动项目和外界环境的特点,控制合理的发力方式。

7. 身体运动节奏 指运动动作的快慢、用力的大小、肌肉收缩与舒张、运动时时间间隔的长短合理交替的一种综合特征,它包含了动作的时间特征、空间特征和动力学特征。身体运动时,动作节奏关乎整个身体运动各环节的连贯性,节奏合理标志着动作的力量、时间间隔处理得当,有利于保证动作的协调、省力和动作完成的质量。

身体运动的各要素相互影响、相互制约,普遍存在于各个动作之中。如果某一要素发生改变,其他要素也会随之变化。因此,在身体运动过程中,必须要对各要素都有良好的把握,才能确保对各要素的合理应用,以保证身体练习的效果。

二、身体运动技术

(一)运动技术的概念

运动技术是一个一系列同时或按先后顺序进行的动作专门体系,该体系的目标是把内部的及对运动主体有影响的外部力量合理地组织起来,以便充分、有效地利用这些力量,从而取得良好的运动效果。动作技术是一种方法,按照这种方法完成的身体练习称之为运动技术动作。而完成运动动作的方法的合理性和有效性都是相对,正确的运动技术动作要符合人体运动的原理,符合体育运动的统一规范和要求,能充分调动运动主体自身的潜在能力,有目的地完成动作。运动技术动作具有多样性、发展性和个别性等特点,并且,随着运动时间的发展和体育科学认识的进步,运动技术呈现出不断变化和完善的趋势,新的运动技术动作在不断地被创造出来。

(二)运动技术的结构

任何一项运动技术都有自身的技术结构,虽然不同的运动项目是不同的运动技术组合的结果,但是在一定层面上,运动技术具有统一性,一个完整的运动技术包含了运动技术基础、运动技术环节和运动技术细节。

1. 运动技术基础 是按照动力学、体育学的原理和规律,按照一定的顺序、方向排列起来的各种技术环节的总称。运动技术基础是对各种运动技术环节之间的相互联系性、规律性的概括总结。在一般情况下,运动技术基础是相对规范和不变的,它包含了整个技术动作的完整功能和属性。

2. 运动技术环节 是指构成运动技术基础的各个具有独立功能的部分,是构成整体动作系统的诸要素的总和。只有运动技术各环节组成了一个完整的统一体,才能保证运动技术顺利完成,因此,运动技术环节之间既相互独立,又紧密联系。在运动技术各部分中,人体运动方式与秩序都是相对确定的,身体姿势和人体各关节也是相对稳定的,因此技术环节是运动技术相对稳定的部分。此外,一个技术基础可能由若干个技术环节按照特定的结构组成,而其中对技术动作的完成及其效果起决定性作用的环节称之为关键技术。

3. 运动技术细节　指构成各技术环节的具体内容与形式,它是动作的次要特征,也是运动技术构成要素中较为灵活的部分。运动技术细节表现在运动技术的各环节上,是运动人体及各部分在时空上和生物力学上的特征的具体化。运动技术细节反映在运动技术过程中人体及其各部分的动作距离、动作速度、运动力量和运动时间上,直接影响运动效果。此外,由于运动主体的个体差异性,运动技术细节中蕴含了不同运动主体的动作风格和个人特点,因此,运动技术细节是运动技术的微观部分、相对不稳定部分。

第三节　现代体育运动

体育是人类社会发展中根据生产和生活的需要、遵循人体身心的发展规律,以身体练习为基本手段,达到增强体质、提高运动技术水平、进行思想品德教育、丰富社会文化生活目的,而进行的一种有目的、有意识、有组织的社会活动。随着社会文明的发展和科学的进步,体育运动项目在不断地更新和发展。

现代体育运动项目主要是指以现代奥林匹克运动会项目为核心的各类体育运动项目。一般情况下,人们习惯将奥林匹克运动会项目归类于竞技体育项目。理论上讲,竞技体育与健身体育的目的有明显差异,其训练手段、方法与竞技形式等通常会有违于体育健康的宗旨。然而在实践层面,健身类、竞技类、娱乐休闲类等各类运动项目之间的区别也不是绝对清晰的,其项目形态与属性会随着活动开展方式与方法的变化而改变。对于某一具体项目而言,在运动目的、规则、方式方法和条件等变化的情况下,可以呈现不同类别的运动面貌。当前国内开展的大部分现代体育运动项目,既是大型体育赛会的竞技项目,也是普通大众常常用于健身锻炼的体育运动项目。当然,两种不同目的的体育手段在其运用时的方式方法是有明显区别的。下面从健康锻炼视角,依据体育竞技的项群理论,分类介绍人们常用的部分现代体育手段。

一、体质体能类体育项目

基于大众健康所追求的健身锻炼目的与结果,可以把旨在通过体育锻炼提高身体素质和体能,进而改善与提高体质健康水平的体育运动统称为体质体能类体育项目,如田径、游泳、滑雪、滑冰、自行车、定向越野等。通过这类项目锻炼,可以提高人体的速度、力量、耐力、柔韧等身体素质,以及从事工作、学习、生活和运动的机体能力。体质体能类体育运动项目是青少年有效提高身体素质和体能的锻炼内容,也是当前国内学校体育课中的主要练习内容之一。体质体能类体育项目锻炼内容、形式与注意事项,见表7-1。

表7-1　体质体能类体育项目锻炼内容、形式与注意事项

运动项目	锻炼内容与形式	注意事项
田径	1. 走跑(短、中、长距离)、跳(高度、远度)、投(铅球、标枪、铁饼)等 2. 个人、集体和各类项目组合的比较时间、高度、远度的运动	1. 充分的预热与准备活动 2. 控制运动量和运动强度
游泳	1. 蛙泳、仰泳、自由泳和蝶泳四种姿势的短、中、长距离速游 2. 个人、集体、各类项目组合的竞速运动	1. 了解水中安全与自救常识 2. 做好入水前的热身准备
滑雪(冰)	1. 不同距离场地与难度要求的速滑 2. 速滑和花样滑的单人和团体接力运动	1. 选择安全线路 2. 做好运动户外防护工作
自行车	1. 不同距离的自行车速骑 2. 公路、山地和赛场等不同环境的速骑	1. 选择安全的骑行路线 2. 赛车手间擦碰

　　虽然这类带有竞技体育特性的体育运动已经融入人们日常生活之中,但作为健身锻炼手段时,必须根据习练者身体状况与体能水平调整运动方式、控制运动时间和强度。

二、形体健美类体育项目

　　形体健美类体育项目是指集身体塑形、健美和健身于一体的各项体育运动。如体操、健美操、艺术体操、体育舞蹈、花样滑冰和瑜伽等。由于此类体育运动项目具有动作协调、灵活、舒展的特点和塑造、展示人体美的功能,长期习练可以有效改善人体协调性和灵活性,保持优美的体型,培养高雅气质,愉悦身心,特别适合身体发育期的青少年锻炼,也是中老年人群保持身体理想状态的有效锻炼手段。形体健美类体育项目锻炼内容、形式与注意事项,见表7-2。

表7-2　形体健美类体育项目锻炼内容、形式与注意事项

运动项目	锻炼内容与形式	注意事项
体操	1. 基本体操、实用性辅助体操、竞技体操、团体操等 2. 徒手、持轻械和在器械上完成动作的单人和集体性运动	1. 控制难度动作 2. 加强安全保护
健美操	1. 大众健身操:街舞、啦啦操、广场舞等 2. 配合音乐的徒手、手持轻器械和用专门器械操作练习的单人、多人和集体性运动	1. 调控运动强度 2. 避免快速旋转头部和突发性动作
体育舞蹈	1. 拉丁舞(桑巴舞、伦巴舞、斗牛舞、牛仔舞)、华尔兹舞、探戈舞、狐步舞等 2. 配合音乐的单、双人和集体性运动	1. 加强腰部力量和柔韧性的练习 2. 预防膝、踝关节损伤
健美	1. 展示全身肢体发达肌肉,塑造各种姿势 2. 单人、双人和集体的肌肉与形象展示运动	1. 科学进行力量训练 2. 合理补充营养和水
瑜伽	1. 坐姿(至善、半莲花、全莲花),体位(拜日、半鱼、猫式、弓式、树式等),呼吸等 2. 心静体松,意入冥想,呼吸与动作协调	1. 量力而行循序渐进 2. 不要刻意追求"标准"
跳水	1. 跑台、走板、跨步跳、起跳、转体、翻腾、入水技术等 2. 单人、双人的跳台、跳板跳水高难美运动	1. 了解水中安全与自救常识 2. 做好入水前热身准备
花样滑冰	1. 起滑、跳跃、回转、盘旋动作技术等 2. 单人滑、双人滑、集体滑等冰上舞蹈运动	做好失控、倒地时的救护与自护
蹦床	1. 弹起、空中翻转、筋斗、着陆技术等 2. 个人、双人等展示的高难美运动	做好失控、落地时的救护与自护

　　随着社会的发展和人们生活水平的提高,人们不仅希望没有疾病、身体健康,而且还有强烈的审美需求。通过参加形体健美类体育运动锻炼,改善习练者体型和动作姿态的优雅美感度,可以满足人们的审美需求。因此,形体健美类体育项目也是当前大众健身最为普及的锻炼手段之一。

三、隔网对抗球类体育项目

　　隔网对抗球类体育项目是指在隔网情况下进行对抗习练的各项球类运动,如排球、网球、乒乓球、羽毛球、毽球等。此类体育运动的习练双方身体一般不直接接触对抗,有单人、双人和多人集体性等形式。由于隔网对抗的特性,运动时受到对方的直接身体干扰较少,有利于保持自身技术发挥的稳定性,运动过程中习练者自主性较强,相比之下较注重个人技能。双人和多人的集

体性隔网对抗项目则较为凸显团队成员间的默契与配合。一般不会出现因习练者之间身体对抗导致的运动伤害,安全系数较高。这也是近些年来乒乓球、羽毛球、网球等运动项目的习练人群不断增多的原因之一。隔网对抗球类体育项目锻炼内容、形式与注意事项,见表7-3。

表7-3   隔网对抗球类体育项目锻炼内容、形式与注意事项

运动项目	锻炼内容与形式	注意事项
网球	1. 正反手击球、发球接球、步法移动技术等 2. 单人、双人的分局得分较技运动	1. 做好运动前的热身准备 2. 预防持拍手臂、肩关节受伤与网球肘
排球	1. 发球、垫球、传球、扣球、拦网、步法移动等 2. 六人制硬式排球、软式排球和气排球、二人制沙滩排球等分局得分较技运动	1. 做好运动前的热身准备 2. 预防击球手臂与肩关节受伤
乒乓球	1. 发球、接发球、攻球、搓球、削球、挡球、弧圈球技术等 2. 单人、双人的分局得分较技运动	1. 做好运动前的热身准备 2. 预防击球手臂与同侧腰背受伤
羽毛球	1. 发球、接发球、前场网上击球(吊搓推球)、下手击球(抽挑接杀球)、平击球技术等 2. 单人、双人的分局得分较技运动	1. 做好运动前的热身准备 2. 预防持拍手网球肘与膝关节受伤
毽球	1. 发球、踢球(盘、磕、拐、绷等)、步法移动技术等 2. 单人、六人制分局得分较技运动	1. 做好运动前的热身准备 2. 预防支撑腿关节受伤

四、同场对抗球类体育项目

同场对抗球类体育项目是指在同一场地进行对抗习练的各项球类运动,如篮球、足球、曲棍球、手球、橄榄球等。此类运动项目的对练双方身体直接接触对抗,多为集体性运动,是技战能和体能并重的球类项目。虽然是习练者智能化的接触性对抗,有比较严格、清晰的规则限制,但由于衔接运动核心技术与对抗的基础是身体素质和体能,所以相比之下有注重个人身体素质与体能,较为凸显习练者间的身体对抗能力之特点。运动过程中易出现身体对抗所导致的伤害,安全系数中等。此类运动在展示个人运动技能的同时体现顽强拼搏的意志,展现身体强者的风采,因此较适合青少年人群的锻炼。同场对抗球类体育项目锻炼内容、形式与注意事项,见表7-4。

表7-4   同场对抗球类体育项目锻炼内容、形式与注意事项

运动项目	锻炼内容与形式	注意事项
篮球	1. 运球、传球、接球、投篮、持球突破技术等 2. 五人制、三人制等集体性得分较技运动	
足球	1. 踢球、停球、传接球、带球、抢截球、头顶球、射门技术等 2. 十一人制、七人制和五人制集体性得分较技运动	1. 做好运动前的热身准备 2. 预防身体对抗受伤 3. 掌握身体倒地时的自我保护 4. 控制运动时间与强度
手球	1. 运球、传球、接球、射门、封打抢断球技术等 2. 七人制集体性得分较技运动	
曲棍球	1. 传(击推挑)球、停球、垫击球、运球、抢截球、运球突破、单手技术、射门、守门员技术等 2. 十一人制集体性得分较技运动	

五、格斗对抗类体育项目

格斗对抗类体育项目是指在一定的规则限制下,习练者采用徒手或使用器械等方式,进行斗智较力的直接对抗运动,如拳击、击剑、摔跤、跆拳道、武术散打等。此类运动是运用踢、打、摔、拿、击、刺等攻防技术的暴力性对抗运动,来源于人类祖先的生存劳动、军事斗争等活动,脱胎于世界各民族的传统格斗技法。对抗激烈,运动强度与负荷较大,对习练者身体素质和体能要求很高,安全系数低。基于这类项目的特性,建议普通锻炼者尽量降低竞技强度,或多采用非对抗的自我习练方式,至少要在保障安全的情况下进行对抗习练。格斗对抗类体育项目锻炼内容、形式与注意事项,见表7-5。

表7-5 格斗对抗类体育项目锻炼内容、形式与注意事项

运动项目	锻炼内容与形式	注意事项
拳击	1. 直拳、刺拳、勾拳、横拳、摆拳技术等 2. 按体重分级别,分局得分竞技运动	
击剑	1. 冲刺、甩剑刺、抽剑刺、劈、拦截技术等 2. 花剑、佩剑、重剑分局得分竞技运动	
摔跤	1. 过背、抱腿、骑缠、勾足、别腿、弹拧、跳腿、角力桥技术等 2. 古典式、自由式、中国式等按体重分级别分局得分竞技运动	1. 做好运动前的准备活动 2. 控制运动量与强度 3. 做好安全保障措施
跆拳道	1. 前踢、侧踢、横踢、下劈、后旋踢、跳踢等腿法和格挡手法等攻防技术 2. 分竞技和品势,竞技赛按体重分级别分局得分竞技运动	
武术散打	1. 踢、打、摔、步法移动等攻防技术 2. 按体重分级别,分局得分竞技运动	

六、其他类体育项目

在当前国内开展的现代体育运动项目中,除了上述几类各具明显特性的体育锻炼项目,还有一些其他颇具特色、或集多种特性的综合型运动,如赛艇、皮划艇、马术、射箭等。这些项目有其特定参与人群,在大众锻炼层面普及性相对较低。实际上,当前国内开展的大众健身运动项目还有很多,只要其内容、方法与时机合适,都可以为人们的健康服务。然而,体育手段服从于体育目的任务,选择体育手段要从具体目的任务出发,注重因人而异、因地制宜,讲究科学合理,关键是重在实效。因此,基于各种项目的特点与性质,健身锻炼者应根据不同的时间、空间、条件及自身状态,尽量选择适合的运动项目,同时选择该项目的运动方式。

第四节 中国传统体育运动

中国传统体育是在中华民族中开展的,具有浓厚民族传统特色的各种体育活动的总称,包括武术、健身功法、舞龙舞狮、民族摔跤、珍珠球、秋千等项目。它们是紧密伴随着国民生存、生活和发展的健体、强身和养生的体育运动,也是国人最习惯、最常见的健身锻炼运动。

一、中国传统体育与养生

养生,又称摄生,最早见于《庄子》内篇。广义的概念可以理解为对生命的保养以及围绕这一主题的理论思想与实践方法。中国传统体育养生则是指在中国传统养生理论指导下,大力开

发和充分利用人体自身潜能,通过传统体育手段调整气息、调养精神和调理机体来增强人体功能,提高体质水平,促进伤病后康复,保持健康状态,达到延年益寿目的的理论与方法。它是以中国民族医学理论为基础,吸收了哲学、医学、美学、武学、伦理学等多种文化思想和观点,构建起来、并在漫长的实践中不断地得以发展、充实、完善的理论与技术体系。

千百年来,人们在养生实践中不断总结经验,逐步形成了融导引、气功、武术、医理为一体的具有中华民族文化特色的、动静结合的养生法,同时一直发挥着其特有的功能,促进大众健康与长寿。因此,它又是中国传统养生文化的重要组成部分,是民族传统文化与生命科学在特定历史条件下交叉互融的产物,是一种建立在民族传统文化基点上的体育保健养生文化。

随着近些年来中西医相结合医疗保健理论与方法的实践与探索,吸收了西方健康理念的中国传统体育养生理论与方法进一步得以充实完善,并逐渐形成了科学性更强、特色更鲜明、效果更明显的理论与技术体系,这必将为人类的健康与长寿做出更大的贡献。

二、中国传统体育养生手段的功能

通过中国传统体育养生手段,可以活动筋骨、调节气息、静心宁神,通过疏通经络、调和气血、理顺脏腑等保养身心,达到增强体质、益寿延年目的。

(一)健体固元

中医学认为,人的健康状况,包括疾病的发生与否都与人体元气的盛衰变化有关。元气充沛,则后天诸气得以资助,从而脏腑协调、身心健康;当先天禀赋不足或后天因素损及元气时,诸气失调,百变丛生,脏腑因此而衰弱,就会导致一系列疾病的发生。而以传统武术和导引气功为代表的传统体育养生手段锻炼,一方面灵活肢体、强筋壮骨、增力提速,有健体、强体作用;另一方面调养心神、调息注意、培补元气,有固元益精之功效。常练可健体,健体益载元。元气充沛,则可激发和推进人体五脏六腑、四肢百骸更有规律、更旺盛的生命活动,这对保持机体良好的健康状态有积极作用。

(二)平衡阴阳

《黄帝内经·素问·阴阳应象大论》云:“阴在内,阳之守也;阳在外,阴之使也。”该书《生气通天论》云:“阴平阳秘,精神乃治;阴阳离决,精气乃绝。”这两段话的大意是,人体生命的延续,依靠元气的充盈。而人体生命活动的维系,则依靠阴阳的平衡。阴主体内五脏六腑、气血精津,它是阳的基础;阳主外部皮肤肌腠、四肢关节,它是阴的护卫。人体生命的正常活动,依靠阴阳的平衡和协调,精神才会健旺,身体才会强壮。一旦阴阳失去平衡,人体生命的危机就到来了。所谓“阴盛则阳病,阳盛则阴病”,就是这个道理。传统运动养生学之所以反复强调“阴平阳秘”,就在于它所包括的各种练功方法都特别重视人体阴阳的消长变化。对阴盛阳衰之人,练功就应该选择扶阳抑阴之法;对阴虚阳亢之人,练功则应选择养阴平阳之术。如春夏二季,阳气日升,阴常不足,所以此时练功当以静功为主,保护人体真阴不受伤耗,注意调养阳气不使过旺,同时尽量减少自然界阳气对人体的侵害。秋冬二季,阳气日衰,阴气日盛,此时练功当以动功为主,以振奋和鼓舞人体阳气,御寒防冻,以防止阴气侵袭人体,造成伤害。

(三)疏通经络

经络学说不仅是中医学的一大特色,而且也是中国传统体育养生学的重要理论依据之一。在中医学看来,经络是一个庞大系统,它遍布人体周身上下和内外,是人体气血、津液运行的通道,是联络五脏六腑的径路。经络的生理作用很多,概括起来,有运行气血、营内卫外、联络脏腑、沟通上下的多种作用。同时,经络也是外邪侵扰、内病滋生、病邪传变、内邪外出的管道。传统的养生练功方法,其医疗保健作用也正是注意到经络的特点,通过疏通经络来实现的。

人体在练功时,以意引气,其实就是引导真气循经运行。中医学经常提到的“痛则不通,通则不痛",就是指要疏通经络,才能清除疾病。通过结合呼吸锻炼、肢节活动或按摩拍打等方法,可以触动气血经络互流,以促进百脉调和、气血充盈,这样医疗保健的作用就发挥出来了。

(四)调和气血

气血是人体的重要组成部分,是生命活动的物质基础。关于气血的特点和功能,中医学对此论述甚多,这些理论也普遍适用于传统体育养生学,如《黄帝内经·至真要人论》:"气有多少,病有盛衰。"《血气形志篇》云:"夫人之常数,太阳常多血少气,少阳常少血多气,阳明常多气多血,少阴常少血多气,厥阴常多血少气,太阴常多气少血,此天之常数。"必须指出,这里所说的"多"与"少"是相对,是一种生理现象。

气血密切相关,二者又有所侧重。气具有推动、温煦、预防、固摄和气化的作用,血则具有滋润和营养的功能。在正常情况下,"气为血之帅,血为气之母",相辅相成,互助互补,处于动态平衡。在异常情况下,气血不和,气滞血瘀,各种疾病就发生了。中国传统体育所倡导的养生方法,就是要通过意守、调身、调息、调心,从而起到调理气血的作用,恢复和重建气血的动态平衡。

(五)调理脏腑

中医学把心、肝、脾、肺、肾称为"五脏",把胆、胃、小肠、大肠、膀胱、三焦称为"六腑",合称"五脏六腑",简称"脏腑"。中医学认为,人体脏腑安定、功能协调是健康的标志。如果脏腑失调,功能紊乱,就意味着人体失去了健康,甚至生成了疾病。传统体育养生功法大多数都以腰为根本,这是有道理的。因为腰部既为肾之外府,又是命门所在,而肾气为先天之本,命门之火为生命之源。

另外,中医学认为"君主之官"而主神明,所以传统体育养生也特别注重"调心",就是调养心神,心神宁静,则身体安和,喜怒不留于心,悲恐不栖于情,魂、魄、意、志各得其所,衣、食、住、行各得其宜,这样就真正实现了脏腑安和、身心健康的美好愿望。

总而言之,任何一种传统体育养生方法,都必须注意因人因时、因地制宜、平衡阴阳,才会达到预期目的。中国传统体育养生理论注重通过内外配合的锻炼方法起到固元益精、疏通经络、平衡阴阳、调和气血、理顺脏腑的效果,促进人体健康,但它并不强调治疗某种疾病之功效,而是阐明在正常情况下,人们通过习练它可以强身健体,起到预防疾病和保健的作用,即"治未病",或者在伤病愈后,人们习练它能有效促进身体康复。现代科学的研究与实践也证明,经常性习练中国传统体育养生手段不仅有利于人们保持健康、良好的身心状态,还有利于延年益寿,对人类和社会都具有积极而重要的意义。

三、中国传统体育项目

据 1990 年《中华民族传统体育志》统计,国内 55 个少数民族有 676 项传统项目,汉族 301项,共计 977 项民间体育项目,内容、形式丰富多样,特色各异,精彩纷呈。其中武术与传统健身功法因其悠久的历史传承与文化内涵以及深受广大习练者喜爱与认可的健身养生价值,作为典型的传统体育之代表,在全民的健康锻炼中得以着力推广与普及。

(一)武术

武术,又称中国的"国术",是以技击为基本素材,以中华民族传统文化为理论依据,以套路、搏斗、功法练习等运动形式,以传统武术习练和现代武术竞赛为手段和存在方式的体育运动。武术是经历了漫长历史发展过程而形成的内容丰富精深、社会价值广泛、文化色彩浓厚的我国特有的体育文化形态,与我国传统文化的诸多方面有着密切的联系,是中国传统文化的重要组成部分。

新中国成立后,传统武术逐步走向了体育化发展,目前国内官方主导开展的主要有套路运动、搏斗运动类等部分竞技项目。民间开展与习练的武术则分门别类,据不完全统计,各民族各地区的拳种就有 120 多个,有些拳种又分多个流派,具体的徒手、器械、对练等习练动作组合与套路不计其数。武术是国内开展最为普及、种类形式最丰富的民族传统体育项目,而最常见的就是套路运动。

1. **拳术类**   徒手习练的套路运动。主要拳术有长拳、南拳、太极拳、形意拳、八卦掌、通臂拳、八极拳、象形拳等。明朝武术家戚继光的《纪效新书》中已有说明"拳法似无预于大战之技,然活动手足惯勤肢体",是锻炼身体的有效手段。拳术习练方法讲究手法、眼法、身法、步法、精神、气(呼吸)、劲力、节奏的掌握与配合,相对注重动作速度、爆发力、柔韧、灵敏等素质和协调性等自我身体控制能力的提高。各拳种特点鲜明,对身体素质和体能要求大体相同,但就具体拳术技法与特点而言,还是稍有差异与侧重。武术拳术类锻炼内容、特点与注意事项,见表7-6。

表7-6   武术拳术类锻炼内容、特点与注意事项

拳种	锻炼内容与特点	注意事项
长拳	1. 踢、打、摔、拿,移闪、平衡、跳跃、跌扑滚翻技术等 2. 姿势舒展、快速有力、动迅静定、节奏鲜明	1. 准备活动充分 2. 循序渐进,从基本功和基本动作习练开始 3. 接受正规途径教学,科学习练 4. 区别对待套路运动锻炼与格斗运动锻炼
南拳	1. 踢、打、摔、拿,移闪、平衡、跳跃、跌扑滚翻技术等 2. 步沉稳、拳短刚、势猛烈、少跳跃、擅桥手、以发声气催力	
太极拳	1. 掤、捋、挤、按、采、挒、肘、靠、独立、云手、震脚、发劲技术等 2. 心静意注、呼吸自然、中正安舒、柔和圆缓、势连均绵、轻灵沉稳、虚实分明	
形意拳	1. 三体式步型,劈、崩、钻、炮、横等拳法及仿飞禽走兽的动作技术等 2. 动静相间、节奏分明、内外六合、身正步稳、快速整齐、动作严紧、劲力充实、刚柔相济	
八卦掌	1. 推、托、带、领、搬、拦、截、扣、提、拿、勾、打、封、闭、闪、展技术等 2. 行步如蹚泥、前行如坐轿,身捷步灵、随走随变、刚柔相济、势势相连	
通背拳	1. 摔、拍、穿、劈、钻手法,行、散、连环步法,勾、踢、踹、弹腿法技术等 2. 甩膀抖腕、立抡成圆、放长击远、撩挂击拍、闪展灵活、冷弹柔进	
象形拳	1. 抓、甩、采、切、刁、拿、扣、顶手法,缠、蹬、蹦、弹等腿法,模仿动物等攻防技术 2. 形象、神似、意真、法密、步轻、身活	

2. **器械类**   手持兵器习练的套路运动。古有"十八般武艺"之说,主要有刀、剑、棍、枪、双刀、双剑、双钩、九节鞭、三节棍、流星锤等长、短、单、双、软器械等,是建立在拳术基础上,根据器械的特点与性质,采用劈、刺、点、崩、撩、挂、斩、抹、云、扫、顶、拦、舞花等方法习练的动作组合与套路运动。不同的器械有不同的技术特点与运动风格,如"枪扎一条线""棍扫一大片""刀如猛虎""剑似游龙"等。所以,习练者除了遵照拳术习练的"八法"等技法外,还应注重身械配合,器械运用方法清晰合理、器械特点表现明显等要求。

3. **对练类**   套路运动的一种。是由 2 人或 2 人以上按照固定攻防技术动作进行习练的套路运动。有徒手对练、器械对练、徒手对器械等习练形式。要求习练双方攻防意识逼真,动作熟练准确、配合默契。

(二)传统健身功法

导引养生功是中华悠久传统文化的重要组成部分,是以自身形体活动、呼吸吐纳、心理调节相结合为主要运动形式的民族传统项目,也是中国传统体育养生的主要内容。目前国家正式推广普及的健身气功是体育化的导引气功,有八段锦、易筋经、五禽戏、六字诀等,民间开展的传统健身功法如七星功、十二段锦、站桩功、太极棒、练功十八法等种类繁多。传统健身功法锻炼内

容、特点与注意事项,见表7-7。

表7-7　传统健身功法锻炼内容、特点与注意事项

功法	锻炼内容与特点	注意事项
八段锦	1. 两手托天理三焦,左右开弓似射雕,调理脾胃须单举,五劳七伤往后瞧,摇头摆尾去心火,两手攀足固肾腰,攒拳怒目增气力,背后七颠百病消;分文、武八段锦两套式 2. 姿势缓慢舒展,肢体运动与呼吸、意念等活动配合	1. 循序渐进,逐步提高动作要求 2. 心静体松,精神专注 3. 动作缓慢,有意识调整呼吸
易筋经	1. 韦驮献杵、摘星换斗、倒拽九牛尾、出爪亮翅、九鬼拔马刀、三盘落地、青龙探爪、卧虎扑食、打躬、掉尾等共十二势式 2. 姿势缓慢舒展,意守丹田,肢体运动与呼吸、意念等活动配合,练养结合	
五禽戏	1. 起势,虎戏(虎举、虎扑),鹿戏(鹿抵、鹿奔),熊戏(熊运、熊晃),猿戏(猿提、猿摘),鸟戏(鸟伸、鸟飞),收势等 2. 心静意注、动作自然、形神合一、有意识地调整呼吸	
七星功	1. 起势、左右开弓、顶天立地、扭转乾坤、前扑后仰、仙人指路、大鹏展翅、天体圆周、收势等 2. 动作舒展、动静结合、肢体运动与呼吸协调配合	

　　传统健身功法动作技术中的手型、手法、步型等与武术套路运动稍有区别,大致雷同。习练时必须做到心静体松、精神专注、内外配合,要领会动作功用,并遵照动作要求与原则。

　　（三）其他民族传统体育项目

　　在所有的中国民族传统体育项目中,除了武术项目外,还有民族式摔跤、赛马、射箭(弩)、抢花炮等项目在各民族中普及面很广,极富民族特色的还有跳竹竿、秋千、叼羊、珍珠球、木球、龙舟、舞龙舞狮等运动项目。各个项目都有其独特的运动技术体系和锻炼内容,共同满足着不同群体的锻炼需求,散发着多样光彩。

　　民族传统体育的性质与作用是多元的,大部分项目既有娱乐性,又有竞技性,又有健身性;既能个体化锻炼,又能集体性习练。正因如此,民族传统体育有着顽强的生命力,深深地扎根在中华大地上不断传承延绵。深受国内民众喜爱的传统体育锻炼项目,也必将为人们的身体健康、延年益寿做出重大贡献。

（骆红斌　冯毅翀）

 思考题

　　1. 体育手段具有哪些特点?

　　2. 如何看待中国民族传统体育项目的功能与特点?

　　3. 从锻炼效果视角分析现代体育项目与中国传统体育项目有何异同。

　　4. 针对自身实际情况,如何选择适宜的体育锻炼项目?

第八章 | 健康运动的合理营养

 本章要点

1. **掌握** 营养的概念，塑身运动、增肌运动和减脂运动的营养补充。
2. **熟悉** 营养素的来源及在机体中的作用，塑身运动、增肌运动和减脂运动营养的需求与原则。
3. **了解** 健康运动营养补充的重要性、健康运动膳食营养的相关基本理论。

营养的原义为"谋求养生"，是指人体消化、吸收、利用食物或营养物质的过程，也是人类从外界获取食物满足自身生理需要的过程，包括摄取、消化、吸收和体内利用等。营养的核心是"合理"，就是"吃什么、吃多少、怎么吃"，合理营养是一个综合性概念，它既要求通过膳食调配提供满足人体生理需要的能量和多种营养素，又要通过建立合理的膳食计划和应用科学的烹调方法，以利于各种营养物质的消化、吸收和利用。此外，还应避免膳食结构的比例失调、某些营养素摄入过多、烹调过程中营养素的损失或有害物质的形成。营养是人体正常生长发育的重要条件之一，当营养不足会引起人体营养不良，从而发生营养缺乏而导致病变，而营养不合理同样也可导致疾病不利于健康。人体所必需的营养素有蛋白质、脂肪、碳水化合物、维生素、无机盐和水。每种营养素在身体内部发挥特有的生理作用，同时互相协作与补充，一起维持人体完整统一的生命活动。机体对各种营养素有一基本需要数量，即营养素生理需要量，它是指能保持人体健康、达到应有发育水平和能充分发挥效率地完成各项体力和脑力活动的人体所需要的热能及各种营养素的必需数量，低于这个数量会对机体造成严重不良影响。为了满足人体合理营养的需要，必须每日通过膳食向机体供给一定数量的各种营养素，这一数量称为膳食营养素推荐供给量（recommended dietary allowance，RDA）。膳食营养素推荐供给量是在营养素生理需要量的基础上，考虑了人群安全率而制订的保证人体营养需要之膳食中应含有的热能和营养素的适宜数量。RDA自然要大于生理需要量，但热能RDA则仅是各人群平均需要量。人们只是按照RDA这一膳食质量标准来合理摄取各种食物，就能确保机体处于健康状态。

第一节 塑身与运动营养

一、合理膳食营养

合理膳食营养是指为人体提供符合卫生要求的平衡膳食，使膳食的质和量都能适应人体的生理、生活、劳动以及一切活动的需要。也就是体力活动者一日三餐所吃食物提供的热量和多种营养素与其完成日常生活和锻炼所需能量和各种营养素之间保持平衡。从营养素来讲，平衡膳食系多种食物构成，要有充足的热能，而且蛋白质、脂肪、糖类的含量和比例要适当，有充足的无机盐、维生素、微量元素和水分，满足人体的正常生理需要，并保持各营养素之间的数量平衡，以

利于消化、吸收和利用。合理膳食营养的要求如下:

（一）食物的多样性

应注意协调食物结构:第1类为谷物、薯类、杂豆类,主要提供糖类,是热能的主要来源;第2类为动物性食品,包括肉、禽、蛋、鱼、奶等,主要提供蛋白质、脂肪、矿物质、维生素A族和B族;第3类为大豆及其制品,这主要提供蛋白质、脂肪、膳食纤维、矿物质、B族维生素;第4类为蔬菜水果,这主要提供膳食纤维、矿物质、维生素C和胡萝卜素;第5类为纯热能食物,主要包括:植物油脂、各种食用糖和酒类,可以直接提供热能。从这5类食品来看,在膳食时应注意多种食物协调饮食。应以植物性食物为主,动物性食物为辅。热能来源以粮食为主,避免西方发达国家膳食模式所带来的脂肪过多、热能太高的弊端。在食物的选择中,应尽量选择不同的食物,尤其应更多地选择深绿色的或其他色的蔬菜,以补充人体所需的胡萝卜素和矿物质。

（二）饮食适度

保持和维持人体的正常体重是健康重要指标。适度饮食、饥饱适当,使热能和蛋白质的摄入与消费相适应,避免体重超重和消瘦。进食时应细嚼慢咽,使肌肤能从容准确地反映出食欲状况,从而避免暴食引发的热能过量。要判断体重状况,可用正常男女体重标准来衡量。

（三）油脂摄入要适量

应避免过多地摄入脂肪,尤以少食饱和脂肪酸为主,过多地食入饱和脂肪酸,会明显地增加血液中的胆固醇,而胆固醇是引发心血管疾病的主要因素之一,这类食物的摄入应以不超过总热量需求的30%为宜。

（四）适当增加膳食纤维含量较高的食物

膳食纤维主要是指随食物摄入体内的不被分解的纤维。这类纤维能刺激肠道蠕动,减少慢性便秘,而且对心血管类疾病、糖尿病、结肠癌等有一定的预防作用。在每天的饮食中,应适度增加富含膳食纤维的食物,如:粮食、杂粮、豆类、蔬菜、水果等食品。

（五）少用甜食

少吃甜食,尤以少吃糖为主。食糖仅是提供热量,而其他营养物质极少。过多地摄入食糖,必然要影响其他营养物质的摄入,同时,还可能诱发多种疾病。因此,一定要避免大量食用含过多糖的甜食。

（六）合理搭配三餐

合理搭配三餐,既有食物的选择搭配,又有热能的合理分配。仅就热能的合理分配来说,应以早餐占全日总热能的30%,午餐占总热能的40%,晚餐占总热能的30%为宜。其中早餐的质量应更好一些。在一些经济发达的城市,早餐饮用150ml奶是较好的。

二、塑身运动与合理膳食营养

（一）合理的膳食营养应为塑身者提供适宜的能量

任何形式的运动均以能量消耗为基础,但人体内可能快速动用的能源储备有限,如果无充足可利用的能源物质,即体内糖原水平极低时,就不能满足运动中需要不断合成ATP速率的要求,使塑身者具有适宜的体重和体脂成分,并保证运动中能源物质的良好利用。因此,运动中应注意摄取含糖类丰富的食物以保证体内有充足的肌糖原和肝糖原储备,保证运动中ATP再合成速率的需要。

（二）合理的膳食营养应为塑身者提供充分的维生素和微量元素

能源物质在体内储存或分解需要一系列辅酶的催化,维生素和微量元素多数是辅酶的组成成分或激活剂,提供充分的维生素和微量元素营养,可促进塑身者体内代谢,并提高抗氧化能力,满足运动中水分和电解质的生理需要,有利于改善运动能力,增进健康。而这些营养素的缺乏会降低运动能力,影响健康。

（三）合理膳食营养应为塑身者防止运动损伤提供物质保证

肌纤维中能源物质（糖原）的水平与运动外伤的发生有直接的联系。研究报道，当快收缩肌纤维中糖原耗尽时，人体会发生疲劳，控制和纠正运动动作的能力受损害，运动外伤的发生也随之增加。体内糖原储备充足，有利于预防外伤。

（四）合理膳食营养有助于塑身者在运动后的恢复

塑身运动者运动后身体功能的恢复在于恢复身体的能量供应及其储备（包括肌肉和肝脏糖原）、代谢能力（包括有关酶的浓度，维生素和微量元素）、体液（包括体内的血容量和微循环体液量）、元素平衡及细胞膜的完整性（如铁、锌、钾、镁等）。代谢能力的恢复主要靠合理营养措施才能实现。

（五）合理膳食营养可延缓塑身者运动性疲劳的发生或减轻其程度

引起塑身者运动性疲劳的常见原因有：脱水引起体温调节障碍所致的体温增高、酸性代谢产物堆积、电解质平衡失调造成的代谢紊乱、能源储备耗竭等。合理营养措施，可保持良好的身体功能状态，延缓疲劳的发生或减轻疲劳的程度。

三、塑身运动合理营养的基本要求

（一）食物的数量和质量满足塑身运动的需要

食物的数量应满足塑身运动能量消耗的需要，使运动健身能保持适宜的体重和体脂；在质量方面应保证全面营养需要适合的配比。食物中能源物质：蛋白质、脂肪和糖类的比例应适应于不同健身运动的需要，一般情况下蛋白质能量占总能量的12%～15%，脂肪能量占能量的25%～30%，糖类的能量占总能量的55%～65%，有氧运动的糖类能量可达到总能量的70%以上。

（二）食物应当是营养平衡和多样化

食物应包括谷物食物（包括米、面、适量的粗杂粮和薯类），蔬菜水果，奶和奶制品，水产品、肉、禽、豆和豆制品等高蛋白食品及烹调用油和白糖等纯能量食物。能量不足或过多时，可用主食、油脂或甜食等进行调节。

（三）一日三餐食物能量的分配应根据运动锻炼的量和强度安排

塑身运动者的早餐应有较高的能量，并含有丰富的蛋白质、无机盐和维生素等食物。午餐应适当加强，但要注意避免胃肠道负担过重。晚餐的能量一般不宜过多，以免影响睡眠。早、午、晚三餐的能量大致为30%、40%和30%。运动较大、能量消耗增多时，可考虑加餐措施。

（四）运动的进食时间应考虑消化功能和塑身者的饮食习惯

较大运动量前的一餐一般应在3h以前完成，因为正常情况下胃中食物的排空时间为3～4h，不容易消化的食物如牛肉，可在胃内停留5～6h。运动前，内脏缺血，进食和运动训练的时间间隔过近，既影响消化，又会影响运动。运动结束后，血液主要分布在肢体皮肤血管内，内脏仍处于一时性缺血状态。因此，运动结束后，不宜立即进食，需要休息至少40min再进食。

四、塑身运动与营养膳食平衡

（一）氨基酸平衡

食物蛋白营养价值的高低，很大程度上取决于食物中所含的8种必需氨基酸的数量及比例，只有数量及比例同人体的需要接近时，才会合成人体的组织蛋白质。塑身运动者由于运动项目、运动时间和运动强度等不一样，造成体内氨基酸消耗的差异，因此要根据运动情况，保持体内氨基酸的平衡。多数食品氨基酸构成不平衡，所以蛋白质的营养价值就受到影响，如玉米中亮氨酸过高影响了异亮氨酸的利用；小米中精氨酸过高，影响了赖氨酸的利用。因此塑身者以植物性为主的膳食时，应注意食物的合理搭配，纠正氨基酸构成比例的不平衡。如将谷物与豆类混食，制成黄豆玉米粉、黄豆小米粉等，可以提高蛋白质的利用率和营养价值。

（二）热量营养素构成平衡

糖类、脂肪、蛋白质均能给机体提供热量，故称为热量营养素。当这三种物质摄入量适当时，各自的特殊作用方可发挥并互相起到促进和保护作用，这种情况称之为热量营养素构成平衡。通过动物实验和人体的观察，认为糖类、蛋白质和脂肪三者摄入量的合适比例为6.5：1：0.7。当膳食中糖类摄入过多，热量比例会增高，破坏三者平衡，出现体重增加，增加消化系统和肾脏负担，减少摄入其他营养素的机会。当膳食中脂肪热量提供过高时，将引起肥胖、高血压和心脏病。蛋白质热量提供过高时，则影响蛋白质功能的发挥，造成蛋白质的消耗，影响体内氮平衡。塑身者要根据运动的特点，合理补充能量物质。

（三）各种营养摄入量间的平衡

各种营养素之间存在着错综复杂的关系，并且不同的生理状态、不同的活动和运动，营养素的需要量也有不同。中国营养学会制定了各种营养素的每日供给量，一定周期内膳食所摄入的各种营养素应保持在标准供给量上下误差不超过10%的范围。这种互相间的比例，即可称为营养素间的基本平衡。营养素学专家建议，每日约摄入20多种各类食物1 500g左右，才能基本保证平衡膳食的要求。塑身者要根据自身特点，合理补充各种营养素。

第二节　增肌与运动营养

一、增肌训练对机体的影响

（一）增肌训练与机体基础代谢率

增肌训练可以促进人体的新陈代谢能力，改善血液循环，促进机体各器官的代谢功能，尤其改善骨骼肌的质量和做功能力，从而提高机体基础代谢效率。从某种程度上，训练就是骨骼肌的收缩和舒张的交替进行，骨骼肌通常在低强度及安静状态下主要以脂肪酸的氧化分解供能为主，若训练时间越长，则脂肪消耗得越多，从而有利于调节体脂肪的比例。经常参加训练者比不经常训练者的静息代谢率高；在进行同等能量消耗的运动时，经常训练能更多地动员和利用体内储存的脂肪，更有利于预防超重和肥胖。

（二）增肌训练与心理应激

增肌训练改善心情，有利于减轻抑郁，增肌训练对心理健康有着积极的影响。随着生活节奏的加快，竞争压力的加大，高科技伴随着的情感冷漠，人们的心理障碍和抑郁情绪也呈增加趋势。适当的增肌训练能够使人获得乐趣并获得肌肉增长所产生的自我满足感，从而有效地缓解社会竞争所带来的压力和挫折心理，保持乐观、自信、开朗等生活态度。现代生理学的研究证实，当人在增肌训练时，大脑会产生一种类似吗啡的天然镇痛剂，使人感到舒服、放松，促进血液循环，增进食欲和降低疲劳等症状，从而使人充满信心及保持乐观等；同时运动还能兴奋免疫系统，分泌有益健康的酶、激素和神经递质等，使人达到最佳状态，促进身心健康。

（三）增肌训练与骨骼肌质量

1. 增肌训练改善骨骼肌的质量　　增肌训练最直接的效应是促进运动器官的适应性变化，如骨骼肌力量、体积以及弹性的改善。经常进行增肌训练者，肌肉体积增大、重量增加，主要是由于增肌训练可以刺激肌纤维收缩蛋白的含量增加。另外研究也表明，长时间的耐力训练引起慢肌纤维能源物质储备增加，肌纤维周围毛细血管增生；而速度、力量练习则引起快肌纤维横截面积增大。经常进行增肌训练者，骨骼肌结构可发生适应性的变化，从而使骨骼肌的最大收缩力增加、持续收缩时间延长，整体肌肉收缩能力得到改善。总之肌肉质量及结构的改善，有利于改善整体运动能力和生活质量，同时也有助于提高基础代谢效率，维持良好的体重和体脂比例。增肌训练也可以增强骨骼的物质代谢,防止无机成分的丢失,改善其与有机成分的比例,使骨的弹性、韧性增加,从而能够预防骨质疏松及骨折,延缓衰老过程。

2. 增肌训练增强肌肉力量和耐力　肌肉力量是指肌肉抵抗阻力的能力,即肌肉在紧张或收缩时所表现出的一种能力。具备良好的肌肉力量对于保持个人良好形象、提高工作效能而言起基础性作用,是实现健康的前提性条件之一。在增肌训练过程中,由于肌肉反复用力做功,可以刺激肌肉细胞中有关能量代谢、蛋白质合成等酶的活性的增加,因而提高肌肉细胞中能量代谢的能力,促进肌肉蛋白质的合成,达到增强肌肉力量和耐力的目的。此外,抗阻锻炼对于提高肌肉适能水平、增加肌肉力量和肌肉耐力具有重要作用。所谓抗阻锻炼,是指肌肉在克服外来阻力时进行的运动,阻力主要来自他人或自身的健肢、各种器械(如哑铃、沙袋、弹簧、橡皮筋等)。它可以增加肌肉的横断面积(肌纤维增粗),提高神经冲动的发放频率(神经支配能力提高),增加肌肉的能量储备(线粒体、肌肉蛋白和酶的增加),由此提高肌肉的收缩力量、速度和耐力。

二、营养需求与原则

由于增肌训练者的性别、年龄的差异,以及从事训练器械项目的不同,其营养需求必然存在差异。且增肌训练活动强度大,能量消耗高,与一般体力劳动者不同。因此,制定一个通用的营养标准是比较困难的,也是不现实的。中国营养学会于 2013 年制定的《中国居民膳食营养素参考摄入量》可作为营养摄入参考,见表 8-1、表 8-2。

（一）儿童、少年增肌营养需求

与正常成人相比,儿童少年时期的营养需要有其显著的特点,儿童少年获得的营养除了维持生命活动、生活与劳动之外,还要满足生长发育的需要。在整个生长发育期间,由于儿童少年体内合成代谢大于分解代谢,需要的能量及各种营养素的量相对比成人高。儿童少年的营养素需要与生理成熟程度密切相关,同年龄男生和女生在儿童时期对营养素需要的差异很小,但在生长突增期开始后出现差异,从出生到 10 岁,大多数营养素的参考摄入量男女生之间很相近,没有性别之分,在 10 岁以后,由于青春期开始的年龄、活动方式、体成分等方面出现性别上的差异,因此男女生的膳食营养素参考摄入量是分开的。

1. 能量　能量是儿童青少年生长发育的基础。能量摄入不足时,即使蛋白质和维生素摄入很丰富也不能充分发挥其作用,出现体重下降、生长速度减慢、学习能力下降等问题。能量摄入过多,超过了生长发育的需要,则有可能引起肥胖,出现行动不便、体育不达标、心理障碍等问题,儿童肥胖还是成年后心血管疾病、糖尿病的诱发因素。适宜的能量摄入是儿童青少年身心正常发育的必要条件。儿童少年身体正处在生长发育旺盛的阶段,需要能量较多,摄入的能量应高于消耗的能量以供生长发育,一般来说,婴儿期过后,特别在 10 岁以后的男孩摄入的能量逐渐比女孩高。

2. 宏量营养素

（1）蛋白质:蛋白质是人体重要的组成部分,一切细胞组织都是由蛋白质参与组成的。儿童青少年发育期间新的细胞增生、组织合成及器官发育都需要蛋白质,它作为机体器官和组织不断新生和修复的原料,是其他任何物质所不能取代的,膳食中蛋白质摄入不足,影响儿童青少年正常的生长发育。儿童少年摄入的蛋白质要高于被分解破坏的蛋白质,对蛋白质和各种氨基酸的需要量比成人高,而且应摄入较多的优质蛋白质。一般来讲,饮食中能提供蛋白质的食物有两种来源:一是动物性的,像肉、奶、蛋等;另一种是植物性的,如豆子、谷类、坚果(如花生、核桃、榛子、瓜子)等。由于我国人民膳食构成以粮谷类为主,大部分蛋白质是从米面、杂粮中取得的,这些食物中的蛋白质质量较差,不能更好地满足儿童青少年生长发育的需要,因此,儿童青少年平时应当多吃一些动物蛋白,如蛋类、乳类、瘦肉类、动物肝脏以及大豆和豆制品。

表 8-1　中国居民膳食能量需要表

年龄（岁）/生理阶段	能量（MJ/d）						能量（kcal/d）					
	轻体力活动水平		中体力活动水平		重体力活动水平		轻体力活动水平		中体力活动水平		重体力活动水平	
	男	女	男	女	男	女	男	女	男	女	男	女
0~	—	—	0.38MJ/(kg·d)	0.38MJ/(kg·d)	—	—	—	—	90kcal/(kg·d)	90kcal/(kg·d)	—	—
0.5~	—	—	0.33MJ/(kg·d)	0.33MJ/(kg·d)	—	—	—	—	80kcal/(kg·d)	80kcal/(kg·d)	—	—
1~	—	—	3.77	3.35	—	—	—	—	900	800	—	—
2~	—	—	4.60	4.18	—	—	—	—	1 100	1 000	—	—
3~	—	—	5.23	5.02	—	—	—	—	1 250	1 200	—	—
4~	—	—	5.44	5.23	—	—	—	—	1 300	1 250	—	—
5~	—	—	5.86	5.44	—	—	—	—	1 400	1 300	—	—
6~	5.86	5.23	6.69	6.07	7.53	6.90	1 400	1 250	1 600	1 450	1 800	1 650
7~	6.28	5.65	7.11	6.49	7.95	7.32	1 500	1 350	1 700	1 550	1 900	1 750
8~	6.9	6.07	7.74	7.11	8.79	7.95	1 650	1 450	1 850	1 700	2 100	1 900
9~	7.32	6.49	8.37	7.53	9.41	8.37	1 750	1 550	2 000	1 800	2 250	2 000
10~	7.53	6.90	8.58	7.95	9.62	9.00	1 800	1 650	2 050	1 900	2 300	2 150
11~	8.58	7.53	9.83	8.58	10.88	9.62	2 050	1 800	2 350	2 050	2 600	2 300
14~	10.46	8.37	11.92	9.62	13.39	10.67	2 500	2 000	2 850	2 300	3 200	2 550
18~	9.41	7.53	10.88	8.79	12.55	10.04	2 250	1 800	2 600	2 100	3 000	2 400
50~	8.79	7.32	10.25	8.58	11.72	9.83	2 100	1 750	2 450	2 050	2 800	2 350
65~	8.58	7.11	9.83	8.16	—	—	2 050	1 700	2 350	1 950	—	—
80~	7.95	6.28	9.20	7.32	—	—	1 900	1 500	2 200	1 750	—	—
孕妇（早）	—	+0	—	+0	—	+0	—	+0	—	+0	—	+0
孕妇（中）	—	+1.25	—	+1.25	—	+1.25	—	+300	—	+300	—	+300
孕妇（晚）	—	+1.90	—	+1.90	—	+1.90	—	+450	—	+450	—	+450
乳母	—	+2.10	—	+2.10	—	+2.10	—	+500	—	+500	—	+500

未制定参考值者用"—"表示；1kcal=4.184kJ.
引自：中国营养学会. 中国居民膳食营养素参考摄入量：2013版[M]. 北京：科学出版社，2013.

表8-2　中国居民膳食蛋白质、碳水化合物、脂肪和脂肪酸的参考摄入量

年龄(岁)/生理阶段	蛋白质*				总碳水化合物 EAR(g/d)	亚油酸 AI(%E)	α-亚麻酸 AI(%E)	EPA+DHA AI(mg)
	EAR(g/d)		RNI(g/d)					
	男	女	男	女				
0~	—	—	9(AI)	9(AI)	—	7.3(150mg[a])	0.87	100[b]
0.5~	15	15	20	20	—	6.0	0.66	100[b]
1~	20	20	25	25	120	4.0	0.60	100[b]
4~	25	25	30	30	120	4.0	0.60	—
7~	30	30	40	40	120	4.0	0.60	—
11~	50	45	60	55	150	4.0	0.60	—
14~	60	50	75	60	150	4.0	0.60	—
18~	60	50	65	55	120	4.0	0.60	—
50~	60	50	65	55	120	4.0	0.60	—
65~	60	50	65	55	120	4.0	0.60	—
80~	60	50	65	55	120	4.0	0.60	—
孕妇(早)	—	+0	—	+0	130	4.0	0.60	250(200[b])
孕妇(中)	—	+10	—	+15	130	4.0	0.60	250(200[b])
孕妇(晚)	—	+25	—	+30	130	4.0	0.60	250(200[b])
乳母	—	+20	—	+25	160	4.0	0.60	250(200[b])

1. 蛋白质细分的各年龄段参考摄入量见正文，2. [a] 为花生四烯酸，[b] 为DHA，3. 未制定参考值者用"—"表示，4. E%为占能量的百分比。

引自：中国营养学会. 中国居民膳食营养素参考摄入量: 2013版[M]. 北京: 科学出版社, 2013.

（2）脂类：脂肪是人体的重要组成部分，是神经细胞、脑、心、肝、肾组织的组成材料，是贮存能量、供给能量的重要物质，能促进四种脂溶性维生素（维生素 A、维生素 D、维生素 E、维生素 K）的吸收，供给不饱和脂肪酸。脂肪的主要来源有植物油，如芝麻油、花生油、菜籽油、黄豆油、玉米油、葵花籽油、棉籽油等，这些油中含有较多的必需脂肪酸；动物油，如猪油、牛油和鱼油等；其他一些干果如核桃、杏仁等及鱼、肉、禽类中也含有脂肪；蔬菜、水果中脂肪的含量甚少。根据中国营养学会的推荐，儿童青少年的脂肪摄入量为：通过膳食摄入脂肪提供的能量应占每日总能量的 25%～30%。

（3）糖类：一般认为，人每天摄入的糖类数量以占全天热量的 50%～77% 为宜。糖类主要来自植物性食物，如谷类（大米、面粉）、薯类（红薯、马铃薯）、根茎类蔬菜（胡萝卜、藕），以及含淀粉较多的坚果（栗子、菱角）；另外，还有食用糖（如绵白糖、白砂糖等）。

（二）中老年人增肌营养需求

人类的衰老是一个不可逆转的发展过程，这个过程受多种因素的影响及制约，出现加速或者减缓的倾向。联合国世界卫生组织经过对全球人体素质和平均寿命进行测定，对年龄的划分标准做出了新的规定。该规定将人的一生分为五个年龄段：44 岁以下为青年人，45 岁至 59 岁为中年人，60 岁至 74 岁为年轻的老人，75 岁至 89 岁为老年人，90 岁以上为长寿老年人。在中国按年龄划分为 4 个年龄组，即青年组（29 岁以下），中青年组（30～39 岁），中年组（40～49 岁）和中老年组（50 岁以上）。中老年人的营养需求与青壮年相比有其共同点，也有其特殊性，中老年这一阶段包括了几十岁的年龄跨度，个体差异比其他年龄段的人更为显著。

1. 能量 人体摄入的能量主要用于满足维持基础代谢、体力活动和食物特殊动力作用消耗的能量需要。基于中年人的基础代谢和器官功能逐渐降低，所以，能量的摄入不宜过高，要与消耗量保持平衡，避免肥胖。中国营养学会按 50 岁、65 岁及 80 岁细分三种推荐量。

2. 宏量营养素

（1）蛋白质：蛋白质是人体细胞的主要构成原料，是生命的物质基础，如在代谢中起催化作用的酶、抵抗疾病的抗体、促进生理活动的激素都是蛋白质的衍生物。蛋白质还有维持人体的体液平衡、运载物质、传递遗传信息的作用。老年人容易出现负氮平衡，且由于老年人肝、肾功能降低，摄入蛋白质过多，可增加肝、肾负担。所以，中老年人要更加注重蛋白质供给的充足。

中年人和 60～69 岁的老年人的蛋白质供给量与成年人基本相同，按劳动强度不同，男性每天为 70～80g，女性为 60～70g；70 岁以上，蛋白质的供给量减少，70～79 岁时，男性每天为 65～70g，女性每天为 55～60g；80 岁以上时，男性每天为 60g，女性每天为 55g。其中，优质蛋白质不少于 1/3。牛奶、禽蛋、兽类、瘦肉、鱼类、家禽、豆类和豆制品都富含优质蛋白质。大豆类及其制品含有较丰富的植物蛋白质，对中老年人非常有益。

（2）脂肪：脂肪具有提供能量和必需脂肪酸，促进脂溶性维生素吸收等功能。但在中年期间，由于人体内分解脂肪的酶活性降低，促进脂肪乳化的胆汁酸盐分泌减少，人体分解脂肪的能量会下降，中年人饮食应低脂肪、低胆固醇。

由于老年人胆汁分泌减少和酯酶活性降低而对脂肪的消化功能下降，因此，脂肪的摄入不宜过多，脂肪供能占膳食总能量的 20%～25% 为宜，胆固醇的摄入量宜小于 300mg/d。一些含胆固醇高的食物，如动物脑、鱼卵、蟹黄、蛋黄、肝、肾等食物不宜多食。植物油含有不饱和脂肪酸，能促进胆固醇的代谢，防动脉硬化。动物脂肪、内脏、鱼子、乌贼和贝类含胆固醇较多，进食过多易诱发胆石症和动脉硬化。

（3）糖类：糖类是供给人体能量的主要物质。中老年人对能量的消耗一般不如青壮年，所以要适当限制糖类。由于中年后胰腺功能减退，如果食用含糖食物过多，就会增加胰腺的负担，易引起糖尿病。在患消化性疾病时，如果进甜食，还可促进胃酸分泌，可使症状加重。老年人的糖耐量降低，血糖的调节作用减弱，容易发生血糖增高。过多的糖在体内还可转变为脂肪，引起肥胖症、高脂血症等疾病。建议碳水化合物提供的能量占总热量的 50%~60% 为宜。老年人应降低糖和甜食的摄入量,增加膳食纤维的摄入。

三、增肌运动的营养补充

(一)增肌训练与营养

不论是增加肌肉体积还是减少多余脂肪,都必须通过科学的增肌训练才能实现,但是如果不注意科学合理的营养就达不到预期的效果。科学合理的增肌训练与营养有机的结合是取得良好效果的基础。

健身界有句行话,叫"一半靠练,一半靠吃";健美界也有句行话,叫"三分练,七分吃"。这实际上是一条通俗的经验总结。当然,"练"是指科学地练,"吃"是指合理地吃。那么如何吃才算合理呢?根据多年对增肌训练者的跟踪调查和实践经验的总结,得出增肌训练者的每日食谱配备公式,即:

每日食谱=适度的蛋白质食品 + 较低含量的脂肪食品 + 高含量的碳水化合物食品

在增肌训练的过程中,不少锻炼者对每日进餐次数和时间产生兴趣,这种对增肌训练餐食的新态度,无疑有利于建立符合自己增肌训练目标的良好餐食习惯。对于参加健身健美训练的人每日的进餐次数和时间应根据人体一天消耗能量的需要和消化规律来确定。同时也要将进餐与增肌训练相适应,让食物所释放的能量和营养素及时地去满足"身体建设"的需求,从而发挥维护和提高身体健与美的更大功效。根据我国的国情和大众健美训练的特点,实践证明,对增肌训练者来说,采用"日食五餐法"较为合适。即每日吃 5 次,每次吃 6~7 成饱为度,每餐间隔 3h 左右成为基本的建议模式,或 5 餐达到每日应摄取热量之和的进餐方式。采用"日食五餐法"是因为当前市场上供应的食物质量已逐渐优质化,烹调技术趋于科学化,食物选择实现多样化,食物被消化吸收的进程相对缩短,打破了人体生物钟的规律。对于参加健身锻炼的一般人来说,控制热能平衡非常重要。一日 5 餐热量的摄入也必须保持适当比例,即早餐应占全天总量的 20%、午前餐 10%、午餐 30%、午后餐 10%、晚餐 30% 等。这样,就从根本上解决了健身健美锻炼者在老式三餐模式的每餐之间,容易产生饥饿感(在这个时间内的工作、学习效率滑向低谷)的"两饿(锻炼前饿和锻炼后饿)"与"偏食(必需的营养成分不足而供能太多,或必要的营养成分过剩而供能缺乏)"的问题。健身健美训练与进餐的相隔时间,一般是小到中等运动量,休息 0.5h 后即可进餐;如果大运动量,应至少休息 1h 后再进餐。

1. 增肌训练膳食指导性方案

(1)主要营养比例:蛋白质:碳水化合物:脂肪 =30%~35%:55%~60%:10%~15%。

(2)进餐次数:平均每天进餐 6~7 次。

(3)食物种类:谷类食物以米饭、馒头为主;蔬菜以西红柿、小白菜、芹菜梗、油麦菜、黄瓜为主;此外,芦笋、冬瓜、莴苣、芫荽、小红萝卜、菠菜、苦瓜、南瓜、白薯、红薯、山药、土豆、大蒜、海藻、绿豆芽、韭菜、辣椒、魔芋、豆腐也可有选择地食用。水果以香蕉、西瓜和苹果为主;肉蛋类以牛肉、蛋清、无皮鸡胸、鱼为主。

2. 烹调特点 肉类食物以水煮或清蒸为主,蔬菜以生吃为主,限制烹调用油和盐及含盐量高的佐料,如酱油等。

3. 增肌食品的选用

(1)谷类、薯类及杂豆:谷类包括小麦面粉、大米、玉米、高粱等及其制品;薯类包括红薯、马铃薯等;杂豆包括大豆以外的其他干豆类,如红小豆、绿豆、芸豆等。这类食物主要供给淀粉,其次供给蛋白质、无机盐和维生素,同时也是膳食纤维的主要来源。这类食物的摄取量应以健身锻炼者身体消耗热能的需要为度。一般人每日摄入量为 250~400g,其中最好包括 50~100g 粗粮,因为每 100g 玉米糁和全麦粉所含的膳食纤维比精面粉分别多 10g 和 6g。

Note

（2）肉、鱼、禽、蛋、大豆及坚果类：这类食物主要供给优质蛋白质和脂肪，也供给一部分无机盐和维生素。它们之间最大的区别是所含脂肪的质和量不同。一般说来，植物脂肪含不饱和脂肪酸较高，动物脂肪含饱和脂肪酸较高（鱼的含脂量较少）。这类食物能够提供优质蛋白质，并以脂肪形式补充必要的能量，故为增肌训练者每日膳食中不可缺少的食物，其用量以125～225g为宜，其中动物性食品与大豆类或豆制品最好各占50%。如果按照中国居民平衡膳食宝塔建议的食物量来具体分配，建议一般人每日摄入肉类（猪、牛、羊、禽肉）50～75g，水产品（包括鱼类、甲壳类和软体类动物性食物）50～100g，蛋25～50g，大豆类（黄豆、黑豆、青豆等及其制品）30～50g，坚果类（花生、瓜子、核桃、杏仁、榛子等）5～10g。

（3）蔬菜、水果类：这类食物主要可供给维生素、无机盐和膳食纤维。它们是维生素 C 的主要来源，也是提供无机盐和膳食纤维的主要食品。它们能增加膳食的体积，促进肠蠕动，有利于消化、吸收和排泄。它们能降低胆固醇的吸收，促进胆固醇的分解代谢与排泄（对减轻高胆固醇血症，预防动脉硬化非常有益）。蔬菜类食物应以叶菜为主，锻炼者每日摄入量以 500g左右为宜（一般人 300～500g 即可满足日常需要）。新鲜水果 200～400g，锻炼者根据需要可多吃一些。

（4）乳类及乳制品：这类食物主要可供给优质蛋白、脂肪、脂溶性维生素、维生素 B$_2$ 和钙。建议一般每人日食液态奶 300g、酸奶 360g、奶粉 45g。有条件者或锻炼者可多吃一些。

（5）烹调油及食盐：烹调油包括各种动、植物油，这类食物主要可供给热能，不饱和脂肪酸和部分脂溶性维生素。虽然动物脂肪完全可以由第二类食物替代，但植物油必不可少，因为它是不饱和脂肪酸的主要来源，又是烹调的必备辅料。建议一般每人每天摄入量 25～30g。此外，健康成年人一天食盐以不超过 6g 为宜。一般 20ml 酱油中就含 3g 食盐，10g 黄酱中含 1.5g 食盐，如果菜肴中需要用酱油和黄酱类，应按比例减少食盐用量。

（6）健身锻炼者营养与膳食安排参照：人们选择食物的原因是多方面的，但是不管出于什么原因，食物的选择将影响健康。长时间平衡食物的选择将会对健康起到重要作用。在此我们列出一份增肌食谱供大家参考。食物是死的，营养是活的，不是说只有这些食物才可以增肌，而是主要提供一个思考的路径和方向，大家可以联系前面内容，结合自身特点进行总结，归纳出一份属于自己的营养食谱。

增肌食谱：（体重 70kg）

早餐：100g 燕麦，一颗猕猴桃，两个全蛋，一个蛋清，两杯酸奶。

加餐：两个香蕉或 100g 奶酪。

午餐：100g 大米，200g 鸡胸肉或 250g 牛肉，200g 绿色蔬菜。加餐：一个香蕉或 100g 奶酪。

训练后：两个香蕉，四个蛋清。

晚餐：50g 大米，200g 鸡胸肉或 250g 牛肉，200g 绿色蔬菜，50g 淡奶酪。

第三节 减脂与运动营养

一、减控体重与运动的关系

现代社会物质条件的改善，科技的进步，使体重控制的问题日益突出。大量研究表明，体重与健康关系重大，从儿童到中老年人，几乎所有人群都需要对自己的体重加以控制。据专家研究，人体体重增加的原因，一是饮食过量，二是缺乏身体运动。在当今减肥热中，许多人热衷于体重表面数字的减少，甚至追求快速减重，这是不足取的。因为，体重的减轻不一定是减去了脂肪，许多时候是减去了肌肉、水分、营养素和其他组织细胞。而且，事实证明，快速减肥不能长期保持，一旦恢复体重，所增重量十之八九是脂肪。

（一）减控体重

广义来讲，控体重是指人为地采用某些手段对体重加以控制，涉及减体重、在某一时期保持体重不变以及增加体重等几个方面的问题。但由于社会经济的原因，造成了人们一直把对控体重的研究主要集中在体重过重——肥胖（obesity）的研究上，而对体重过轻（underweight）的研究重视不够。因此，在很多人的观念中，控体重就等同于减肥（lose weight）。这种理解是不够全面的，应该有更多的关于体重过轻方面的研究，以丰富和完善对控体重的认识。人体的体重是由两部分组成的，即：体重=瘦体重（LBM）+脂肪重量（BF）。

瘦体重与体力、有氧能力及最大吸氧量呈正相关。人们在控体重的时候，要尽可能地以去除多余的脂肪为主，瘦体重则应尽量予以保持。对一个正常成年人而言，体重变化往往意味着热量摄入与消耗之间的不平衡。因此，原则上只要控制好热量摄入与消耗的平衡，就能达到控制体重的目的。

（二）减控体重的重要性

减脂运动主要是通过运动手段达到减控体重的目的。在当今社会中，造成人体肥胖的原因是多方面的，如遗传因素、幼年肥胖、内分泌失调、水平低的基础代谢率、摄取过多热量等。但身体活动在控制体重上起关键作用，刻意安排适量的运动，在体重控制上有很大好处。在减肥效果上，运动可以增加脂肪的消耗，减少非脂肪成分的流失。在人生长发育的不同时期运动，对减肥可达成不同效果：成长期的运动可减少脂肪细胞的数量，成年期的运动可减少脂肪细胞的体积。人体不同时期有不同的理想体重，即体重的基础点。而有计划有规律的运动有助于调整体重的基础点，并可以长期维持较低的体重。

流行病学的研究初步认定，运动结合控制饮食才能有效地减轻体重，因为这样引起的能量负平衡才足以使体重下降，而如果仅仅是运动，许多肥胖者很难达到500～1 000kcal/d（1cal＝4.184J）的能量消耗或少摄入。同时，参加运动还可有效地改善肥胖者的体成分，增加脂肪体重的下降，减少瘦体重的降低。这样一来，与不通过运动进行减体重者相比，运动减体重的肥胖者减重后的代谢率就会由于瘦体重的相对增加而增加，有利于体重的维持，避免反弹。另一方面，随着体重的下降，机体的能耗也下降，要进一步减重，就很难单纯通过节食来达到能量的负平衡。因此，必须通过运动以及合理膳食营养来达到此目的。

（三）运动减控体重的生化基础

减脂运动是通过体育运动的方式来减去人体内多余的脂肪，同时改善人体构成成分，达到健康健美的目的。人体在运动时，由于三大供能系统的输出功率、供能顺序以及供能比例不同，所以相对于不同的运动其贡献率也不一样。

脂肪是长时间、中低强度运动的主要供能物质，同时，身体脂肪的堆积也是导致体重增加以及肥胖的主要因素。长时间的中低等强度的有氧运动促进脂肪分解的原因有两个：①有氧运动造成机体热量负平衡，促使中枢神经产生体内消耗脂肪的刺激，从而加速脂肪酸的分解产生ATP，以适应热量消耗的需要；②运动时，肌肉对游离脂肪酸的摄取和利用增加，促使脂肪细胞分解予以补充。在进行长时间的有氧运动时，心肌、骨骼肌组织中的脂肪酸完全氧化，生成二氧化碳和水，这是减脂运动时脂肪供能的主要形式；肝脏中脂肪酸不完全氧化生成酮体，参与脂肪组织脂解的调节；另外肝、肾细胞中的甘油经糖异生成葡萄糖，维持血糖平衡。

有研究表明，运动强度在25%最大摄氧量时，血浆游离脂肪酸浓度增加的速度是安静时的5倍；运动强度达25%～65%最大摄氧量时，肌糖原分解成了重要的能量来源，血浆游离脂肪酸浓度增加的速度不变，脂肪分解的总量上升，其来源应该是骨骼肌细胞中储备的脂肪酸；运动强度达85%最大摄氧量时，骨骼肌收缩主要靠肌糖原分解供能，这时，血浆游离脂肪酸浓度下降。因此，有氧运动是减脂运动的基础。抗阻力运动可刺激神经-内分泌系统，促进肌肉蛋白质的合成，有助于去脂体重的保持，同时，通过增加基础代谢率和提高脂肪氧化对减体重具有一定影响。因此，有氧运动与力量锻炼相结合，总体效果是：体重下降的同时，身体成分改善，体脂百分比下降，去脂体重保持不变或增高，是控制体重和保持去脂体重的首选运动组合形式。

（四）减控体重意义

对不同人群而言，减体重的意义不同。抛开主观上为了审美或某种特殊目的而减体重外，如运动员或某些特殊职业的需要，减体重的客观意义应该与其对健康的作用联系起来。因此，我们只讨论体重已超过正常标准甚至达到肥胖者的减体重问题。如我们在"肥胖的危害"部分中已讨论过的，肥胖对人体健康的威胁越来越受到人们的重视。一般成年人减体重，是为了减少患心血管疾病、高脂血症和糖尿病等疾病的发生率，同时也是为了保持一种良好的心理健康状态，提高生活质量。

1. 老年人减体重的意义　由于肥胖同样会引起老年人血脂出现有害于健康的变化，如：高低密度脂蛋白、高胆固醇、低高密度脂蛋白等，减体重则可以使这些变化恢复正常。另外，非胰岛素依赖型糖尿病、骨质疏松是普遍的中老年疾病，而保持正常的体重是减少这些疾病发生的重要方法。即使不肥胖的老人，同样要对体重加以控制。人体的体重有随年龄的增加而自然增长的趋势，一般从 40 岁开始体重就会增加，而且主要是体脂增加，与此同时，运动量和能量消耗则随年龄增长而下降。即使体重不增加，也会出现体脂增加，瘦体重减少的变化，这种变化的原因尚不十分清楚，但是非常复杂的。从 40～80 岁，男性的体脂率每 10 年增加 2.2%～3%，女性则增加 3.6%～5.2%。体脂的增加，也是引起如胰岛素抵抗、糖尿病、冠心病、高脂血症和高血压病的危险因素。

2. 儿童减体重的意义　肥胖给孩子带来的行动上的不便，造成他们不爱运动，而养成一种好静不好动的生活习惯。这种生活习惯，又使肥胖儿的身体功能水平下降，增加其成年后患冠心病、高血压和高血脂等疾病的可能性，甚至在儿童少年期就损坏其健康。肥胖儿也会患高脂血症、脂肪肝（fatty liver）、冠心病、动脉硬化（arteriosclerosis）等所有成年人的疾病。心理行为学（psychoethology）研究发现，肥胖儿童存在深层的心理冲突、精神压力和行为异常，这又会造成肥胖控制难以持续和反弹。肥胖儿由于体态臃肿，行为笨拙，常常被同学嘲笑或戏弄。久而久之，极易造成性格孤僻、心理自卑。同时，肥胖还会影响智力，由于脑组织中脂肪堆积太多，形成"脂肪脑（fatty brain）"，所以肥胖儿的思维往往不够敏捷。儿童少年期的肥胖，尤其是青春期的肥胖，很可能延伸至成年后也肥胖。体脂与不少危害健康的因素显著相关。

二、营养需求与原则

营养与运动关系密切，对锻炼效果有着很大的影响。人们进行减脂运动的锻炼目的主要在于调节代谢功能，增强脂肪消耗，促进脂肪分解。在减脂过程中如果缺乏合理营养的保证，消耗得不到补充，机体将处于一个亏损状态。久而久之，对机体健康不利，会使锻炼者生理功能及运动能力下降，出现乏力、疲劳甚至疾病状态。合理营养与科学的运动锻炼是维持和促进健康的两个重要条件。以科学合理的营养为物质基础，以运动锻炼为手段，用锻炼的消耗过程换取锻炼后的超量恢复过程，使机体积聚更多的能源物质，从而提高各器官系统的功能。在减脂运动的过程中，如果营养补充不充分，可能就会导致某些营养素的严重缺乏而影响健康，进而影响运动能力。因此，在减脂运动中应注意合理的营养补充和膳食营养原则。

（一）减脂运动中的营养原则

1. 保持热量摄入的负平衡　即热能的消耗要大于热能的摄入。膳食提供的能量必须低于机体实际消耗的能量，以造成能量的负平衡，促使长期的能量被代谢掉，恢复到正常水平，这是减脂的前提。但是，不可大幅度地减少热量的摄入，否则会造成其他营养素的大幅度减少而影响健康。每天热量摄入一般应比需要量少 2.09～4.18kJ，相当于膳食总热量降低到原来的 85%，一般每周减轻体重不超过 0.5kg，每月体重下降 3～4kg，保证基本上减少的是体内脂肪。

2. 安排好三餐的饮食量与饮食结构 对于减脂运动过程中,营养专家苏珊·克莱纳博士认为,如果想在运动中科学合理地控制饮食,达到减肥健身的目的,最好按每一磅(1磅=0.45kg)体重摄入2.3g的碳水化合物来计算。一份健康的节食表应该是高蛋白质,中等碳水化合物和低脂肪的饮食结构,即每天的热量中55%来自碳水化合物、30%来自蛋白质和15%来自脂肪。

3. 合理选择食物 用烹调方法严格控制油脂食物的摄入量,少吃高糖、高脂肪和高热量的食物。供给充足的优质蛋白质、维生素和矿物质,进行减脂运动的锻炼者每天蛋白的摄入量应该在1.5g/(kg体重)左右,应以含有动物性油脂较少的鱼肉、瘦牛羊肉、兔肉代替肥肉和五花肉。保持一定的食物体积,增加高膳食纤维食物的摄入,保证食物体积,形成良好的饱腹感,降低食物的能量密度,降低饥饿带来的心理不适感。

4. 不限制饮水 减脂运动过程不是以脱水来达到减轻体重的目的,长期限制饮水对身体健康不利。

5. 改变不良的饮食习惯以及适当使用特殊减脂的营养品 尽量减少甜点、糖果、巧克力、零食和碳酸饮料的摄入,适当服用肉碱、丙酮酸盐,以加强减脂的效果。

(二)减脂运动中的营养需求

想了解减脂过程中的营养需求与原则,你需要了解营养的基本原理以及各种营养素如何在体内转化。营养学研究人与食物之间的相互作用,包括食物如何为我们提供能量和营养使我们保持活力、健康和活跃。了解营养可以帮助我们在减脂运动中选择能够提供适当能量和营养的饮食,以保持减脂过程中身体的健康和营养需求。营养素为身体提供能量或燃料,它能够维持生命、生长和运动。这种能量能够保持心脏跳动、肺部呼吸、身体温暖以及还用于保持消化道的蠕动和肌肉的收缩。由于碳水化合物、脂类和蛋白质为身体提供能量,它们被称为能产生营养的能量。人体所消耗的能量一般是以卡路里或千卡(缩写为"cal"或"kcal")来计量的,食品能量是以焦耳或千焦耳(缩写为"J或kJ")来计量的。

1. 减脂运动时对糖的需求 糖是人体内主要的营养物质,除了一般的生理功能外,在减脂运动中的作用主要表现在抗生酮方面。脂肪在体内分解代谢的中间产物酮体,必须与葡萄糖在体内的代谢产物草酰乙酸结合,才能继续氧化。如果缺少必要的糖,脂肪代谢不完全,导致体内酮体堆积,体液酸性增强,影响运动时正常生理功能。补充一定的糖是维持脂肪正常代谢的需要。体内糖原可由蛋白质和脂肪异生,但大运动量可能引起低血糖,所以应根据运动量的大小补充适量的糖。许多研究表明长时间耐力性运动中补糖能预防和后延中枢性疲劳;运动后补糖有利于缓解疲劳和体力恢复。但是过量的糖又容易转化成脂肪和氨基酸。

2. 减脂运动对脂肪的需求 减脂期间应该减少脂肪的摄入,这是一个原则性问题。脂肪不仅含热量高,而且消化吸收后很快就直接变成了人体的体脂,但在减少食物脂肪含量的同时,要注意保证必需脂肪酸的供应,尤其是对生长发育期间的儿童少年。还要有足够的脂肪,作为脂溶性维生素的溶剂,使机体有充足的脂溶性维生素摄入。

因此,提倡尽量减少饱和脂肪酸的摄入,如用植物油替代动物油,喝低脂或脱脂牛奶等。总之,由于脂肪对人体健康、食物的口感和外观等都是必不可少的,提倡少吃,但不提倡不吃,不能因为减体重而影响健康。

3. 减脂运动对蛋白质的需求 蛋白质是一切细胞组织结构的重要成分,是生命的物质基础,具有多种生理功能。相对于能量消耗,较低的能量摄入是负能量平衡和减脂的前提。但是,负能量平衡不仅会减轻体重,也会减轻肌肉质量。肌肉质量是去脂体重的重要组成。在长时间的减脂运动中,肌糖原被大量消耗,脂肪动用和利用加速,能量需求平衡有可能受到破坏。此时,蛋白质和氨基酸分解代谢增强,异生出糖补充到肌肉和大脑内,维持正常的生理活动。蛋白质的合成代谢可引起肌肉壮大。如蛋白质摄入不足,既影响运动效果又可能发生运动性贫血,因此,在减脂期间,要根据人体生理状况和运动消耗的热量以及蛋白质的质量,在膳食中摄入高蛋白，但蛋白质的摄入量超过了肌细胞的利用能力，会造成负效应。例如，高蛋白饮食会促使机体钙的丢失，引起尿钙增加；高蛋白膳食会造成脱水和体液酸化，使运动疲劳提早发生；许多高蛋白食物往往是高脂肪低膳食纤维的食物，长期大量食用会增加体脂和引起肠道疾病。

4. 减脂运动对维生素、无机盐、水的需求　由于长时间的减脂运动中大量出汗，造成体内水分和无机盐丢失，严重影响运动能力。为了防止运动脱水，必须在达到失水的应激之前补充水分，以便提高运动能力。由于汗液是低渗性液体，其中含有 Na^+、K^+、Cl^-、Ca^{2+}、Mg^{2+} 等电解质。因此，大量出汗时，只补水分而不补电解质，会引起体内电解质缺少而失去平衡，出现运动性低血钠症等。另外，排汗导致铁元素的流失过多，容易引起缺铁性贫血；微量元素和维生素 E、C、A 除了维护身体健康、促进生长发育和调节生理功能外，还是清除自由基和各类活性氧的抗氧化物质，对长时间减脂运动非常必要，所以丢失的微量元素和维生素也必须得到补充。

三、减脂运动的营养补充

虽然目前的肥胖症治疗指南支持改变生活方式以减轻体重，但能量限制饮食（energy-restricted diets，ERD）仍然是最常用的超重管理方法。然而，ERD 对长期减肥无效，也可能付出更多的成本而不是收益，使个体易于增长脂肪。不使用 ERD，吸脂也可以使脂肪组织的体积大量减少。然而，这种技术不能改善代谢健康，也不能防止脂肪再生。吸脂似乎可以促进内脏脂肪的代偿性增加。因此，科学的减脂运动以及合理的膳食营养是维持能量代谢，调节内分泌功能以及补充身体成分的重中之重。

（一）糖

糖可以加速脂肪代谢。脂肪也是重要的供能物质。脂肪分解时，先生成甘油（glycerol）和脂肪酸（fatty acid），甘油磷酸化后可直接进入糖代谢途径进行氧化；脂肪酸功能主要是在氧供应充足时，在骨骼肌细胞内先分解为 2 碳化合物——乙酰辅酶 A，然后进入糖氧化代谢途径被氧化成 CO_2 和水，释放大量能量以供有氧代谢性项目的需求。如氧供应不足、糖有氧代谢途径不畅、乙酰辅酶 A 堆积，在肝中可生成酮体（acetone body）、丙酮（acetone）、乙酰乙酸（acetoacetate）、β- 羟丁酸（β-phydroxybutyrate）。酮体酸性（acidity）强，会降低运动能力。由于糖摄入过少，身体大量通过分解脂肪供能，酮体产生增加，可能导致体内酸性物质堆积，影响健康。

关于减体重期间糖摄入多少，一般原则是尽量少吃或不吃"精制糖"，如蔗糖（sucrose）、各种甜食和含糖饮料（beverage），保证充足的淀粉（starch）类糖的摄入，如谷类、面粉、玉米等。这些多糖类食物，不仅为人体提供必需的能量，还是维生素（vitamin）、矿物质（mineral）和食物纤维素（cellulose）的重要来源。一般在运动后 6h 内补糖效果最佳，补糖量为 0.75～1.0g/（kg 体重）。

（二）蛋白质

存在大量科学证据支持超过推荐膳食允许量[RDA，0.8g/（kg·d）]的蛋白质摄入量，可以促进膳食能量限制期间骨骼肌的保留和脂肪组织的损失。饮食诱导的体重减轻与骨骼肌脂肪质量损失的比例尽可能低称之为高质量减肥。在热量限制期间可能伴随着瘦体重（LBM）的损失，约占损失总重量的 25%。瘦体重，其中很大一部分是骨骼肌，对良好的代谢功能（即餐后葡萄糖处理，脂质氧化和静息能量消耗）至关重要。如果蛋白摄入不足，会造成肌肉蛋白质的丢失，影响生长发育等。但也没有必要过多的摄入蛋白质，影响减体重的效果。因为食物蛋白质多与脂肪组合在一起，如各种肉类等。因此，在增加摄入蛋白质的同时，会增加脂肪的摄入，造成热量摄入过多。一般减脂运动中蛋白质的摄入量为：1.8～2g/（kg 体重）。

（三）脂肪

虽然减少脂肪是减脂运动的目的，但是人体内的必需脂肪酸只能从食物中得到所以应在膳食中摄入一定量含有必需脂肪酸的植物油。另外，为了获得必需的脂溶性维生素以及脂类溶剂，也应摄入适量含脂溶性的动物脂肪，一般应控制在食量 5%～10% 以内。最近有资料证实：摄入一定量的脂肪和钙能够影响人体内的氮平衡，从而有利于肌肉的增长，这对消耗脂肪非常有效。但是脂肪的总摄入量应在每日需要总热量的 30% 以内。

（四）膳食纤维

膳食纤维（dietary fiber，DF）是一类食物中不被人体消化分解的多糖类物质及木质素组成的高分子物质的总称。可分为水溶性膳食纤维（SDF）和水不溶性膳食（IDF），两者的生理功能不同，SDF 具有较好的存留能力与发酵能力，具有减少心血管疾病、降低血浆胆固醇含量和促进肠道有益菌群生长等功效。IDF 可以增大粪便体积，减少食物残渣在胃肠道的停留时间。膳食纤维天然存在于谷类、豆类、蔬菜和水果中，具有多种生理功能，对人体健康十分有益，被营养学界补充为第七大营养素。

1. 纤维补充可以改变脂肪代谢水平　研究表明，谷物膳食纤维可促进酚类成分的吸收，由此可以解释高谷物膳食纤维的摄入能降低脑血管疾病和糖尿病的患病率。研究者还发现膳食纤维的降脂作用主要包括：①通过减少胆固醇吸收，促进胆固醇排泄等方式降低血浆中胆固醇水平；②纤维素比重小、体积大延长胃排空时间，减少脂肪等热量吸收；③膳食纤维中果胶可结合胆固醇、木质素可结合胆酸可直接从粪便中排出，减少机体对胆固醇的吸收等方式降低血浆中胆固醇和甘油三酯水平。

2. 体脂百分比和膳食纤维摄入量之间呈负相关关系　超重 / 肥胖成人每天平均摄入 4g/1000kcal 的纤维，比正常体重的人少。正常体重的人也有更接近美国国家科学院发布的关于膳食参考摄入量（DRI）的纤维摄入量，平均每天 12g 纤维 /kcal。一项为期 4 年的纵向研究发现，纤维摄入量超过每天 15.5g/1 000kcal 的成年人体重减轻（2.5kg，5.5lb）、腰围（WC）（2cm，0.75in）的减少幅度大于个体消耗较少的纤维（每天 <10.9g/1 000kcal）。因此，改善纤维摄入可以帮助运动者实现健康的体重。

3. 减脂或维持体重所需的纤维量尚未确定　健康和减肥的好处是每天从全食物中摄取 20～27g 纤维或每天补充 20g 纤维。

（五）其他营养物质

由于减体重期间的膳食调整，要特别注意某些食物营养素的摄入，一定要保证不会因减体重而出现营养不良。

1. 维生素　维生素是容易缺乏的一类营养素（nutrient），因此，可在减体重期间适当补充维生素制剂。同时注意在不增加热量摄入的前提下，多吃富含维生素的水果等食物，尤其是水溶性维生素比较容易从蔬菜和水果中获得，要多吃这些食物。

2. 钙铁锌等矿物质　某些矿物质也容易出现缺乏，如钙（calcium）、铁（iron）、锌（zinc）、铬（chromium）等。铬是一种必需的微量矿物质，因其在增强胰岛素作用方面的作用而闻名。对于成年女性和男性，铬的膳食参考摄入量被确定为 25μg/d 和 35μg/d 的"足够摄入量"（AI）。良好的铬食物来源包括未精制的谷物、肉类和油类。由于这些矿物质主要含在动物性食物中，而减体重期间又控制了这些食物的摄入量，因此要注意额外加以补充。可以增加水果和蔬菜的摄入量，美国疾病控制和预防中心建议成年人每天至少食用五种水果和蔬菜，而不是简单地将水果和蔬菜添加到饮食中，这会增加能量（kcal）摄入量，更好的策略是使用它们作为营养较少的食物的替代品。

（六）减脂营养品

1. 左旋肉碱（L-carnitine）　左旋肉碱是一种氨基酸衍生物，与脂肪代谢密切相关，主要功能是转运长链脂肪酸通过线粒体内膜进入线粒体基质进行 β 氧化供能。红肉及动物产品是其主要来源，但一般人只能从膳食中吸收 50mg。在减脂运动中，建议每日摄入量为 250mg 左右，因此有必要补充一些左旋肉碱，以达到加速消耗体脂的效果。

2. 丙酮酸（pyruvic acid）　丙酮酸是糖在细胞质中无氧代谢的中间产物，也是进入线粒体进行有氧代谢的起始物。在细胞质中,丙酮酸既可以在缺氧条件下或无氧代谢速率与有氧代谢速率不相协调时产生乳酸,又可以进入线粒体在有氧条件下生成乙酰辅酶 A,乙酰辅酶 A 进入三羧酸循环被彻底氧化成二氧化碳和水,同时生成大量的 ATP。丙酮酸可以通过乙酰辅酶 A 和三羧酸循环将糖、脂肪和蛋白质代谢联系起来,因此丙酮酸在三大能源物质的代谢中起着极为重要的中心枢纽作用。因此,目前丙酮酸开始被作为运动营养品广泛使用,并且在使用时加入二羟丙酮。在减脂运动中补充丙酮酸主要通过促进肌肉吸收利用血糖、节省肌糖原来达到提高运动能力的效果;通过服用丙酮酸可以促进脂肪酸代谢、降低体脂、改善机体成分、缓解瘦体重的下降。目前研究表明,减脂运动中丙酮酸服用量为 25g/d、二羟丙酮为 75g/d 时结合高糖膳食效果较好。

（刘忠民）

 思考题

1. 简述减脂运动中蛋白质补充的作用及意义。
2. 试述肥胖患者锻炼期间的膳食营养安排。
3. 人体有几种必需的营养素?
4. 塑身运动的基本要求是什么?
5. 如何实现塑身运动和营养补给的有机结合?
6. 增肌训练应注意的营养原则是什么?
7. 根据自身情况,给自己制订一个增肌饮食方案。

第九章 | 运动损伤的防治

本章要点

1. **掌握** 运动损伤的预防和急救处理方式。
2. **熟悉** 运动损伤的识别方法。
3. **了解** 运动损伤的发生原因。

第一节 运动损伤的基本知识

运动损伤通常指在体育运动过程中受到机械性或物理性因素影响所造成的机体损伤。随着竞技体育水平的提高以及全民健身和休闲体育活动的广泛开展,运动损伤已越来越多见。它会降低运动者的竞争力,甚至影响日常生活活动,且易转为慢性肌肉骨骼病损。正确了解运动损伤发生的原因、识别运动损伤的常见表现并掌握一定的处理原则与方法,有助于降低或消除运动过程中损伤发生的风险及其导致的一系列不良后果。

一、运动损伤的类型

按损伤组织类型分类,运动损伤可分为肌肉、肌腱、韧带、关节、骨骼及其他组织损伤。

(一)肌肉和肌腱损伤

骨骼肌包括肌腹和肌腱两部分。肌腹主要由肌纤维即肌细胞构成,具有较强的收缩能力。肌腱主要由胶原纤维束构成,抗牵张能力是肌腹的 100 多倍。肌肉损伤通常是指肌腹和(或)包裹肌腹的结缔组织中的胶原纤维被撕裂,有拉伤、挫伤和断裂等形式,常发生在骨骼肌肌腹或中间部位。损伤后的胶原纤维异常交联和肌筋膜的粘连,可使肌纤维变短,肌肉伸展能力下降。根据其损伤程度可分为三级。Ⅰ级:少数肌纤维被拉长和撕裂,周围筋膜可能完好,运动时可感觉到疼痛,功能和力量损失较小;Ⅱ级:较多数量肌纤维撕裂,筋膜可能出现撕裂,损伤处可扪及下陷或血肿,功能和力量损失明显;Ⅲ级:肌腹被完全撕裂,导致严重的功能和力量丧失。

肌腱损伤程度分级与肌肉相同。肌腱连接肌肉和骨骼,其作用是传递较大的拉力负荷并激活肌肉,使效应骨产生位移做功。肌肉-肌腱单元有助于骨关节的稳定,并通过高尔基(Golgi)腱器承担感应接受作用。但肌腱附着在效应骨的起止点部位,由于受力大且血液循环欠丰富,易发生变性而导致损伤。

(二)韧带和关节损伤

韧带的主要成分是胶原纤维,其内分布大量的本体感觉装置,用于反馈关节活动状态,指导关节运动并防止过度运动。韧带环绕在关节周围形成关节囊,其主要功能是维持关节的稳定性。由于韧带缺乏弹性,损伤后如未及时处理而愈合在被拉长的位置,韧带内本体感觉装置对关节活动状态的反馈将发生延误,导致机体不能及时调整肌肉收缩以保持关节的正确位置,易发生关节的反复扭伤。韧带止点的末端结构是解剖上相对薄弱的部位,因此韧带断裂多数发生在止点部位。韧带末端断裂后由于愈合重建较慢，较易造成关节不稳。青春期前儿童由于韧带强度高于骨骼，易出现撕脱性骨折；而成年人的骨骼强度优于韧带，故而更易出现韧带撕裂。

关节是指两块或多块骨的支点或连接处。身体和四肢的活动主要来源于关节位置骨与骨之间的相对移动。按照关节运动能力的程度可分为不动关节和可动关节。骨与骨连接处仅允许微量活动或不能活动的关节称为不动关节，如颅骨的骨缝、耻骨联合等关节。骨与骨之间的关节面允许中到大范围动作，关节腔内充满滑膜液的关节称为可动关节，也称滑膜关节，如髋关节、膝关节等。根据关节形态可分为单轴关节、双轴关节和多轴关节。影响关节稳定性和灵活性的因素包括组成关节面的弧度之差，关节囊和韧带的强弱，关节周围肌群的强弱和伸展性等。稳定性大的关节活动度相对较小，灵活性不足；而灵活性大的关节稳定性不足。运动损伤常累及活动范围较大的滑膜关节。

关节面、关节腔和关节囊是滑膜关节的基本结构。其中关节面上覆盖有一层很薄的软骨，多属于透明软骨，其形状与骨关节面一致，主要功能是减少运动时的摩擦、振荡和冲击。运动中的直接创伤、间接撞击和关节的扭转负荷常导致关节软骨的损伤。因关节软骨表面无软骨膜和血液供应，自身不具备修复能力，所以关节软骨损伤是不可自愈的。损伤后会导致疼痛、关节灵活性下降，最终可发展成为骨性关节炎。骨关节损伤还包括半脱位、关节腔游离体、剥脱性软骨炎、髌骨软化症和骨性关节炎等。

（三）骨折

骨或骨小梁的连续性或完整性中断称为骨折（fracture）。骨折的发生取决于外力作用和骨强度。创伤性骨折的常见原因包括直接暴力、间接暴力、肌肉拉力和积累劳损。骨折的分类方法很多，主要包括以下两种。

1. 根据骨折端是否与外界相通可将骨折分为闭合性骨折和开放性骨折 骨折处皮肤或黏膜完整，骨折断端与外界不相通称为闭合性骨折。骨折附近的皮肤或黏膜破裂，骨折断端直接或与外界相通称为开放性骨折，如合并膀胱或尿道破裂的骨盆耻骨骨折、合并直肠破裂的骶尾骨骨折等。

2. 根据骨折的程度和形态分为以下几类（图9-1） ①横形骨折：骨折线与骨干纵轴接近垂直；②斜形骨折：骨折线与骨干纵轴呈一定角度；③螺旋形骨折：骨折线呈螺旋状；④粉碎性骨折：骨质碎裂成三块以上；⑤青枝骨折：发生在儿童的长骨，受到外力时，骨干变弯，但无明显的断裂和移位；⑥嵌插骨折：骨折片相互嵌插，多见于股骨颈骨折，即骨干的密质骨嵌插入松质骨内；⑦压缩性骨折：松质骨因外力压缩而变形，多见于脊椎骨的椎体部分；⑧骨骺损伤：骨折线经过骨骺，且断面带有数量不等的骨组织。

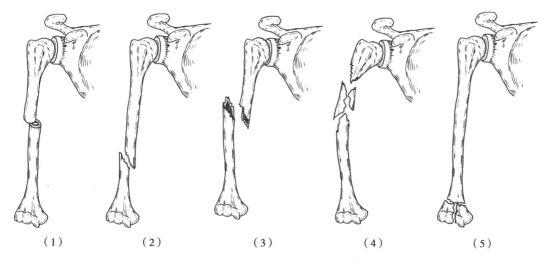

（1） （2） （3） （4） （5）

图9-1 肱骨骨折的不同分类示意图
（1）横形骨折；（2）斜形骨折；（3）螺旋形骨折；（4）粉碎性骨折；（5）T形骨折

（四）皮肤损伤

运动过程中意外的碰撞常会造成皮肤擦伤；不合适的衣物鞋履可造成身体受压部位水疱或压疮，常发生在足部、尾骶部等骨突位置；运动后鞋袜内潮湿的空间容易造成真菌、病毒或细菌滋生，而导致甲癣、甲沟炎或其他皮肤细菌感染；长期户外运动过程中过度暴露于阳光下，如未进行有效防护措施，可导致紫外线灼伤皮肤，甚至诱发黑色素瘤。

（五）其他系统损伤

体育运动需要消耗大量体力和水分，如同时受到内在或外在的各种不良因素影响，极有可能导致身体其他系统损伤，甚至引发严重后果，如心血管系统、呼吸系统、消化系统、脑血管系统等意外事件。在运动员中暑或大量水分、矿物质缺失时，还可能出现肌肉痉挛、面色苍白甚至意识丧失等热损伤表现，严重者可发生休克、心源性猝死等不良事件。

二、运动损伤的识别

（一）运动损伤的识别方式

运动损伤的受伤部位往往与参与的体育运动或活动相关，在识别上并不困难。通常需要针对身体受损部位，对疼痛的类型、部位、皮肤颜色、活动时的症状进行识别。根据受伤后疼痛的类型可分为静止痛、活动性疼痛或负重后疼痛；根据疼痛持续时间可分为持续性、间歇性或渐进性痛；根据疼痛的性质可分为钝痛、锐痛、电击样、针刺样或火烧样痛；根据疼痛的位置可分为皮肤表面、皮下组织；根据皮肤颜色可表现为青紫、红肿或苍白；根据活动时的症状可分为肌肉无力、关节失稳、关节活动范围受限或无法负重等。

（二）运动损伤的识别内容

1. 颅脑损伤　在接触类体育运动中，常由于头部直接遭遇撞击而导致颅脑损伤。根据致伤作用力大小、速度、方式和受伤部位，颅脑损伤的类型和程度有所不同。常见的症状有头皮裂伤、脑震荡、脑挫裂伤、颅骨骨折、硬膜下或硬膜外血肿等。伤者可表现出头痛、呕吐和意识障碍，其严重程度一般可通过伤者的意识状态、生命体征、眼部征象、运动感觉障碍、小脑体征及是否合并脑脊液漏等方面进行评估。颅脑 CT 或磁共振（MRI）检查可确诊。

（1）损伤方式：

1）直接损伤：直接损伤指由暴力直接作用于头部所致，分为加速性损伤、减速性损伤和挤压伤。头部被运动中的物体撞击，使相对静止的头颅在瞬间由静态转为动态且造成的损伤称为加速性损伤，如头部遭到球类、拳头撞击或被器械打击，此时往往造成直接着力点部位的脑损伤。运动中的头部突然撞击在静止物体上，引起减速性运动而造成的脑损伤称为减速性损伤，如跌伤、高处坠落伤等，此时多造成着力点对侧脑损伤，也称为"对冲伤"。多见于枕部着力导致额极、颞极及其底面脑挫裂伤。头部受到两个或两个以上不同方向的外力挤压而致伤称为挤压伤，如运动中头部受到卡压或嵌顿而导致脑组织损伤。

2）间接损伤：间接损伤由暴力作用于头部以外部位，作用力传递至颅脑所致。当躯干突然遭受加速性或减速性暴力时，身体与头部运动方向不一致，头部与颈椎之间即出现剪力，造成头颈交界处软组织颈髓或 / 和脑组织损伤称为挥鞭样损伤。因胸壁突然遭受到巨大压力冲击，胸腔内压升高致使上腔静脉血逆行倒灌入颅内，使上胸、肩颈、头面部皮肤黏膜及脑组织出现广泛性出血称为创伤性窒息。

（2）损伤程度分级：意识障碍是脑损伤的一项主要临床表现，其程度可反映脑损伤的轻重，主要分为嗜睡、昏睡和昏迷。此外，去皮质状态和谵妄等为特殊类型的意识障碍。医学上常用格拉斯哥昏迷评分（Glasgow coma scale，GCS）量表对意识障碍程度进行分级。

2. 颈部及颈椎损伤　运动过程中颈部突然遭受过度伸展、强行弯曲或扭转等外力，可造成运动员颈部软组织损伤，甚至颈椎骨折、脱位或颈髓损伤。伤者可出现颈痛、颈肌痉挛、颈部活动受限、双上肢或四肢刺痛、麻木无力甚至瘫痪等不适。无论何种类型的损伤，伤者在继续参与体育运动之前都应接受医务人员的仔细检查。

（1）颈部肌肉扭伤：主要涉及斜方肌、头夹肌、斜角肌、胸锁乳突肌和三角肌等颈肩部肌群。伤者感到颈部疼痛、颈肌痉挛及转动颈部时活动受限，伴有双上肢或四肢的放射痛、麻木或无力。查体颈部肌群压痛，躯干及四肢感觉正常，臂丛神经牵拉阴性，四肢肌力正常，腱反射适中，病理征阴性。影像学检查无异常。

（2）颈椎脱位或骨折：在运动中的特殊环境及体位下，颈部遭受旋转力或挥鞭样损伤可导致寰枢椎半脱位、颈椎小关节滑脱或颈椎骨折。主要表现为颈痛、颈部活动受限、头颈偏斜，查体颈部软组织紧张、压痛、寰枢椎棘突压痛明显。严重者可合并颈髓损伤，出现损伤平面以下的感觉、运动及二便障碍。颈椎张口位及左右斜位 X 线片可见寰枢椎脱位、颈椎棘突连线偏移或骨折征象。MRI 检查可辅助诊断。

3. 胸腹部损伤　运动损伤中的胸腹部损伤较少见，但是一旦发生往往后果较严重。了解致命的内脏损伤临床表现有助于帮助伤者自身进行早期识别，此类损伤的诊断和救治需有专业医疗人员完成，且应及时迅速。

（1）胸部骨折及血气胸：胸部遭到直接撞击、钝器伤或遭受过度使用的间接力量，如运动中相撞、滑雪、高尔夫球或棒球的投球、举重等均可能导致胸骨或肋骨骨折，伤及肺部则会出现血胸、气胸或肺挫伤。伤者常感到胸部骨折处疼痛，深呼吸时加剧，严重者可出现咯血和呼吸困难。查体可见受伤部位淤青，伤者呼吸急促变浅、心率加快、口唇发绀。如肋骨骨折刺破肺组织导致血气胸，血液或气体可短时间内在胸膜腔内积聚，压迫肺脏造成肺不张，伤者可出现进行性呼吸困难，甚至发生休克或心搏骤停等危及生命的并发症。

（2）心脏震荡伤：心脏震荡伤指由非穿透性打击作用于心前区后导致的以心电生理紊乱为主，而无心脏结构损害的一种钝力性心损伤。常见于运动过程中伤者心脏侧的胸壁外部被球类、棍棒或拳头等运动物体的钝力击打后发生，伤后即刻昏倒或移动几步后倒地，反应迟钝、呼吸暂停、无脉搏及心跳，发绀，遭撞击部位皮肤青紫挫伤，并出现严重的心律失常，包括异位心室节律、室性心动过速等。轻者可在短时间内恢复正常，严重者可转变为心室纤颤而最终死亡。

（3）腹部损伤：腹部损伤可分为开放性和闭合性两类。闭合性腹部损伤是指腹壁皮肤完整，但皮下组织以内包括腹腔内组织器官损伤，主要是钝性伤所致，如腹部受到较大外力的撞击、挤压、坠落、扭转突然减速等，此类损伤的特点是可能仅限于腹壁，也可同时兼有内脏损伤；开放性腹部损伤是指腹壁皮肤破损者，常因锐器或火器所致。以上两类腹部损伤都可导致腹腔内脏器损伤，伤后常表现为持续性或进行性腹痛加重、恶心、呕吐、腹胀、呕血、便血或血尿，查体腹膜刺激征阳性、气腹征或移动性浊音阳性、直肠指检前壁压痛、波动感或指套染血等。严重的腹腔脏器损伤可造成大出血、休克甚至死亡。CT 扫描或 MRI 检查可明确有无内脏受损及出血，腹腔镜和膀胱镜有助于诊断和治疗。

4. 腰部损伤　腰部损伤在接触类或非接触类体育运动，如高速运动中跌倒、网球、羽毛球或高尔夫球等运动中极为常见。在运动损伤中，约 9% 涉及下腰背疼痛，大部分腰痛在 6 周内可自行缓解，但复发率较高。

（1）腰部软组织损伤：多由于突然遭受间接外力，使腰部肌肉、筋膜、韧带、椎间小关节受到过度拉伸或扭转所致。最常见的症状是一侧或双侧下腰背剧烈疼痛、僵硬和痉挛，疼痛可放射至臀部。查体可见腰部不能活动呈强直状，压痛点明显，脊柱生理曲线改变，直腿抬高试验、仰卧位屈髋试验阳性。X 线检查一般软组织损伤无异常表现，在腰椎后关节嵌顿时可见后关节排列不对称，腰椎后突或侧弯，椎间隙宽窄不等。

（2）腰椎间盘突出症（lumbar disc herniation）：腰椎间盘突出是指在外力作用下，纤维环发生破裂，椎间盘内的髓核膨出或突出，压迫周围的神经根，从而引起相应的临床症状。主要表现为腰痛和下肢放射痛、麻木或无力,咳嗽、打喷嚏或排便致腹压增高时加重,甚至出现二便障碍,卧床时上述症状可减轻。查体可见腰部活动受限,腰椎侧弯,椎旁压痛和叩击痛,受累脊神经根支配区感觉异常,下肢肌力下降和肌萎缩,直腿抬高试验及加强试验阳性,股神经牵拉试验阳性,腱反射减弱或消失,病理征阳性。MRI 检查可辅助诊断。腰椎间盘突出在运动人群中相当普遍,在举起重物伴随弯腰和扭转动作的体育运动中发生风险最高,在投掷类或网球、高尔夫球、体操运动等需扭转身体发力的运动中也极易发生。

(3)腰椎骨折:在接触类或碰撞类体育运动,尤其是背部发生碰撞时常发生腰椎横突骨折;在橄榄球类、马术、体操、田径运动、滑雪或自行车运动中,当腰椎或胸椎受到向前屈曲的巨大外力时易发生腰椎压缩性骨折;严重者则会导致腰椎爆裂性骨折。伤者主要表现为剧烈腰痛,腰部不能活动,如出现下肢无力和二便失禁应高度警惕脊髓损伤可能。查体可见腰部活动受限,压痛明显,双下肢可能出现相应神经损害表现。X 线、CT 或磁共振检查可辅助诊断。

5. 肩部损伤 肩关节复合体由盂肱关节、肩锁关节、胸锁关节、第 2 肩关节、喙锁关节和肩胛胸廓关节 3 个解剖学关节和 3 个功能性关节共同组成。肩关节是人体中运动范围最大、最灵活的关节,且韧带薄弱、关节囊松弛,在投掷运动和重复进行过顶动作如游泳、排球等运动中极易造成损伤。

(1)锁骨骨折:锁骨骨折是碰撞类或接触类体育运动中较为常见的骨折之一,如篮球、冰球、曲棍球和摔跤等。多为间接暴力造成,如跌倒时手肘着地,外力自前臂或肘部向近心端传递,或肩部着地撞击到锁骨外端也可造成。骨折后常表现为伤者用健手托住患肢肘部,头颈部向患侧偏斜,以减轻上肢重量和胸锁乳突肌牵拉所致的疼痛。查体锁骨区局部肿胀、压痛、皮下淤血,可触及骨折端。患侧上肢贴胸活动受限,肩部下垂。如断端刺破胸膜可发生气胸,出现相应临床表现。X 线可确定骨折部位和类型,常见内侧断端受胸锁乳突肌牵拉向后上方移位,外侧端受上肢重力牵拉向内下方移位(图 9-2)。

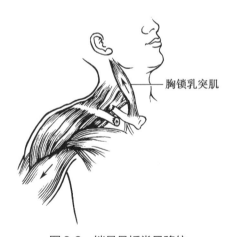

胸锁乳突肌

图 9-2 锁骨骨折常见移位

(2)肩袖损伤:肩袖由附着在肱骨头上的冈上肌、冈下肌、小圆肌和肩胛下肌四组肌肉共同组成,主要控制肩关节的活动并维持其稳定性。肩袖损伤多见于 40 岁以上人群,常见于需要完成反复过顶动作的运动,如游泳、排球、投掷类运动或体操运动中单杠、吊环的转肩动作、举重抓举时的突然背伸动作等。在这些运动中肩关节需完成超正常范围的剧烈活动或过度使用,肩袖肌群因受到反复牵拉或与肩峰、肩喙韧带反复摩擦而极易造成损伤。肩袖撕裂时常表现为肩部疼痛,局部急骤而剧烈的疼痛可反射性地引起肌肉痉挛。查体局部肿胀,可见皮下瘀斑。肩关节活动受限明显,严重撕裂时肩关节不能完成外展。肩外展时出现 60°～120° 疼痛明显加重的"疼痛弧",空罐试验阳性等。病程较长者还可出现三角肌萎缩。肩部磁共振检查或超声检查可明确

Note

诊断其损伤程度。

（3）肩关节脱位：肩关节脱位常指盂肱关节脱位，发生率约占全身关节脱位的50%，这与盂肱关节的生理解剖特点造成其活动度较大而稳定性不足有关。多数肩关节脱位因间接暴力所致，如在上肢外展外旋举过头顶时肩部遭到撞击，或跌倒时手掌、肘关节着地外力沿肱骨纵轴向上传导均可导致肩关节向前或向后脱位。参加反复过顶动作运动或投掷类运动也较容易发生肩关节脱位。伤者多有肩部外伤史，伤后常表现为肩部疼痛、肿胀，伤者常用健手托住患肢肘部，头颈部向患侧偏斜。查体可见肩关节呈"方肩"畸形，肩峰明显突出，肩峰下凹陷（图9-3）。在腋下、喙突下或锁骨下可扪及肱骨头。贴胸搭肩征（Dugas sign）阳性。X线可明确脱位类型及是否合并骨折。

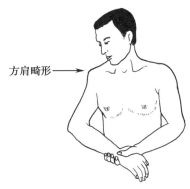

方肩畸形→

图9-3　肩关节前脱位，方肩畸形

（4）肱二头肌长头肌腱炎：肱二头肌长头腱走形于肱骨结节间沟内，在过顶动作中易受到肱骨头和肩峰的挤压，其急慢性损伤或退变均可造成肌腱和腱鞘炎症粘连，影响肱二头肌腱在鞘内的滑动，从而产生症状。在网球、垒球、游泳、排球或棒球等反复投掷、上手击球和球拍类运动中较为常见。尤其常见于40岁以上的运动人群。主要表现为肩前方疼痛，常放射至三角肌止点及肱二头肌肌腹。查体特征性表现为肩关节至肱骨结节间沟肱二头肌腱压痛，肱二头肌抗阻力试验（Yergason sign）阳性。磁共振检查或超声检查可明确诊断。

6. 上肢及腕手损伤

（1）网球肘（tennis elbow）：肱骨外上髁炎（lateral humeral epicondylitis）又称网球肘，是前臂伸肌总腱起点处的慢性损伤性炎症。在反复扭转前臂和肘关节的动作中极易出现，如网球、高尔夫球、棒球、保龄球或壁球等运动。尤其在网球中反手挥拍击球动作时，由于过度使用前臂和手腕的伸肌或旋后肌，使附着在肱骨外上髁部的腕伸肌腱和筋膜受到牵拉而引起。伤者常在伸展手腕和外旋前臂时感肘关节外侧疼痛最明显，可放射至前臂。查体示肱骨外上髁至桡骨小头范围内有局限压痛点，疼痛可向桡侧伸肌总腱方向放射。伸肌腱牵拉试验（Mills sign）阳性（图9-4）。X线及磁共振检查一般无异常表现。

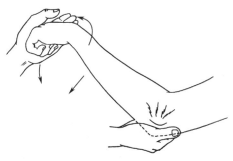

图9-4　前臂伸肌牵拉试验（Mills 征）

（2）高尔夫球肘（golfer's elbow）：高尔夫球肘又称肱骨内上髁炎（internal humeral epicondylitis），是由于肱骨内上髁处前臂屈肌起点反复受力牵拉引起的累积性损伤。常发生于高尔夫球、网球、棒球和举重运动员身上。伤者因经常用力做屈腕、屈指或前臂旋前动作，屈腕肌和旋前圆肌反复紧张收缩而发生疲劳性损伤。表现为肘关节内侧疼痛，尤其在前臂旋前并主动屈腕时加重，可伴屈腕无力。查体示肱骨内上髁处压痛，肘关节活动正常，无明显肿胀。X线及磁共振检查一般无异常表现。

（3）肘关节脱位（dislocation of elbow）：肘关节脱位多发于儿童或青少年体育活动中。肘关节的解剖生理中侧方韧带稳定，前后关节囊较为薄弱。由于尺骨冠状突比鹰嘴突小，肘关节活动中对抗尺骨前移的作用比后移更强，故肘关节脱位中多出现后脱位。肘关节后脱位常因跌倒时手掌着地，肘关节过伸，肘关节囊前方撕裂，尺骨鹰嘴后移且肱骨下端前移所致。伤后表现为肘关节疼痛、肿胀和畸形。查体见肘后三角变形，后方凹陷，可触及向后突出的尺骨鹰嘴。如果合并血管神经损伤，可有患侧手麻木、刺痛，皮肤颜色苍白或发绀。X线可明确诊断是否合并骨折。

（4）桡骨远端骨折（fracture of the distal radius）：桡骨远端骨折是指发生在桡骨远端距关节面2～3cm范围内的骨折。多由于间接暴力引起。运动过程中摔倒时手掌着地，前臂旋前，腕关节背伸，暴力向上传导至桡骨下端发生的骨折称为伸直型（Colles）骨折；跌倒时腕关节屈曲，手背着地，远折段向掌侧移位称为屈曲型（Smith）骨折。伤后主要表现为腕关节疼痛、肿胀，功能障碍。X线可明确骨折类型。

7. 下肢及踝足损伤

（1）股四头肌损伤（quadriceps femoris injury）：股四头肌由位于大腿前侧的股内侧肌、股外侧肌、股中间肌和股直肌4块肌肉组成。其深面全长于股骨接触，易遭受外力冲撞挤压而损伤。常发生于橄榄球、足球、田径、篮球和其他需冲刺、跳跃的体育项目中。撞击可使肌纤维和结缔组织断裂，若损伤了股骨前方的横行动静脉可产生肌下血肿。伤后表现为大腿前方疼痛，特别是负重和膝关节屈曲时更加明显。24h后，可出现肿胀、关节活动受限。查体大腿前方触痛，可扪及张力性肿块，大腿周径增加。

按症状轻重可分为：①轻度损伤：压痛局限，膝关节可屈曲至90°，轻度跛行；②中度损伤：大腿局部明显肿胀，可扪及肿块，膝关节不能屈曲至90°，跛行，上楼或起立时疼痛；③严重损伤：大腿广泛肿胀，摸不到股四头肌轮廓，膝关节屈曲小于35°，跛行明显，需扶拐行走，膝关节可能会有积液。

（2）腘绳肌损伤：腘绳肌包括半腱肌、半膜肌及股二头肌。腘绳肌损伤多见于赛跑、跳跃及跨跃运动。伤后愈合缓慢，且复发率高。损伤可分为慢性劳损型和急性外伤型。慢性劳损型与反复的微小损伤累积、肌肉疲劳和生物力学异常有关，如长跑、马拉松等运动。急性损伤型与牵拉、离心负荷相关，常发生于跳远后蹬时、跨栏运动过栏时，或短跑屈膝向前摆腿或加速时，尤其以坐骨结节止点处损伤多见。临床上轻者表现为重复损伤动作或被动牵伸时疼痛，重者步行困难，出现跛行。肌肉断裂者下肢多处于屈曲位，步行困难。查体局部肿胀、压痛。肌肉断裂者活动下肢时出现"双驼峰"形或球状，可见肌腹凹陷。MRI和超声检查可见肌肉损伤相应影像学征象。

（3）网球腿：网球腿指跖肌腱和小腿三头肌损伤后所致的一系列临床表现。常见于网球、跑步、跳高和跳远运动中，因膝关节伸直时突然蹬地提踵导致损伤。运动中肌肉剧烈收缩时突然遭到外力撞击，可造成肌肉的部分或完全断裂。临床表现为伤后即刻感小腿后方棒击样或中弹样疼痛，不能跑跳，出现跛行，提踵后蹬时疼痛加重。查体可见小腿后方肿胀，局部可见瘀斑，撕裂部位压痛明显，可触及肌肉内凹陷，主动跖屈或被动背屈时疼痛加重，跖屈肌无力，病程较长者腓肠肌因失用可出现萎缩。

（4）膝关节损伤：膝关节损伤包括半月板、前后交叉韧带及内外侧副韧带损伤。半月板位于胫骨平台和股骨髁之间，其功能是加深胫骨髁的凹度，适应股骨髁的凸度，从而稳定膝关节。膝关节内有前、后交叉韧带，周围有内、外侧副韧带，它们与关节囊一起构成韧带关节囊网，成为维持膝关节稳定的基本条件。膝关节损伤常见于举重、滑雪、足球和篮球等对下肢冲击力量较大的运动。伤后表现为膝关节剧烈疼痛、肿胀、处于屈曲或伸直的强迫体位。交叉韧带损伤时感关节松弛无力，失去稳定性。查体局部压痛明显，半月板损伤时旋转挤压试验（Mc Murray test）阳性（图 9-5）、研磨试验（Apley test）阳性，交叉韧带损伤时抽屉试验阳性（图 9-6），侧副韧带损伤时侧方应力试验阳性（图 9-7）。磁共振检查可明确诊断及损伤程度。

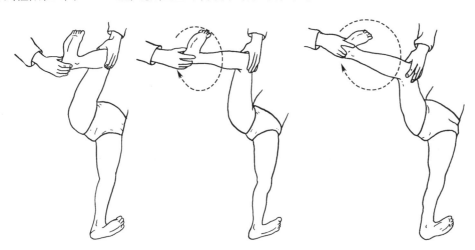

图 9-5 半月板旋转挤压试验（McMurray 试验）

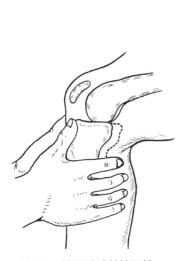

图 9-6 抽屉试验前拉阳性

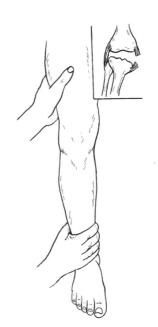

图 9-7 侧副韧带侧方应力试验

（5）踝关节骨折：踝关节骨折多为旋转、平移及轴向的间接暴力所致，可分为单踝骨折、双踝骨折、三踝骨折及胫骨下端粉碎性骨折。伤后表现为踝部疼痛，查体可见局部肿胀、皮肤瘀斑，踝关节活动受限，重者可有内、外翻畸形。踝关节 X 线检查可明确诊断。

（6）跟腱断裂：跟腱周围无腱鞘，仅有腱周结缔组织连接肌腱与周围筋膜。跟腱止点以上

3～4cm 处,血供较差,损伤后不易恢复。反复提踵发力训练后跟腱易出现退行性变,在运动中突然发力时可出现跟腱断裂。常见于足球、篮球和橄榄球等运动项目。伤后表现为提踵发力瞬间感到跟腱部位撕裂感,剧烈疼痛,伴小腿跖屈无力。查体跟腱肿胀,压痛明显。肌肉收缩时断裂处可触及凹陷,跟腱完全断裂试验阳性。X 线检查或超声检查可见跟腱连续性中断。

第二节　运动损伤的预防

通过了解运动损伤的原因,可以有效地帮助运动者规避可能造成损伤的危险因素,并在运动前进行充分的准备,以最大可能地减小受伤风险。

一、运动损伤的原因

造成运动损伤的原因是多方面的。包括参与运动个人的身体结构、生理及心理变化等内在因素,也包括运动训练计划的制订、运动环境的选择等外在因素。而运动损伤往往是伤者自身存在内在的风险因素,暴露于外部的风险因素中,同时遇上诱发事件,才最终产生的。

（一）自身原因

1. 动作技术掌握不当　对运动中动作技术特点的要求,或动作要领掌握不正确者,如同时缺乏保护和指导易于引起运动创伤。

2. 身体素质欠佳　自身运动基础薄弱或身体素质欠佳者,运动过程中生理解剖结构上的薄弱部位如踝、膝关节,较易发生损伤。

3. 运动状态不良　疲劳或功能状态不佳时,勉强参加运动容易因体力不足或注意力不集中而引起运动创伤。

4. 准备活动不适当　运动前准备运动不足,身体的各项功能状态尚未达到适宜水平;准备活动内容不得当,未达到激活机体在平衡性、柔韧性、稳定性和协调性方面适应功能性动作的目的;过量的准备活动也会致使身体功能有所下降。

5. 不良心理状态　参加运动者因经验欠缺、认识不足造成情绪急躁,或因恐惧、担忧而犹豫和过分紧张等。

（二）外部原因

1. 不良的气候变化　如过高的气温和潮湿闷热的天气,导致大量出汗失水;寒冷的冬季易发生冻疮或其他损伤事故;雨后地滑,光线不足等均可能造成损伤事故。

2. 运动设备的选择和使用不当　运动前未根据自身体格和素质选择合适的运动设备和防护装置,如车把和车座合适的自行车、合适的运动鞋袜、护齿、护头装备、尺寸合适的球拍等。

（三）诱发因素

在自身因素和外部因素的共同作用下,加上诱发因素最终可导致运动损伤的发生。各类体育运动项目都具有不同的技术要求和特点,参与运动的个体身体各部位的运动负荷也不尽相同。反复的积累性劳损使不同的运动项目分别具有易伤部位。运动过程中组织间生物力学关系不断变化,在突然的撞击、动作失误或反复重复等事件的诱发下,则可能使易伤部位发生损伤。如踝关节发力跖屈时,跟腱高度紧张,胫骨后肌和腓骨肌较松弛,此时突然用力蹬跳,如遭遇来自地面、鞋袜或动作不当等不良因素作用,易发生跟腱断裂;在举重抓举训练中,当杠铃已举过头顶,两臂伸直后,如果杠铃上升的路线移向后上方,此时应顺势让杠铃向后掉落,如果此时判断失误坚持做锁肩动作,极易发生肘关节脱位。

二、运动损伤的预防措施

无论急性损伤还是慢性损伤,都可以通过适当的训练及防护措施进行预防。

（一）制订并严格遵守全面的运动计划

制订一个完整且适当的体能训练方案可以提升参与者的积极性、运动技能、安全性和运动表现。它可以降低受伤风险，促进运动人群潜力的最大发挥。该训练计划应该通过定期进行评估，根据运动者的状态不断进行调整以达到最佳效果。

1. 运动前准备运动和运动后放松活动　在任何运动前均应进行准备运动，有助于升高基础体温、增加骨骼肌内的血流量、激活肌肉、提升运动表现和增强关节柔韧性。准备运动可包括 10～15min 的慢跑，10～15min 的拉伸运动及 10～15min 与体育活动相关的练习。目前认为，运动前进行动态拉伸运动可有效减少运动中由于肌肉僵硬引起的损伤，如节律性地摆动上下肢或扭动躯干 8～12 次。

在运动结束后，放松活动可使体温、心率和呼吸频率逐渐回到运动前水平，有助于排出肌肉新陈代谢的产物，减少乳酸堆积。放松运动可包括 5～10min 慢跑或步行，5～10min 静态拉伸。每一次静态拉伸对靶肌肉施加的牵张力应持续 30～60s，它可以舒缓肌肉，降低其应激反应，减少结缔组织损伤的概率。

2. 柔韧性训练　柔韧性训练（flexibility training）主要通过牵伸运动来完成。无论体育运动强度的大小，牵伸运动都应覆盖所有肌群。对完成关节运动的拮抗肌进行牵伸，可以通过增加其柔韧性来进一步增加原动肌的爆发力和速度，从而提高运动表现。同时柔韧性训练还可以增加关节温度、改善血液循环和促进关节液的流动。

可将牵伸方式分为手法牵伸、器械牵伸和自我牵伸三种。

（1）手法牵伸：指由他人对运动者可能发生紧张或挛缩的软组织和关节进行手法牵伸，通过牵伸的方向、速度和持续时间来增加运动相关肌群的长度和关节活动范围；

（2）器械牵伸：指通过训练设备或机械装置，利用小剂量的牵伸外力，较长时间地对某些因运动造成过度紧张而痉挛的肌群进行牵伸。使用不同直径和长度的泡沫轴进行筋膜肌肉放松也是常用的器械牵伸方法。

（3）自我牵伸：由运动参与者利用自身身体或肢体重量，进行肌肉伸展训练，也称为主动软组织牵伸。

3. 有氧运动训练　有氧运动训练（aerobic exercise training）是指通过运动增加肌肉对能量的利用能力。在运动过程中，由于肌肉收缩做功需要大量能量和氧气，心脏的搏动次数、每搏输出量、呼吸次数、肺部的气体交换程度均随之增加，持续性的有氧运动需求可明显提高心肺的耐力。

通常在运动计划中每周应完成 3～5 次有氧运动训练，每次 30～60min。运动强度以靶心率法计算，一般为极限运动心率的 60%～85%。目前普遍采用远距离运动和间歇运动交替进行的方式。远距离运动指运动强度大且时间较长的训练方法。间歇运动指根据运动参与者的身体素质个体化制定，要求间断性地、反复多次进行 3～5min 的爆发性训练。这两种运动方式交替进行可明显提高运动者的心血管、呼吸及代谢系统功能。

常用的耐力训练项目包括跑步、骑自行车、游泳、登山及跳绳等。周期性、节律性地完成耐力训练对提高心肺功能有良好作用，也是避免运动损伤的有效方法。

4. 肌力训练　运动参与者除了需要对全身进行肌力训练（muscle strength training）外，还应对薄弱易损伤的肌肉和提供躯体稳定性的肌肉进行针对性的训练。如网球运动除了需对四肢力量进行训练以外，还应对躯干部核心肌群进行针对性训练，核心力量的提升可为挥动球拍的动作提供稳定性和推进力量，并减少损伤。肌力训练应遵循抗阻负荷和循序渐进的原则，训练方式可采用开链运动和闭链运动形式。

进行肌力训练时，一般应遵循以下原则：

（1）超负荷训练（overload training）：指肌肉或肌群在超负荷训练下，才能达到提升肌力的目的。

（2）渐进性抗阻训练（progressive resistance training）：训练中施加的阻力应根据原本肌力的大小逐渐增加负荷，应注意避免负荷增加过快。每一阶段训练前，应评估运动者现有的肌力及最大抗阻力量，以此为依据进行渐进性抗阻力量的增加。

（3）个体化原则（specificity principle）：肌力训练中应根据运动者的性别、年龄、肌群分布等特点，制订因人而异的个体化训练方案。

5. 核心稳定性训练（core stability training）　核心稳定性是指人体在运动中控制骨盆和躯干部位处于稳定状态，使力量的产生、传递和控制达到最佳的一种能力。在运动中人体四肢肌肉的发力和上下肢力量的传递依赖于核心部位的稳定程度。目前认为脊柱稳定系统包括被动稳定系统、主动稳定系统和神经稳定系统三个子系统。由骨骼、关节、肌肉和神经反射装置组成。它们为脊柱完成复杂准确的运动提供保障。核心稳定性训练主要针对深层的局部稳定肌群、表层的整体原动肌群，及其本体感觉和运动感觉进行训练，强有力的核心稳定性对运动中的身体姿势、运动技能和一些专项技术动作有重要的稳定和支持作用。训练可通过悬吊训练系统或不稳定的支撑面等方式来进行。

（二）正确使用运动技术和体育设备

1. 选择适当的运动项目　应根据自身具体情况选择运动项目，适当控制运动负荷，充分掌握运动技术要领，加强保护以避免受伤。

2. 选择合适的体育设备　选择贴合运动参与者的生物力学特征的运动设备，以达到良好的辅助作用。如自行车运动中，骑行者的手握在车把上时，他的手、肩和自行车的前轴应在同一直线上，车座与车扶手之间的距离应该正好适合骑行者稍稍弯曲手肘，手部可自然舒适地握住车把手。而不合适的自行车可能造成手腕在长时间伸展负重姿势下，牵拉损伤尺神经。车座的高度也会明显影响下肢肌肉的张力和膝关节承受的压力。

3. 穿戴适当的防护设备　体育运动中穿戴具有防护作用的设备可以显著降低受伤风险。合适的运动鞋和袜子也可以产生良好的生物力学效果。能够满足支撑足底，吸收冲击力量并提供附着力的鞋袜可以有效减少受伤。头盔、护齿和护目镜等设备则可以有效防止或减少运动中严重的颅脑外伤和头面部损伤的发生。

4. 注意外界环境的影响　坚硬的训练场地会对肌肉骨骼系统会造成较大的冲击力，鞋底与地面的摩擦力也会对运动状态造成影响，可适当对场地地面及周围环境进行处理以减少运动损伤风险。

（三）营养状态

运动参与人群在运动前后均需要保证充足的营养。大多数运动者的饮食结构遵循15%~20%的蛋白质、30%的脂肪、50%~60%的碳水化合物原则。运动量较大的人群还应根据实际情况进行调整。

对受伤后的患者，应注意避免摄入酒精、咖啡因和吸烟。这些不良饮食和生活习惯会增加机体氧化速度和氧自由基的形成，影响伤后恢复。

第三节　运动损伤的处理

发生运动损伤后，如未及时有效地进行处理，有可能造成损伤迁延不愈或转为慢性损伤，某些严重损伤甚至可能导致致命后果。充分掌握运动损伤的处理原则和常用急救方法，是一项必备的技能。

一、运动损伤的处理原则和注意事项

根据受伤后时间可将运动损伤分为急性期、亚急性期和慢性期。在这三个时间窗内的处理原则和方法有所不同。

（一）急性期运动损伤

1. **处理原则** 此期通常指伤后 24～72h 以内，主要病理变化为受损的细胞和软组织结构被破坏、肿胀和血管破裂出血，受损区域释放化学物质引起炎症反应，局部疼痛、发红、温度升高、水肿和炎性渗出。此期处理原则为制动、止血、减轻肿胀、镇痛、减轻炎性反应，防止二次损伤。

2. **处理方法** PRICE 是最常使用的急性期处理方法。

（1）保护（protection）：无论开放性或闭合性创伤，伤后应立即保护伤处，防止受到二次损伤。

（2）休息（rest）：伤者应立即停止活动，损伤部位如果继续活动，可加重出血、肿胀或移位风险。

（3）冰敷（ice）：伤后尽快给予冰袋敷于受伤部位，降低组织温度，减少血流、肿胀和肌肉痉挛，还可降低组织代谢率，从而降低组织对氧和营养物质的需求，极大降低局部组织因受压而坏死的概率。冰敷应间断进行，持续时间一般不超过 20min，每隔 2～3h 可再次冰敷。在伤后 2～3d 内，每天可重复进行。冰敷过程中应观察皮肤颜色变化，避免冻伤。

（4）加压（compression）：压迫受伤部位以减少肿胀发生。可使用弹力绷带、护具或夹板进行，包扎方向应从损伤部位的远心端朝向近心端。同时应注意避免加压过度影响血液循环，造成肢体缺血。

（5）抬高（elevation）：将患肢抬高于心脏水平以上有助于消除肿胀。

（6）可适当采用非甾体抗炎药减轻组织炎性反应和疼痛。

3. **注意事项** 急性期运动损伤应注意避免过早热敷、饮酒、按摩和继续运动，否则会导致血管扩张，加重患处出血和肿胀。

（二）亚急性期运动损伤

1. **处理原则** 此期通常指伤后 48～72h 后至几周内，主要病理变化为肉芽组织开始生长，受伤部位的胶原纤维开始生成瘢痕组织，纤维排列紊乱不规则，且具有收缩作用。处理原则为改善伤处循环，促进淤血和渗出吸收，加速组织修复。

2. **处理方法**

（1）物理因子治疗（physical modality therapy）：此期给予热疗、蜡疗和高频电疗可改善局部血液循环和软组织延展性。超声波、音频电疗等治疗可有效软化瘢痕，减少粘连。在急性损伤的最初 3～5d 内，一旦出血、炎症得到控制，可以交替进行冷敷和热敷。以 10min 冷敷后，再给予 10min 热敷。

（2）运动治疗（exercise therapy）：72h 后可开始沿关节活动方向逐步进行轻柔的牵伸活动，可使伤处瘢痕组织胶原纤维在应力引导下有序排列而得到延展，从而减少肌腱短缩和关节挛缩可能。此外，根据伤者功能评估情况，逐步进行柔韧性训练、相邻关节的活动度训练和肌力训练，可有效减少伤后制动导致的肌力损失和关节活动受限。在运动治疗过程中，如有疼痛肿胀，仍可采取 PRICE 治疗原则进行处理。如患者伤情允许，可逐步恢复有氧运动训练。

（3）辅助支具（orthosis）：临床上常常采用夹板、支具、弹力绷带及贴扎技术来预防和治疗运动损伤。对疑似骨折或急性韧带损伤可早期选用夹板进行固定，以防伤者在转移过程中出现二次损伤。夹板的材料可使用低温塑形板材，也可就地取材选择纸板、弹性布料或衣物袜子。预防性支具是损伤未发生时的一种预防措施，可降低受伤风险或降低受伤程度。常用于膝踝关节的防护。功能性支具主要为受伤部位的愈合和功能恢复提供额外保护。贴扎技术在运动损伤中使用广泛、便捷有效，对急性损伤有稳定关节、减轻疼痛、促进回流的作用。

3. **注意事项**

（1）物理因子治疗中冷疗和热疗均有可能造成低温冻伤或烫伤，治疗中应严格控制时间和观察皮肤颜色及感觉。

（2）辅助支具并不能取代运动损伤后的康复治疗，长时间佩戴辅具有可能造成局部肌力和本体感觉的下降，受损部位必须同时进行肌力、本体感觉、平衡协调能力的训练，以防止再次损伤。

（三）慢性期运动损伤

1. 处理原则　慢性期运动损伤指伤后长期存在的一系列慢性临床综合征，主要病理变化为组织内新陈代谢水平低下，出现退行性变，血液循环差，局部肉芽组织增生或肌肉萎缩。处理原则主要为改善局部血液循环，促进组织新陈代谢，强化骨关节系统，增强肌力和减轻疼痛。

2. 处理方法

（1）运动治疗：避免可能引起疼痛的运动方式，选择其他替代性运动。如膝关节损伤后，可选择游泳、骑自行车等下肢关节负荷较轻的运动形式。训练应注意循序渐进，以少量多次的形式逐步增加运动量。有氧运动和力量训练相结合的训练方式可以有效提升心肺功能和必要的肌肉平衡。关节松动技术可有效改善伤后因粘连而致的关节活动受限。运动治疗中应注意减少损伤性因素而增加保护性因素，以避免复发。

（2）物理因子治疗：选择适当的物理因子治疗方法可改善局部循环，减少粘连，软化瘢痕，有助于改善症状。

（3）药物治疗：对长期存在的慢性疼痛，可予以口服非甾体抗炎药或局部进行封闭注射肾上腺糖皮质激素，有助于抑制损伤性炎症，减轻疼痛和粘连。但应由有资质的医生进行指导，并注意药物的适应证、副作用及风险。

（4）传统医学治疗：可选择针灸、按摩推拿、太极拳或八段锦等传统医学治疗方法对疼痛、活动受限的关节进行治疗。

二、运动损伤的急救方式

（一）休克（shock）

1. 概念　休克是机体遭受强烈的致病因素侵袭后，由于有效循环血量锐减、组织血流灌注不足，细胞代谢紊乱和重要脏器缺氧、功能障碍的病理生理过程。

2. 临床表现

（1）休克代偿期：伤者表现出轻度兴奋征象，如烦躁焦虑，精神紧张，面色、皮肤苍白，四肢厥冷，心率加快，呼吸频率增加，血压可骤降，也可略降，甚至正常或稍高，脉压差小，尿量减少。

（2）休克失代偿期：伤者神志淡漠或意识不清，呼吸表浅或困难，出冷汗，心音低钝，脉搏细速，血压进行性下降，口唇肢端发绀。严重时全身皮肤黏膜明显发绀，四肢厥冷，脉搏摸不清，血压测不到，尿少或无尿。如皮肤湿冷出现瘀斑或消化道出血，提示已发展至弥散性血管内凝血阶段。如出现进行性呼吸困难、吸氧不能改善、脉速、烦躁或发绀，应考虑并发急性呼吸窘迫综合征。

3. 急救方式

（1）伤者取平卧位，必要时采取头和躯干抬高 20°～30°、下肢抬高 15°～20°，以利于呼吸和下肢静脉回流，同时保证脑灌注压力。

（2）保持呼吸道通畅，并可用鼻导管法或面罩法吸氧，必要时建立人工气道，呼吸机辅助通气。

（3）尽量维持正常体温，低体温时注意保温，高温时尽量降温。

（4）及早建立静脉通路，药物维持血压，补充血容量，纠正酸碱平衡。

（5）有骨折或出血者，同步处理骨折并止血。

（6）剧烈疼痛者予以药物止痛，但应注意避免呼吸循环抑制。

（7）尽快送医。

（二）外伤性出血

1. **分类** 外伤性出血可分为外出血和内出血两种。

（1）外出血：指皮肤出现破裂，血液由体内流向体外，出血肉眼可见。

（2）内出血：为深部组织或内脏出血，皮肤完好，血液由破裂的血管流向组织内或脏器、体腔内，体表外不可见出血。

2. **临床表现** 运动损伤后失血总量达总血量的 20% 时，伤者可出现头晕、脉搏增快、血压下降、呼吸急促、肤色苍白、出冷汗及尿量减少等症状。大出血可使伤者迅速陷入休克，甚至致死。注意出血的性质有助于出血的处理。动脉出血呈鲜红色，速度快，呈喷射状；静脉出血多为暗红色，持续涌出；毛细血管损伤多为渗血，呈鲜红色，缓慢流出。

3. **急救方式**

（1）指压法：用手指压迫动脉经过骨骼表面的部位，以达到止血目的。适用于头部、颈部和四肢外伤出血，头颈部大出血可压迫颈总动脉、颞动脉或颌动脉；上臂出血可压迫腋动脉或肱动脉；下肢出血可压迫股动脉等。此方法是临时止血应急措施，效果有限，应及时根据情况更换其他止血方法。

（2）加压包扎法：小动脉或静脉损伤可用此法。以无菌敷料覆盖于伤口或创面上，外加纱布垫按压，再用力以绷带加压包扎，以增大压力达到止血目的。注意包扎范围足够大，压力要均匀，并抬高伤肢。

（3）屈肢加垫法：当肢体远端如前臂或小腿出血时，可在近端关节如肘窝、腘窝内放置纱布垫、棉花团或毛巾等物品后，屈曲关节，以三角巾、绷带或领带等作 8 字形固定。但应注意合并骨折、骨裂或关节脱位者等不能使用此方法。

（4）止血带法：四肢大出血时，如其他止血方法不能止血，可采用此方法。在伤口上方放置软垫，再以止血带捆扎在表面，以压力阻断动脉供血达到止血目的。应注意止血带位置应靠近伤口最近端，接触面积应较大，避免损伤神经。止血带上应标注捆扎时间，每间隔一小时应放松止血带 1～2min，以指压法代替止血，总使用时间一般不超过 4h。

（三）骨折

1. **骨折的成因**

（1）直接暴力：暴力直接作用于骨折部位。

（2）间接暴力：暴力通过传导、杠杆或旋转力使远处骨骼发生骨折。

（3）牵引暴力：肌肉强烈收缩导致肌肉附着处骨质断裂。

（4）积累性劳损（疲劳骨折）：长期反复的作用力直接或间接作用于骨骼上某一点导致骨折。

2. **临床表现** 单纯骨折常表现为疼痛、肿胀、皮下淤血或伤口流血、功能障碍。查体可见骨折端畸形改变，压痛、叩击痛、假关节活动及骨擦音。X 线检查可确诊。严重骨折，如骨盆骨折、股骨骨折或脊柱骨折常常是运动损伤后全身严重多发伤的一部分，极有可能有合并全身其他脏器损伤的临床表现。

3. **急救方式**

（1）抢救生命：首先检查伤者全身情况，如处于休克状态，应注意保温、减少搬动，有条件时立即输液输血。合并颅脑损伤处于昏迷状态者，应注意保持呼吸道通畅。

（2）伤口处理：按照出血处理原则和方法及时止血，对开放性伤口进行及时清创包扎，避免再次损伤和污染。

（3）临时固定：及时正确地固定伤肢，减少疼痛及进一步损伤，便于搬运转送。固定物可用特制的夹板，也可就地取材，以木棍、木板、树枝或硬纸板等代替。固定长度应包括骨折处上下两个关节。先固定骨折处上下断端，再固定相邻上下关节。上肢骨折可将患肢固定于胸部，下肢骨折可将患肢与对侧健肢固定在一起。未经处理的开放性骨折断端，不可放回伤口内。固定后必须露出肢体末端,便于观察肢端循环。

(4)必要时予以止痛:外伤后强烈疼痛可导致休克,必要时应给予口服或肌注止痛药物。但疑似颅脑外伤或胸部损伤者应慎用,避免引起呼吸抑制。

(5)安全转运:疑似脊柱骨折者,不可随意搬动躯干,可采用滚动式搬动并俯卧位搬运,以免加重损伤。送医过程应注意动作轻稳,防止震动和碰撞,注意伤肢保暖。

(四)心搏骤停

1. 概念 各种严重创伤、窒息、休克、电击、溺水、严重疾病等突发意外事故均可导致伤者心搏骤停(sudden cardiac arrest,SCA),即指心脏无搏动,并停止呼吸。临床表现为意识突然丧失,昏倒于现场,呼之不应。呼吸停止或仅有不正常的喘息。查体面色青紫或苍白,可伴抽搐,大动脉(颈动脉或股动脉)搏动消失,瞳孔散大,对光反射消失。心跳停止,血压测不到。

2. 急救方式 心搏骤停需立即就地进行心肺复苏术(cardiopulmonary resuscitation,CPR)。CPR 是指针对心搏骤停采取的紧急医疗措施,以人工呼吸代替伤者自主呼吸,以心脏按压形成暂时的人工循环。高质量的 CPR 可恢复心脑等重要脏器的灌注,是心脏恢复搏动的前提。胸外心脏按压是 CPR 的首要措施,在心脏恢复搏动前,全身的组织灌注主要依赖心脏按压。现场复苏时的顺序为胸外按压-开放气道-人工呼吸(compressions-airway-breathing,C-A-B)。

(1)胸外心脏按压(external chest compression):伤者平卧于硬板或地面,术者立于或跪于一侧。将一手掌根部置于伤者胸骨中下 1/3 交界处或两乳头连线中点的胸骨上,另一手掌根部覆于前者之上,手指向上方翘起,双臂伸直,节律性垂直向胸骨按压。每次按压后应使胸廓充分回弹。按压频率为 100～120 次/min,成人按压深度 5～6cm,儿童按压深度至少为胸廓前后径的 1/3。按压过程应尽可能避免或减少按压中断,以尽可能提高心肺复苏成功率。

(2)开放气道:保持呼吸道通畅是进行人工呼吸(artificial respiration)的先决条件。昏迷病人最常见的呼吸道梗阻原因是舌后坠和呼吸道内分泌物、呕吐物或其他异物。舌后坠者可采用头后仰法,对合并颈椎或脊髓损伤者,可采用托下颌法(图 9-8)。有条件时采用放置口咽、鼻咽通气道或气管内插管等方法。

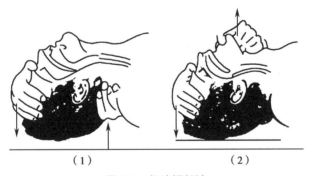

(1)　　　　　　(2)

图9-8 仰头提颏法
(1)头后仰;(2)提起下颏

(3)人工呼吸:每胸外心脏按压 30 次需做人工呼吸 2 次,连续做 5 个周期后重新评估病员的呼吸和循环体征。正确开放气道后,立即以一手托住伤者颈部后方使其头部后仰,一手捏住患者鼻子进行口对口人工呼吸。每次深吸一口气并对准伤者口部用力吹入即移开,伤者可借助胸廓弹性收缩被动完成呼气。每次送气时间应大于 1s,并看到胸廓扩张。也可采用面罩加压给氧气或用简易人工呼吸器进行人工呼吸,直至伤者出现自主呼吸。应注意人工呼吸期间,胸外心脏按压不可中断。

(吴 霜)

思考题

1. 如何预防运动损伤？

2. 外伤性出血的急救方式有哪些？

3. 如何判断心搏骤停？简述心搏骤停的急救步骤。

附　表

附表1　不同性别和年龄的体适能等级表

性别	年龄/岁	最大摄氧量				
		低	较低	中等	高	很高
女	20~29	≤1.69	1.70~1.99	2.00~2.49	2.50~2.79	≥2.80
		≤28	29~34	35~43	44~48	≥49
	30~39	≤1.59	1.60~1.89	1.90~2.39	2.40~2.69	≥2.70
		≤27	28~33	34~31	42~47	≥48
	40~49	≤1.49	1.50~1.79	1.80~2.29	2.30~2.59	≥2.60
		≤25	26~31	32~40	41~45	≥46
	50~65	≤1.29	1.30~1.59	1.60~2.09	2.10~2.39	≥2.40
		≤21	22~28	29~36	37~41	≥42
男	20~29	≤2.79	2.80~3.09	3.10~3.69	3.70~3.99	≥4.00
		≤38	39~43	44~51	52~56	≥57
	30~39	≤2.49	2.50~2.79	2.80~3.39	3.40~3.69	≥3.70
		≤34	35~39	40~47	48~51	≥52
	40~49	≤2.19	2.20~2.49	2.50~3.09	3.10~3.39	≥3.40
		≤30	31~35	36~43	44~47	≥48
	50~59	≤1.89	1.90~2.19	2.20~2.79	2.80~3.09	≥3.10
		≤25	26~31	32~39	40~43	≥44
	60~69	≤1.59	1.60~1.89	1.90~2.49	2.50~2.79	≥2.80
		≤21	22~26	27~35	36~39	≥40

注：上栏数值的单位：L/min；下栏数值的单位：ml/(kg·min)。

附表2　最大摄氧量推算表(男性)

	最大摄氧量/L·min⁻¹				
心率/次·min⁻¹	300kg·m·min⁻¹	600kg·m·min⁻¹	900kg·m·min⁻¹	1 200kg·m·min⁻¹	1 500kg·m·min⁻¹
120	2.2	3.5	4.8		
121	2.2	3.4	4.7		
122	2.2	3.4	4.6		
123	2.1	3.4	4.6		

续表

心率/次·min⁻¹	最大摄氧量/L·min⁻¹				
	300kg·m·min⁻¹	600kg·m·min⁻¹	900kg·m·min⁻¹	1 200kg·m·min⁻¹	1 500kg·m·min⁻¹
124	2.1	3.3	4.5	6.0	
125	2.0	3.2	4.4	5.9	
126	2.0	3.2	4.4	5.8	
127	2.0	3.1	4.3	5.7	
128	2.0	3.1	4.2	5.6	
129	1.9	3.0	4.2	5.6	
130	1.9	3.0	4.1	5.5	
131	1.9	2.9	4.0	5.4	
132	1.8	2.9	4.0	5.3	
133	1.8	2.8	3.9	5.3	
134	1.8	2.8	3.9	5.2	
135	1.7	2.8	3.8	5.1	
136	1.7	2.7	3.8	5.0	
137	1.7	2.7	3.7	5.0	
138	1.6	2.7	3.7	4.9	
139	1.6	2.6	3.6	4.8	
140	1.6	2.6	3.6	4.8	6.0
141		2.6	3.5	4.7	5.9
142		2.5	3.5	4.6	5.8
143		2.5	3.4	4.6	5.7
144		2.5	3.4	4.5	5.7
145		2.4	3.4	4.5	5.6
146		2.4	3.3	4.4	5.6
147		2.4	3.3	4.4	5.5
148		2.4	3.2	4.3	5.4
149		2.3	3.2	4.3	5.4
150		2.3	3.2	4.2	5.3
151		2.3	3.1	4.2	5.2
152		2.3	3.1	4.1	5.2
153		2.2	3.0	4.1	5.1
154		2.2	3.0	4.0	5.1
155		2.2	3.0	4.0	5.0
156		2.2	2.9	4.0	5.0
157		2.1	2.9	3.9	4.9

心率/次·min⁻¹	最大摄氧量/L·min⁻¹				
	300kg·m·min⁻¹	600kg·m·min⁻¹	900kg·m·min⁻¹	1 200kg·m·min⁻¹	1 500kg·m·min⁻¹
158		2.1	2.9	3.9	4.9
159		2.1	2.8	3.8	4.8
160		2.1	2.8	3.8	4.8
161		2.0	2.8	3.7	4.7
162		2.0	2.8	3.7	4.6
163		2.0	2.8	3.7	4.6
164		2.0	2.7	3.6	4.5
165		2.0	2.7	3.6	4.5
166		1.9	2.7	3.6	4.5
167		1.9	2.6	3.5	4.4
168		1.9	2.6	3.5	4.4
169		1.9	2.6	3.5	4.3
170		1.8	2.6	3.4	4.3

附表 3 最大摄氧量推算表（女性）

心率/次·min⁻¹	最大摄氧量/L·min⁻¹				
	300kg·m·min⁻¹	450kg·m·min⁻¹	600kg·m·min⁻¹	750kg·m·min⁻¹	900kg·m·min⁻¹
120	2.6	3.4	4.1	4.8	
121	2.5	3.3	4.0	4.7	
122	2.5	3.2	3.9	4.7	
123	2.4	3.1	3.9	4.6	
124	2.4	3.1	3.8	4.5	
125	2.3	3.0	3.7	4.4	
126	2.3	3.0	3.6	4.3	
127	2.2	2.9	3.5	4.2	
128	2.2	2.8	3.5	4.2	4.8
129	2.2	2.8	3.4	4.1	4.8
130	2.1	2.7	3.4	4.0	4.7
131	2.1	2.7	3.4	4.0	4.6
132	2.0	2.7	3.3	3.9	4.5
133	2.0	2.6	3.2	3.8	4.4
134	2.0	2.6	3.2	3.8	4.4
135	2.0	2.6	3.1	3.7	4.3
136	1.9	2.5	3.1	3.6	4.2
137	1.9	2.5	3.0	3.6	4.2

心率 / 次·min⁻¹	最大摄氧量 /L·min⁻¹				
	300kg·m·min⁻¹	450kg·m·min⁻¹	600kg·m·min⁻¹	750kg·m·min⁻¹	900kg·m·min⁻¹
138	1.8	2.4	3.0	3.5	4.1
139	1.8	2.4	2.9	3.5	4.0
140	1.8	2.4	2.8	3.4	4.0
141	1.8	2.3	2.8	3.4	3.9
142	1.7	2.3	2.8	3.3	3.9
143	1.7	2.2	2.7	3.3	3.8
144	1.7	2.2	2.7	3.2	3.7
145	1.6	2.2	2.7	3.2	3.7
146	1.6	2.2	2.6	3.2	3.7
147	1.6	2.1	2.6	3.1	3.6
148	1.6	2.1	2.6	3.1	3.6
149		2.1	2.6	3.0	3.5
150		2.0	2.5	3.0	3.5
151		2.0	2.5	3.0	3.4
152		2.0	2.5	2.9	3.4
153		2.0	2.4	2.9	3.3
154		2.0	2.4	2.8	3.3
155		1.9	2.4	2.8	3.2
156		1.9	2.3	2.8	3.2
157		1.9	2.3	2.7	3.2
158		1.8	2.3	2.7	3.1
159		1.8	2.2	2.7	3.1
160		1.8	2.2	2.6	3.0
161		1.8	2.2	2.6	3.0
162		1.8	2.2	2.6	3.0
163		1.7	2.2	2.6	2.9
164		1.7	2.1	2.5	2.9
165		1.7	2.1	2.5	2.9
166		1.7	2.1	2.5	2.8
167		1.6	2.1	2.4	2.8
168		1.6	2.0	2.4	2.8
169		1.6	2.0	2.4	2.8
170		1.6	2.0	2.4	2.7

附表4 推测最大摄氧量的年龄修正系数

年龄 / 岁	修正系数	最大心率 / 次·min^{-1}	修正系数
15	1.10	210	1.12
25	1.00	200	1.00
35	0.87	190	0.93
40	0.83	180	0.83
45	0.78	170	0.75
50	0.75	160	0.69
55	0.71	150	0.64
60	0.68		
65	0.65		

附表5 12min跑成绩与最大摄氧量对照表

12min 跑成绩 /m	最大摄氧量 / ml·(kg·min)$^{-1}$	12min 跑成绩 /m	最大摄氧量 / ml·(kg·min)$^{-1}$
1 000	14.0	2 500	45.9
1 100	16.1	2 600	48.0
1 200	18.3	2 700	50.1
1 300	20.4	2 800	52.3
1 400	22.5	2 900	54.4
1 500	24.6	3 000	56.5
1 600	26.8	3 100	58.5
1 700	23.9	3 200	60.8
1 800	31.0	3 300	62.9
1 900	33.1	3 400	65.0
2 000	35.3	3 500	67.1
2 100	37.4	3 600	69.3
2 200	39.5	3 700	71.4
2 300	41.6	3 800	73.5
2 400	43.8	3 900	75.6

Note

推荐阅读

[1] 柏树令. 系统解剖学 [M]. 7 版. 北京：人民卫生出版社，2008.

[2] 尹宪明，井兰香. 运动学基础 [M]. 2 版. 北京：人民卫生出版社，2014.

[3] 黄晓琳，敖丽娟. 人体运动学 [M]. 3 版. 北京：人民卫生出版社，2018.

[4] 周士枋，丁伯坦. 运动学 [M]. 北京：华夏出版社，2006.

[5] 陆耀飞. 运动生理学 [M]. 北京：北京体育大学出版社，2007.

[6] 周华，崔慧先. 人体解剖生理学 [M]. 7 版. 北京：人民卫生出版社，2016.

[7] 运动解剖学编写组. 运动解剖学 [M]. 北京：北京体育大学出版社，2013.

[8] 运动生理学编写组. 运动生理学 [M]. 北京：北京体育大学出版社，2014.

[9] 白波，高明灿. 生理学 [M]. 6 版. 北京：人民卫生出版社，2012.

[10] 陈孝平，汪建平，赵继宗. 外科学 [M]. 9 版. 北京：人民卫生出版社，2018.

[11] 岳寿伟. 肌肉骨骼康复学 [M]. 3 版. 北京：人民卫生出版社，2018.

[12] 徐玉明. 体适能评定与发展 [M]. 北京：北京体育大学出版社，2013.

[13] 肖夕君. 体质、健康和体适能的概念及关系 [M]. 中国临床康复，2006（20）：146-148.

[14] 季浏. 体育心理学 [M]. 北京：高等教育出版社，2006.

[15] 刘清黎. 体育与健康 [M]. 北京：高等教育出版社，2002.

[16] 张钧，张蕴琨. 运动营养学 [M]. 北京：高等教育出版社，2006.

[17] 史仍飞，袁海平. 运动健身与营养 [M]. 北京：北京体育大学出版社，2015.

[18] 潘雯雯，吴叶海. 健身运动 [M]. 杭州：浙江大学出版社，2016.

[19] 尹承昊. 体能增长与健身训练 [M]. 济南：山东科学技术出版社，2014.

[20] 张先松. 健身·营养科学方案 [M]. 武汉：中国地质大学出版社，2010.

[21] 沈富春，健身指导手册 [M]. 北京：北京体育大学出版社，2009.

[22] 王广兰，汪学红. 运动营养学 [M]. 武汉：华中科技大学出版社，2017.

[23] 张钧，张蕴琨. 运动营养学 [M]. 北京：高等教育出版社，2006.

[24] 李裕和，翁锡全. 运动健康生物化学 [M]. 广州：广东高等教育出版社，2016.

[25] 周全富. 减脂运动的生化分析和合理营养 [J]. 西安体育学院学报，2003，20（6）：38-39+46.

[26] 冯炜权，谢敏豪，王香生，等. 运动生物化学研究进展 [M]. 北京：北京体育大学出版社，2006.

[27] 徐晓阳. 运动 控体重 健康 [C]// 第三届世界养生大会论文集，2005：59-63.

[28] CHO SS, QI L, FAHEY GC, et al. Consumption of cereal fiber, mixtures of whole grains and bran, and whole grains and risk reduction in type 2 diabetes, obesity, and cardiovascular disease[J]. American Journal of Clinical Nutrition, 2013, 98（2）：594-619.

[29] DAVIS JN, HODGES VA, GILLHAM MB . Normal-Weight Adults Consume More Fiber and Fruit than Their Age- and Height-Matched Overweight/Obese Counterparts[J]. Journal of the American Dietetic Association, 2006, 106（6）：833-840.

[30] SLAVIN J. Position of the American Dietetic Association：Health Implications of Dietary Fiber[J]. Journal of the American Dietetic Association, 2008, 108：1716-1731.

[31] SWEAT W, MANORE MM. Dietary Fiber：Simple Steps for Managing Weight and Improving Health[J]. ACSM's Health & Fitness Journal, 2015, 19（1）：9-16.

[32] DAYAN PH, SFORZO GA, BOISSEAU N, et al. A New Clinical Perspective: Treating Obesity with Nutritional Coaching v. Energy-restricted Diets[J]. Nutrition, 2018,60：147-151.

中英文名词对照索引